dtv junior Lexikon
Ein Lexikon für die Jugend
in zehn Bänden

Nachschlagen, lesen, Zusammenhänge erkennen – das ist der Sinn dieses Lexikons.

Ein paar Hinweise zu seinem Gebrauch:

Die Herausgeber dieses Lexikons haben bewußt auf viele Verweise verzichtet. Der Lesefluß des Textes sollte möglichst nicht unterbrochen werden. Fremdwörter oder schwierige Begriffe, die zur Erklärung eines Stichwortes unvermeidlich waren, sind meist in Klammern gleich eingedeutscht oder verdeutlicht worden. Der Leser wird manch ein Wort, das er nicht richtig versteht oder von dem er noch mehr wissen möchte, nachschlagen wollen. Er sollte das auch dann tun, wenn kein ausdrücklicher Verweis darauf aufmerksam macht. Viele dieser Begriffe und Wörter findet er nämlich unter einem selbständigen Stichwort. Verweise gibt es nur in drei Fällen:
1. wenn die weiterführende Erklärung eines Begriffes unter einem anderen Stichwort zu finden ist,
2. wenn auf die großen zusammenfassenden Sachartikel aufmerksam gemacht wird und
3. wenn auf Abbildungen in den Farbtafeln hingewiesen wird.

Ein Ratschlag für den Anfänger:
Es gibt Begriffsblöcke (z. B. Schiff, Schiffahrt, Schiffbruch usw.), die in mehreren miteinander verwandten Stichwörtern abgehandelt werden. Diese Stichwörter stehen meist untereinander, da sie mit den gleichen Silben beginnen. Man sollte sie alle lesen, um den gesamten Begriffsbereich zu erfassen.

Zum Schluß noch etwas über die Lautschrift:
Man findet sie in eckigen Klammern hinter dem Stichwort. Sie ist bewußt nur mit den Buchstaben unseres Alphabets ausgestattet. Die phonetischen Zeichen der internationalen Lautschrift sind mit Rücksicht auf die jüngeren Leser weggelassen worden. Dadurch ergibt sich eine vereinfachte Darstellung des Lautbildes.

dtv junior Lexikon
Ein Lexikon für die Jugend

Band 10: Trüffeln – z. Z.

Deutscher
Taschenbuch
Verlag

dtv

Von der Lexikonredaktion des Deutschen Taschenbuch Verlages durchgesehene Fassung des Lexikons ›Domino-Wissen von A–Z‹

März 1975
Deutscher Taschenbuch Verlag GmbH & Co. KG, München
© 1970–74 Domino Verlag Günther Brinek GmbH & Co. KG, München
Umschlaggestaltung: Celestino Piatti
Satz: IBV Lichtsatz KG, Berlin
Druck und Bindung: Graph. Werkstätten Kösel, Kempten
Printed in Germany · ISBN 3-423-07180-X

Trüffeln heißen die unterirdischen, kartoffelähnlichen Knollenfrüchte des Tuber, eines Schlauchpilzes, der in Laubwäldern wächst. Sommer- und Wintertrüffeln sind delikate Speisepilze. Sie waren schon bei den alten Griechen und Römern bekannt und beliebt. Trüffeln findet man vor allem in Frankreich und Italien, selten auch in Süddeutschland. Beim Auffinden der Trüffeln helfen hierfür abgerichtete Schweine oder Hunde.

Trugnattern sind Giftschlangen. Ihre verlängerten Giftzähne liegen im hinteren Oberkiefer. Ihr Gift ist für Menschen kaum gefährlich. Zur Familie der Trugnattern gehören die im Mittelmeerraum sowie in Westasien lebenden Katzenschlangen und Eidechsennattern, die indischen Peitschenschlangen, die südamerikanischen Spitzschlangen und die schön gefärbten indonesischen Schmuckbaumschlangen.

Trugschluß nennt man eine falschgezogene Schlußfolgerung aus gegebenen Tatsachen oder aus einer logischen Gedankenkette.

Truman, Harry S., war von 1945 bis 1953 der 33. Präsident der Vereinigten Staaten von Amerika. Er lebte von 1884 bis 1972.

Trumpf ist ein Begriff, der vorwiegend beim Kartenspiel gebraucht wird. Der Trumpf ist die höchste, alle anderen Karten schlagende Karte oder ein Blatt ihrer Farbe.

Truppengattungen heißen die Wehrmachtsteile eines Staats: Heer, Marine und Luftwaffe.

Trust [traßt] oder Konzern ist ein Zusammenschluß mehrerer Unternehmen gleicher Art zum Zwecke der Marktbeherrschung. Das Wort Trust kommt aus dem Englischen.

Truthühner (Puten) gehören zur Familie der Fasane. Sie stammen aus Nordamerika. Im 16. Jahrhundert wurden sie als Haustiere in Europa eingeführt. Der Hahn (Puter) wird über 15 kg schwer und hat aufrichtbare Schwanzfedern. Die Henne legt in Bodenmulden zumeist zehn bräunlichgelbe, rotgepunktete Eier, die sie in 28 Tagen ausbrütet.

Trypanosomen sind Geißeltierchen, die im Blut und in der Lymphe von Menschen und Wirbeltieren schmarotzen. Sie sind Einzeller und vermehren sich durch einfache oder mehrfache Längsteilung. Teils sind sie harmlose Schmarotzer, teils aber auch Krankheitserreger, beispielsweise die Erreger der Schlafkrankheit bei Menschen sowie die der Naganakrankheit bei Rindern und anderen Huftieren. Übertragen werden die Trypanosomen sowohl auf Menschen wie auf Tiere durch Biß oder Stich blutsaugender Tiere, wie Stech-, besonders Tsetsefliegen, Wanzen und Blutegel.

Tschad heißt eine Republik in Zentralafrika. Sie ist 1 284 640 qkm groß und hat 3,8 Millionen Einwohner (überwiegend Sudanneger, daneben Araber und Niloten, meist Mohammedaner). Hauptstadt ist N'Djamena (Fort Lamy) mit 95 000 Einwohnern. Der Binnenstaat ist von Nigeria, Niger, Libyen, Sudan, der Zentralafrikanischen Republik und Kamerun umgeben. Es herrscht hei-

Tsch

ßes Kontinentalklima. Im Tibesti-Massiv der Sahara steigt das Land, das vorwiegend aus Savannen, Steppen und Wüsten besteht, bis auf 3415 m an. Man baut Hirse, Reis, Erdnüsse, Süßkartoffeln, Baumwolle und Dattelpalmen an. Auch Viehzucht wird betrieben. Der Fischfang im Tschadsee und in seinen Zuflüssen spielt eine bedeutende Rolle. Es gibt außer Salz keine Bodenschätze, es gibt auch kaum Industrie, keine Eisenbahn und kein Straßennetz. Der geringe Verkehr wickelt sich auf Karawanenwegen und Autopisten ab.

Tschaikowski, Peter Iljitsch, lebte von 1840 bis 1893. Er war ein russischer Komponist. Seit 1870 entwickelte er einen eigenen Stil, der an die deutsche Romantik anknüpft. Viele Ballettmusiken stammen aus seiner Feder. Am bekanntesten ist ›Schwanensee‹. Viel gespielt wird noch heute seine ›Nußknacker-Suite‹. Seine bedeutendsten Opern sind ›Eugen Onegin‹ und ›Pique-Dame‹. Tschaikowski schrieb auch sieben Symphonien, außerdem Violin- und Klavierkonzerte, Kammermusikwerke, Lieder.

Tschechoslowakei (abgekürzt ČSSR) ist der Name einer sozialistischen Republik in Mitteleuropa. Sie ist 127 859 qkm groß und hat 14,5 Millionen Einwohner. Die Hauptstadt heißt Praha (Prag). Hauptflüsse sind Elbe, Donau, Moldau und March. Geographisch gliedert sich das Land in drei Teile: Böhmen, Mähren und Slowakci. Die Land- und Forstwirtschaft sowie die Viehzucht sind hochentwickelt. An Bodenschätzen sind Stein- und Braunkohle, Erdöl, Eisenerz, Kupfer, Kaolin, Silber, Gold sowie Uran vorhanden. Die Industriegebiete liegen an den Rändern des Erzgebirges und der Sudeten sowie im Nordmährischen Becken. Neben Hüttenwerken sowie einer leistungsstarken Maschinen- und Rüstungsindustrie gibt es viele Unternehmen der Schuh-, Textil-, Glas-, Papier-, Porzellan-, Elektro-, Brau- und chemischen Industrie. Weltbekannte Heilbäder sind Karlsbad, Marienbad und Franzensbad.

Die Slowakei stand vom 9. Jahrhundert bis 1918 unter ungarischer Herrschaft. Böhmen und Mähren wurden Anfang des 11. Jahrhunderts zu einem Reich vereinigt, das unter Kaiser Karl IV. seine politische und kulturelle Blüte erlebte. 1348 wurde in Prag die erste Universität des Deutschen Reichs gegründet. 1526 kamen Böhmen und Mähren durch Erbfolge zu Österreich. 1918 wurde aus Böhmen, Mähren und der Slowakei die Tschechoslowakei gebildet, eine unabhängige Republik. 1948 kam es zur Umbildung der Republik in eine Volksdemokratie. Seit 1969 besteht die Tschechoslowakische Sozialistische Republik (ČSSR) aus zwei Teilrepubliken, der Tschechischen und der Slowakischen Sozialistischen Republik.

Ein 1968 eingeschlagener Reformkurs wurde durch den Einmarsch von Truppen der Warschauer Pakt-Staaten beendet.

Tschiang Kai-schek wurde 1887 geboren. Er ist ein nationalchinesischer General und Staatsmann. Nach dem Sieg der Kommunisten unter Mao Tse-tung zog er sich vom Festland zurück und ging nach Formosa (Taiwan). Dort ist er seit 1948 Staatspräsident.

Tsetsefliegen sind Stechfliegen im tropischen Afrika. Sie übertragen die Schlafkrankheit auf Menschen und die Naganakrankheit auf Haustiere. Die Tsetsefliegen sind Blutsauger, sie bevorzugen das Blut größerer Säugetiere und stechen den Menschen vornehmlich, wenn er sich bewegt. Sie brauchen zum Leben Luftfeuchtigkeit, etwas Schatten, freies Wasser und kommen meist landstrichweise vor. Man bekämpft sie durch chemische Mittel vom Flugzeug aus und durch Kahlschläge.

Tuareg [tuáhreg] werden die zu den Berbern gehörenden Nomadenstämme in der westlichen Sahara genannt. Sie gehören dem islamischen Glauben an. Ihr Gebiet liegt zwischen dem mittleren Niger, Fessan und Aïr. Es gibt drei Gruppen von Tuareg: die kamelzüchtenden Stämme, die meist aus Adligen bestehen, die Vasallen, die sich mit Schaf- und Ziegenzucht befassen, sowie die von Heiligen abstammenden oder mit bestimmten religiösen Eigenschaften ausgestatteten Stämme. Diese Gruppeneinteilung zerfällt allmählich. Früher waren die Tuareg als Wüstenräuber gefürchtet, heute werden sie als Karawanenführer geschätzt. Es gibt noch etwa 300 000 Tuareg. Sie kleiden sich in wallende dunkelblaue Gewänder. Die Frauen der Tuareg nehmen eine hohe Stellung ein; es herrscht das Mutterrecht, und Männer tragen den Männerschleier, den Litham. Die Tradition dieses Stammes wird mehr und mehr von modernen Einflüssen abgelöst.

Tuba ist die Bezeichnung für das Blechblasinstrument mit dem tiefsten Klang. Bei den alten Römern diente die Tuba in gerader Form als Signaltrompete. Um 1830 wurde ihre heutige Form entwickelt.

Tuberkulose, kurz Tb oder Tbc genannt, ist eine durch Tuberkelbazillen hervorgerufene Infektionskrankheit. Die häufigste Form ist die Lungentuberkulose, die unter diesem Stichwort beschrieben ist. Außerdem gibt es die Knochentuberkulose und viele Organtuberkulosen. Die Bazillen können, durch die Blutbahn weitergetragen, zu einer Miliartuberkulose führen, einer den ganzen Körper erfassenden Infektion. Seit der Entdeckung des Tuberkelbazillus durch Robert Koch im Jahre 1882 wird die Tuberkulose bekämpft, und zwar durch Tuberkulose-Schutzimpfungen, die schon bei Neugeborenen vorgenommen werden, und durch die Tuberkulosefürsorge: Untersuchungen in Schulen und Betrieben, Röntgenreihenuntersuchungen, Behandlung in Tuberkulose-Krankenhäusern und -Heilstätten. Die Krankheit kann in jedem Stadium durch Antibiotika oder operative Eingriffe geheilt werden.

Tuberose oder Nachthyazinthe heißt

Tuch
ein stark duftendes Knollengewächs aus Mexiko mit traubenähnlichen, stehenden weißen Blüten. Die blaue Tuberose, auch als Liebesblume bekannt, ist eine Schmucklilie.

Tucholsky, Kurt, war ein deutscher Schriftsteller, der sich viele Decknamen gab, z.B. Theobald Tiger, Ignaz Wrobel, Peter Panter, Kaspar Hauser. Geboren wurde er 1890 in Berlin. 1933, zu Beginn des Dritten Reiches, mußte er emigrieren, 1935 beging er Selbstmord in Schweden. Zusammen mit Carl von Ossietzky gab er die Zeitschrift ›Weltbühne‹ heraus. Er war ein Zeitkritiker von großer Brillanz und Treffsicherheit, ein Satiriker, humoristischer Erzähler und Lyriker. Tucholsky schrieb u. a. ›Deutschland, Deutschland über alles‹ und die Liebesgeschichten ›Rheinsberg‹ und ›Schloß Gripsholm‹.

Tüll ist ein netz- oder spitzenartiges Gewebe, das für Gardinen, Schleier, Damenkleider, Handschuhe und Moskitonetze verwendet wird.

Tür nennt man eine Vorrichtung zum Verschließen einer Öffnung, z.B. in einer Wand oder einer Mauer. Es gibt die einfache Zimmertür, die Pendel-, Dreh- und Schiebetür, die Scherengitter-, Harmonika- und Falltür. Eine gewöhnliche Tür ist mit dem Türstock in eine Maueröffnung eingepaßt. Der bewegliche Teil, die eigentliche Tür, besteht aus dem Rahmen, der Füllung des Türflügels und dem Türschloß. In sumerischer Zeit gab es bereits künstlerisch ausgestaltete Tempeltüren.

Türkei heißt eine Republik auf der Halbinsel Kleinasien (Anatolien) und in einem kleinen südosteuropäischen Gebietsteil (Ostthrazien) nördlich der Dardanellen, des Marmarameers und des Bosporus. Das Staatsgebiet umfaßt eine Fläche von 780 576 qkm und hat 38 Millionen Einwohner (vorwiegend mohammedanische Türken, daneben Kurden und Araber). Die jetzige Hauptstadt Ankara liegt in Anatolien. Bis 1923 war Istanbul (früher Konstantinopel, davor Byzanz) die Hauptstadt der Türkei. Diese Stadt am Bosporus ist heute der Haupthafen des Landes. Die europäische Türkei besteht aus einem Tafelland und einzelnen Bergzügen im Osten. Der Hauptteil des Staatsgebietes, die asiatische Türkei, wird im Norden vom Schwarzen Meer, im Westen und Süden vom Mittelmeer begrenzt. Das zentrale Hochland von Anatolien, vorwiegend aus Busch- und Grassteppe bestehend, ist Kernlandschaft der Türkei. Die Westküste des Landes ist reich gegliedert mit zahlreichen Buchten und vorgelagerten Inseln. Das Klima ist an den Küsten mediterran (mittelmeerisch), in den Hochebenen herrscht kontinentales Trockenklima. Haupterwerbsquelle für zwei Drittel der Bevölkerung ist die Landwirtschaft. Es werden Weizen, Gerste, Mais, Tabak, Baumwolle, Gemüse, Obst, Südfrüchte, Wein, Haselnüsse, Zukkerrüben und Mohn angebaut. In den Steppengebieten wird Viehzucht betrieben, im besonderen Schafe und Ziegen (auch Angoraziegen).

Die Küstenfischerei ist von großer Bedeutung. An Bodenschätzen gibt es Eisenerz, Silber, Chrom, Kupfer, Blei, Antimon, Zink, Mangan, Wolfram, Schwefel, Quecksilber, Stein- und Braunkohle, Erdöl, Steinsalz sowie Meerschaum. Die Industrie und das Verkehrsnetz befinden sich im Ausbau. Größter Hafen und Haupthandelsplatz Anatoliens ist Izmir (früher Smyrna). Der Haupthafen am Schwarzen Meer heißt Samsun. Exportiert werden Weizen, Tabak, Baumwolle, Chromerze, Haselnüsse, Wolle, Sultaninen, Wein, Feigen und Teppiche.

In der Antike stand das Gebiet der heutigen Türkei unter persischer, griechischer und römischer Herrschaft. 1299 gründete Sultan Osman I. das »Osmanische Reich«, das sich über ganz Kleinasien erstreckte. Unter seinen Nachfolgern dehnte sich das Osmanische Reich rasch aus. Einen Höhepunkt der Macht erreichte es 1453 durch die Eroberung der oströmischen Hauptstadt Konstantinopel. Es umfaßte große Teile Asiens, Nordafrikas, die gesamte Balkanhalbinsel und den größten Teil Ungarns. Eine Wende trat durch die erfolglose Belagerung Wiens im Jahr 1683 und den folgenden großen Türkenkrieg ein. 1699 mußten die Türken auf Ungarn und Siebenbürgen und 1774 auf die Krim verzichten. Auch Griechenland und Serbien befreiten sich Anfang des 19. Jahrhunderts von der türkischen Zwangsherrschaft. 1923 wurde die Türkei Republik. Kemal Atatürk (Vater der Türken), der erste Staatspräsident, baute die moderne Türkei auf. Er ordnete die Frauenemanzipation an und führte grundlegende Reformen durch (Einehe, Umbildung des Rechts nach europäischem Vorbild, Trennung von Religion und Staat, Einführung des lateinischen Alphabets). Die Türkei ist Mitglied der UNO und der NATO.

Türkis ist ein durch Eisen oder Kupfer gefärbtes Aluminiumphosphat. Der undurchsichtige himmelblaue bis grüne Türkis wird als Schmuckstein verwendet. Hauptvorkommen sind in Nevada und Colorado (USA).

Türklopfer waren früher anstelle von Klingelzügen oder Klingeln an den Haustüren. Mit beweglich angebrachten Ringen oder hammerartigen, handförmigen Metallklopfern schlug man auf eine kleine, in die Tür eingelassene Metallplatte. In England sind Türklopfer noch heute häufig in Gebrauch.

Tuff oder Tuffstein wird versteinerte vulkanische Asche genannt. Man findet Tuffe als Aufschüttungslagen bei Ergußgesteinen. Kalktuff besteht aus porösen Kalkausscheidungen an Quellen.

Tulpen sind Liliengewächse mit aufrecht stehenden Blüten in vielen Farben. In den gemäßigten Zonen Eurasiens und Afrikas wachsen über 100 Arten wild. Im 16. Jahrhundert kam die Tulpe als Zierpflanze nach Deutschland, Anfang des 17. Jahrhunderts wurde sie zur meistgezüchteten Blume in Holland. Bis jetzt wurden über 1000 Sorten gezüchtet.

Tulp

Tulpenbäume wachsen in Nordamerika. Sie gehören zur Gattung der Magnoliengewächse und haben tulpenförmige gelblichgrüne Blüten.

Tumor (ein Wort aus dem Lateinischen) nennt man in der Medizin eine Geschwulst.

Tumult bedeutet Lärm, Unruhe, Aufruhr. Das Wort kommt aus dem Lateinischen.

Tundra nennt man eine moos- und flechtenbedeckte Landschaft nördlich der Baumgrenze, z. B. in Lappland und Sibirien.

Tunesien heißt eine Republik in Nordafrika. Sie liegt am Mittelmeer, ist 155 830 qkm groß und hat 5,3 Millionen Einwohner (Araber und Berber). Die Hauptstadt ist Tunis, der Haupthafen La Goulette bei Tunis. Das Land hat eine überwiegend steile Nordküste, im Osten dagegen eine flache, sandige Lagunenküste von Kap Bon bis zur libyschen Grenze. Ausläufer des Atlasgebirges erheben sich im Nordwesten. Im Norden gedeiht Mittelmeerflora, die Landesmitte besteht aus steppenhaftem Tiefland, im Süden gibt es nur regenarme Wüste. An den Küsten, in Gebirgstälern und Oasen werden Weizen, Zitrusfrüchte, Wein, Olivenbäume und Dattelpalmen angebaut, im Landesinnern wird von nomadischen Beduinen Viehzucht betrieben. Auch Küstenfischerei wird betrieben. An Bodenschätzen verfügt Tunesien über Phosphate, Eisen-, Blei- und Zinkerze sowie Salz. Bisher gibt es nur wenig Industrie, dagegen aber viele kunsthandwerkliche Kleinbetriebe. Ein gutes Straßennetz und Karawanenpisten in der Wüste erschließen das Land dem Tourismus. Die Eisenbahn verbindet Tunesien mit Algerien. Staatssprache ist Arabisch, daneben werden in den Küstenstädten Französisch und Italienisch gesprochen.

Nach der Zerstörung Karthagos war Tunesien seit 146 v. Chr. ein Teil der römischen Provinz Africa. Im Mittelalter war es ein gefürchteter Seeräuberstaat. 1574 kam es unter türkische Oberhoheit, 1881 wurde es französisches Protektorat. Im Jahre 1956 erlangte es als Königreich die Unabhängigkeit. 1957 erfolgte die Ausrufung der Republik Tunesien, die Mitglied der Arabischen Liga und der UNO ist.

Tungusen nennt man eine Gruppe von Volksstämmen in Sibirien und Nordchina.

Tunis, die Hauptstadt von Tunesien, liegt nahe dem Golf von Tunis an der Nordküste Afrikas. Sie hat mit Vororten rund 700 000 Einwohner und ist durch einen Kanal mit dem Vorhafen La Goulette verbunden. In Tunis gibt es eine mohammedanische Universität (gegründet 1674), zahlreiche Moscheen, eine Bibliothek, Theater und ein archäologisches Museum. Über die Hälfte aller größeren Betriebe Tunesiens befinden sich im Großraum Tunis.

Tunnel nennt man einen unterirdischen Verkehrsweg für den Eisenbahn- oder Straßenverkehr. Man baut Tunnels durch Berge und unter Wasserstraßen hindurch. Es gibt gemauerte, betonierte und durch

Tunnel

Stahlrohre gestützte Tunnels. Der Bau von Gebirgstunnels wird meistens von zwei Seiten aus begonnen. Die beiden durch Bohrungen und Sprengungen hergestellten Stollen werden aufeinander zugetrieben und während des Baus fortlaufend abgestützt. Unterwassertunnels baut man auf verschiedene Weise. Entweder treibt man mit Hilfe von druckluftbetriebenen Bohrmaschinen tief unter der Sohle des Gewässers Stahlrohre durch den Boden, oder man läßt Senkkästen auf den Grund herab, um die herum das Erdreich langsam abgetragen wird. Vorläufer der Tunnels waren die besonders von den Römern ausgeführten unterirdischen Be- und Entwässerungskanäle. Erst im 17. Jahrhundert wurde der Tunnelbau wieder aufgenommen, als man Gesteinssprengungen mit Schwarzpulver durchführen konnte. Der Bau von Eisenbahnen im 19. Jahrhundert machte viele große Tunnelbauten erforderlich. Nach der Erfindung des Dynamits ergaben sich hierbei für die Ingenieure keine unüberwindlichen Schwierigkeiten mehr.

Turban heißt eine gewickelte Kopfbedeckung aus Musselin- oder Seidenstreifen. Turbane werden in orientalischen Ländern getragen.

Turbine wird eine Kraftmaschine genannt, deren Schaufelräder durch den Druck von Dampf, Wasser oder explodierendem Gas ohne den Umweg über Kolben oder Schwungrad in eine Drehbewegung versetzt werden. Hierbei wird Strömungsenergie in Rotationsenergie umgesetzt. Dampfturbinen dienen zum Antrieb von Lokomotiven, Schiffen und Stromerzeugern. Wasserturbinen verwendet man zum Antrieb von Stromerzeugern, z. B. in Wasserkraftwerken. Gasturbinen braucht man in Verbindung mit Strahltriebwerken zum Antrieb von Flugzeugen.

Turbulenz, ein Wort aus dem Lateinischen, bedeutet Wirbel oder Unruhe. Verläuft z. B. eine Wahlversammlung turbulent, so geht es stürmisch dabei zu. Mit Turbulenz bezeichnet man vor allem die heftige wirbelartige Bewegung von Flüssigkeiten oder Gasen. In der Meteorologie versteht man unter Turbulenz unregelmäßige, stürmische Luftströmungen, die einem Flugzeug gefährlich werden können.

Turin ist eine Stadt in Oberitalien. Durch die Autoindustrie (z. B. Fiat) ist Turin Zentrum der mechanischen Industrie Italiens. 1,2 Millionen Menschen leben in der Stadt am Po.

Turkestan, ein innerasiatisches Gebiet, umfaßt zwei Großlandschaften, die durch die Gebirgszüge des Pamir und des westlichen Tien-schan getrennt sind: das chinesische Ostturkestan mit dem Tarimbecken und

Turk Westturkestan mit dem Tiefland von Turan, das zur UdSSR gehört.

Turkmenen bilden ein in viele Stämme gegliedertes mohammedanisches Turkvolk. Sie leben in der Sowjetunion, im nördlichen Iran sowie im Nordwesten Afghanistans. Früher waren sie als räuberische Nomaden verhaßt, heute sind sie Viehzüchter und Ackerbauern. Es gibt etwa zwei Millionen Turkmenen.

Turm nennt man ein hohes Bauwerk, dessen Grundfläche im Verhältnis zu seiner Höhe gering ist. Da infolge der Druckwirkung des Windes die Gefahr des Umkippens oder der Verschiebung der Baustoffe besteht, müssen Grundfläche und Höhe in genau berechnetem Verhältnis zueinander stehen. Es gibt Türme aus Holz, aus Natur-, Kunst- oder Mauersteinen, aus Stahl und Stahlbeton (Fernsehtürme).

Turmalin heißt ein unterschiedlich gefärbtes Mineral. Klare, kräftig gefärbte Turmaline werden als Edelsteine verwendet.

Turmfalken sind bräunlichrote Raubvögel, die auf Felsen, hohen Gebäuden und Bäumen horsten. Sie kommen in Europa, Asien und Afrika vor.

Turmschnecken leben in allen Meeren der Erde. Es sind Schnecken mit Vorderkiemen und einer hohen, spitzen, turmartigen Schale.

Turnen ist der Sammelbegriff für die Schulung des Körpers durch natürliche und erdachte Bewegungen. Dazu gehören Freiübungen (Gymnastik), Boden- und Geräteturnen. Kunstturnen nennt man das vollendet vorgeführte Boden- und Geräteturnen. Turngeräte sind u. a. Barren, Reck, Pferd, Kasten, Bock, Schaukelringe und Leitern. Der Turnvater Jahn, der auch den Begriff Turnen (abgeleitet von Turnier) geprägt hat, richtete als erster 1811 in der Berliner Hasenheide einen öffentlichen Turnplatz ein. Bald danach entstanden die ersten Turnvereine, die 1860 zur Deutschen Turnerschaft zusammengeschlossen wurden.

Turnier [-níhr] hieß im Mittelalter ein Ritterkampfspiel mit Hieb- oder Stichwaffen. Heutzutage bezeichnet man als Turnier einen sportlichen Wettkampf. Es gibt Tennis-, Schach- sowie Reitturniere.

Turnus bedeutet festgelegte Reihenfolge oder regelmäßiger Wechsel. Müllkästen werden z. B. im Turnus (turnusmäßig) geleert.

Tusche nennt man eine Farbstofflösung zum Zeichnen. Ausziehtusche wird vor allem für technische Zeichnungen gebraucht. Die chinesische Tuschmalerei ist die über 2000 Jahre alte Kunst, auf Seide und Papier zu malen. Auch in Japan wird die Tuschmalerei seit Jahrhunderten ausgeübt. Das Bild muß mit sparsamsten Mitteln im ersten Ansatz gemalt werden, weil Radieren oder Übermalen nicht möglich sind.

Tweed [twihd] heißt der Grenzfluß zwischen Schottland und England, der bei Berwick in die Nordsee mündet. Auch einen Kleider-, Kostüm-, Anzug- oder Mantelstoff aus groben, genoppten Wollgarnen nennt man Tweed.

Twen ist ein von dem englischen

Wort twenty (20) abgeleitetes Kunstwort, mit dem man einen jungen Menschen im Alter von etwa 20 Jahren bezeichnet.

Typ oder Typus, ein Wort aus dem Griechischen, nennt man das Erscheinungsbild einer Gruppe von Einzelwesen (Menschen, Tiere), das von bestimmten gemeinsamen Merkmalen geprägt ist, die allen zur Gruppe gehörenden Wesen eigen sind. Der Archetyp ist das Urbild, das Beispiel.

Typhus (Bauchtyphus), eine schwere Infektionskrankheit, die mit Trinkwasser, Speiseeis, Milch und anderen Nahrungsmitteln in den Körper gelangt sind. Die Inkubationszeit, also die Zeit von der Aufnahme der Krankheitserreger bis zum Ausbruch der Krankheit, beträgt 1–3 Wochen. Anzeichen der Krankheit sind anhaltendes hohes Fieber, Bewußtseinstrübung, Bildung von Darmgeschwüren, Durchfälle, manchmal Darmblutungen, Hautausschlag und Schwellung der Milz. Es können Lungenentzündung und Herzschwäche, Mittelohr- und Knochenmarkentzündung als Komplikationen hinzukommen. Die Krankheit kann vier Wochen andauern und in schweren Fällen zum Tode führen. Vorbeugende Impfungen bieten einen lang anhaltenden Schutz gegen den Typhus.

Typographie nennt man die Buchdruckerkunst sowie die künstlerische Gestaltung eines Druckwerks, z. B. eines Buchs. Dazu gehören die Bestimmung der Buchstabenform (Type), der Buchstabengröße (Schriftgrad), des Satzspiegels (des mit Schrift bedruckten Teils einer Druckseite), der Plazierung der Illustration usw.

Typus ist unter dem Stichwort »Typ« behandelt.

Tyrann wurde im antiken Griechenland ein durch einen Staatsstreich zur Macht gekommener Alleinherrscher genannt. Später bezeichnete man alle Gewaltherrscher als Tyrannen. Heutzutage wird der Begriff für einen strengen, herrschsüchtigen Menschen verwendet.

Tyrannosaurus rex, ein Dinosaurier von etwa 6 m Höhe und 15 m Länge, war das größte Raubtier der Erde. Es lebte während der Oberkreidezeit in Nordamerika. (Siehe auch Stichwort »Dinosaurier«)

Tyrrhenisches Meer heißt ein Teil des Mittelmeers. Es liegt zwischen Italien, Sizilien, Sardinien, Korsika und Elba und ist bis 3731 m tief. Wahrscheinlich entstand es durch einen Landeinbruch.

U

U-Boot (Unterseeboot) ist ein Tauchboot für Über- und Unterwasserfahrten, das durch Diesel- und Elektromotoren, seit 1954 auch durch Atomkraft (›Nautilus‹) angetrieben wird. Ein solches Kriegsschiff ist mit Geschützen, Torpedorohren und Raketen ausgerüstet. Es taucht durch Aufnahme von Wasserballast in die Tauchtanks und Betätigung der Tiefenrudersteuerung. Ein Periskop ermöglicht es dem Kommandanten, bei Tauchfahrt die Wasseroberfläche zu beobachten. Der aus zwei langen Rohren bestehende »Schnorchel« sorgt bei Unterwasserfahrten für den Luftaustausch. Schon im 17. Jahrhundert versuchte man, U-Boote zu bauen, aber erst 1898 gelang es, ein brauchbares Schiff zu konstruieren. Im Ersten und Zweiten Weltkrieg wurden U-Boote als Torpedoboote eingesetzt. Heute finden atomgetriebene U-Boote auch als Radarschiffe und Raketenträger Verwendung.

UdSSR (Sowjetunion) nennt man die Union der Sozialistischen Sowjetrepubliken, die aus 15 nach nationalen und territorialen Gesichtspunkten gegliederten Unionsrepubliken besteht. Die UdSSR ist mit 22,4 Millionen qkm das größte zusammenhängende Staatsgebiet der Erde und umfaßt einen europäischen sowie einen asiatischen Teil. Der europäische Teil reicht im Norden bis zum Weißen Meer und bis zur Barentssee, im Westen bis zur Ostsee, im Südwesten bis zu den Karpaten, im Süden bis zum Schwarzen Meer, im Südosten bis zum Kaspischen Meer und im Osten bis zum Ural. Der asiatische Teil erstreckt sich östlich des Urals bis zum Stillen Ozean. Im Norden wird er von den Randmeeren des Nördlichen Eismeers begrenzt, im Süden vom Iran, von Afghanistan, von der Chinesischen und der Mongolischen Volksrepublik sowie von Nordkorea. Hauptstadt der Sowjetunion ist Moskau. Das Gebiet der UdSSR ist mit rund 250 Millionen Einwohnern nach China und Indien zwar das volkreichste der Erde, aber dennoch das am dünnsten besiedelte. Die Bevölkerung besteht aus Russen, Ukrainern, Weißrussen, Usbeken, Tataren, Kasaken, Aserbeidschanern, Armeniern, Georgiern, Juden, Moldauern, Tschuwaschen, Tadschiken, Mordwinen, Turkmenen, Baschkiren, Kirgisen, Samojeden, Jakuten, Tungusen, Karakalpaken, Rumänen, Polen, Esten, Letten, Litauern, Deutschen u. a. Formal sind die 15 Unionsrepubliken selbständige und gleichberechtigte Glieder der Sowjetföderation. Nach der Verfassung von 1936 ist die UdSSR ein »demokratischer und sozialistischer Staat der Arbeiter und Bauern«. Die uneingeschränkte Macht in der gesamten UdSSR übt jedoch die Kommunistische Partei (deutsche Bezeichnung KPdSU) aus (siehe Stichwort »Kommunismus«). Sie unterdrückt alle andersgearteten politischen Strömungen durch ein polizeiliches Kontrollsystem. Als höchstes Organ der Staatsgewalt gilt der Oberste Sowjet, doch ist die Kommunistische Partei (KPdSU) der eigentliche Träger der Macht. Die Sowjetunion hat mit den sie umgebenden Satellitenstaaten ein Wirtschaftsabkommen (COMECON) und ein Militärbündnis (Warschauer Pakt) abgeschlossen. In der UdSSR gibt es eine zentralgelenkte Planwirtschaft. Grund und Boden, Produktionsstätten und -mittel sind »Gemeingut des Volkes«, sie gehören also dem Staat. Die Landwirtschaft mit Ackerbau (Weizen, Kartoffeln, Zuckerrüben, Mais, Sojabohnen, Sonnenblumen, Roggen, Hülsenfrüchte, Baumwolle, Tabak), Viehzucht und Forstwirtschaft hat nur 22% Anteil am Nationaleinkommen, während die Industrie mit 52% daran beteiligt ist. Sie gründet sich auf die reichen Bodenschätze (Steinkohle, Eisenerz, Erdöl, Erdgas, Mangan, Kupfer, Kali) und die Erzeugung von Elektroenergie. Zwischen Dnjepr und Don, um Moskau, am Ural und in Sibirien (Kusnezk, Karagan, Nowosibirsk, Irkutsk) sind bedeutende Industriezentren entstanden. Die Schwerindustrie überwiegt, doch spielen auch der Maschinen- und Fahrzeugbau (Traktoren, Mähdrescher, Lastwagen) sowie die chemische und feinmechanische Industrie eine große Rolle. Ausfuhrgüter sind Erdgas, Erdöl, Maschinen, Erze, Metalle, Holz, Kohle und Fertigwaren. Weltgeltung hat die Raketen- und Raumfahrttechnik. Amtssprache ist Russisch. Daneben werden über 100 andere Sprachen gesprochen.

Die UdSSR wurde 1922 durch Zusammenschluß der nach 1917 aus dem russischen Zarenreich entstandenen, unabhängigen Sozialistischen Sowjetrepubliken unter Lenin gebildet. Nach dem Tode Lenins (1924) übernahm Stalin die Macht. Er schloß 1926 einen Neutralitätsvertrag mit dem Deutschen Reich. 1927 begann im Rahmen von Fünfjahresplänen der Aufbau einer gewaltigen Rüstungsindustrie. 1929 setzte die Verstaatlichung und Kollektivierung der Landwirtschaft ein. 1933 wurde der Neutralitätsvertrag mit dem Deutschen Reich erneuert. Im gleichen Jahr erkannten die USA die UdSSR an, die daraufhin 1934 in den Völkerbund eintrat. 1935 schloß sie ein Militärbündnis mit Frankreich und der Tschechoslowakei, 1937 einen Nichtangriffspakt mit China. 1938 wurden die 1936 begonnenen Schauprozesse zur Liquidierung der Gegner Stalins beendet. 1939 erfolgte der Abschluß eines 10jährigen Nichtangriffs- und Konsultationspakts mit dem Deutschen Reich. Nach dem deutschen Sieg über Polen besetzten die Sowjets im Herbst 1939 ostpolnische Gebiete. Im Winter 1939/40 fand der Krieg gegen Finnland statt, das den größten Teil Finnisch-Kareliens an die UdSSR abtreten mußte. Deswegen wurde die UdSSR aus dem Völkerbund ausgeschlossen. 1940 wurden die nördliche Bukowina und Bess-

Über

arabien, Lettland, Litauen und Estland von der Sowjetunion annektiert. Nach dem Überraschungsangriff der deutschen Wehrmacht am 22. 6. 1941 schloß die UdSSR ein Bündnis mit den Alliierten. Durch das Potsdamer Abkommen 1945 kamen die Karpato-Ukraine, Südsachalin sowie die Kurilen zur UdSSR. Die osteuropäischen Länder (siehe »Eiserner Vorhang« und »Ostblock«) wurden allmählich von der UdSSR abhängig. Infolge der Gegensätze zwischen den westlichen Staaten und der UdSSR kam es zu der heute bestehenden Blockbildung und zum »Kalten Krieg«. 1950 schloß die UdSSR einen Beistandspakt mit der Chinesischen Volksrepublik. Nach Stalins Tod übernahm Malenkow bis 1955 die Führung, auf ihn folgten Chruschtschow und Bulganin. Von 1958 bis 1964 war Chruschtschow praktisch Alleinherrscher. Er verkündete die Beseitigung des Personenkults und die Entstalinisierung. 1962 begann die Entfremdung zwischen der UdSSR und der Chinesischen Volksrepublik wegen der »Reinheit der Lehre« und des Anspruchs auf die Führung im Weltkommunismus. 1964 wurde Chruschtschow gestürzt. Seine Nachfolge traten Kossygin als Ministerpräsident und Breschnew als Parteisekretär an. Die UdSSR ist Mitglied der UNO, des COMECON sowie des Warschauer Pakts. Zusätzliche Mitglieder der UNO sind die Ukrainische und die Weißrussische Sowjetrepublik. (Siehe auch »Rußland« und »Sibirien«).

Überbein sagt man zu einer Geschwulst, die sich zumeist auf dem Handrücken bildet. Zuweilen bildet sich ein Überbein von selbst zurück. Wird es zu groß, muß es operativ entfernt werden.

Überdruckkabine heißt eine Flugzeugkabine, in der beim Flug in großen Höhen der gleiche Luftdruck erhalten werden kann, wie er auf dem Erdboden herrscht.

Überfallkommando nennt man eine uniformierte, motorisierte Polizeistreife, die jederzeit abrufbereit ist. Die mit der Zentrale durch Sprechfunk verbundenen Polizeiwagen fahren im Einsatz nötigenfalls mit Sirene und Blaulicht. Man kann ein Überfallkommando telefonisch oder durch besondere Polizeimeldeanlagen alarmieren. Grundloses Herbeirufen ist strafbar.

Überproduktion wird eine wirtschaftliche Krisenerscheinung genannt, die eintritt, wenn die Herstellung von Waren die Nachfrage übertrifft.

Überschallflug nennt man die Bewegung von Flugkörpern mit Überschallgeschwindigkeit, das heißt je nach Höhe über dem Erdboden schneller als rund 1200 km/h. Der Schall bewegt sich in Wellen durch die Luft. Nähert sich die Geschwindigkeit eines Flugkörpers der des Schalls, so stößt der Körper gegen die Moleküle der Luft und ruft Schockwellen hervor. Hat der Flugkörper die gleiche Geschwindigkeit wie der Schall, stauen sich diese Wellen und bilden »eine unsichtbare Mauer«. Überschreitet der Flugkörper die Schallgeschwindigkeit, muß er diese Schallmauer durchbrechen. Das geschieht mit einem donnerähnlichen Schlag. Bei längerem Überschallflug muß eine Klimaanlage dafür sorgen, daß die Temperatur in der Flugzeugkanzel nicht zu sehr ansteigt.

Übersichtigkeit, auch Weitsichtigkeit genannt, beruht auf einem Brechungsfehler der Augenlinse. Die parallel ins Auge fallenden, von der Linse gebrochenen Strahlen werden erst hinter der Netzhaut vereinigt. Daher können Gegenstände in der Nähe nicht scharf gesehen werden. Dieser Augenfehler beruht auf einer zu kurzen Augenachse oder auf dem altersbedingten Elastizitätsverlust der Linse. Eine Brille mit Konvexgläsern kann diesen Fehler ausgleichen.

Überstunden nennt man die Arbeitszeit, die vom Arbeitnehmer über die gesetzliche Arbeitszeit hinaus geleistet wird. Der Arbeitgeber muß dafür einen Überstundenzuschlag zahlen.

Übervölkerung herrscht in einem Land, wenn durch Raummangel, Mangel an Nahrungsmitteln und anderen Lebensnotwendigkeiten der Bevölkerung keine ausreichenden Lebensbedingungen mehr geboten werden können. In vielen Ländern der Dritten Welt herrscht Übervölkerung. Die Gründe für die Übervölkerung in einem Agrarland sind andere als die in einem Industriestaat. Von absoluter Übervölkerung spricht man, wenn Hungerkatastrophen die Folge sind.

Überweisung nennt man eine bargeldlose Zahlungsweise: Der Zahlungspflichtige veranlaßt seine Bank durch einen Überweisungsauftrag, sein Konto mit dem fälligen Betrag zu belasten und ihn dem Konto des Zahlungsempfängers gutzuschreiben. Das Konto des Zahlungsempfängers kann auf einer anderen Bank und auch in einer anderen Stadt sein. Diese Art der Zahlungsweise nennt man Giroverkehr, die Konten daher Girokonten.

Uganda heißt eine Republik in Ostafrika, die früher britisches Protektorat war. Sie umfaßt eine Fläche von 237 000 qkm und hat 10,5 Millionen Einwohner (meist Bantu und Niloten). Die Hauptstadt Kampala hat 330 000 Einwohner. Uganda, ein Binnenland, ist umgeben von Zaire, dem Sudan, Kenia, Tansania und Rwanda. Das seenreiche, bis 1200 m hohe Savannenland nördlich des Victoriasees am Oberlauf des Weißen Nil wird von Vulkanen überragt (Ruwenzori 5119 m). Es herrscht dort tropisches Klima. Man baut Baumwolle, Kaffee, Tee, Erdnüsse, Mais, Tabak, Zuckerrohr sowie Kakao an und betreibt Rinder-, Schaf- und Ziegenzucht. An Bodenschätzen gibt es Kupfer, Kobalt, Wolfram und Zinn. Die Industrie ist in der Entwicklung. Staudämme für die Energiegewinnung helfen dabei. Der Schiffsverkehr auf dem Victoriasee hat große Bedeutung. Ein gutes Straßennetz ist vorhanden. Mit dem Ausfuhrhafen Mombasa in Kenia besteht Eisenbahnverbindung. Amtssprache ist Englisch, Um-

Uhf

gangssprache Kisuaheli. Uganda, seit 1962 unabhängig, ist Mitglied des British Commonwealth of Nations und der UNO.

UHF (englische Abkürzung für ultra high frequency = Ultrahochfrequenz) ist ein Begriff aus der Funk- und Fernmeldetechnik für Dezimeterwellen (Wellenlänge 1 bis 10 dm, Frequenz 3000 bis 300 MHz). (Siehe auch Stichwort »Hochfrequenz«)

Uhland, Ludwig war ein deutscher Literaturwissenschaftler und Dichter, der von 1787 bis 1862 gelebt hat. 1829 wurde er Professor für deutsche Sprache und Literatur in Tübingen. Uhland war 1848/49 (als überzeugter großdeutscher Demokrat) Mitglied der Frankfurter Nationalversammlung.

Uhlands Kunstballaden sind deshalb so volkstümlich geworden, weil ihre einfache Aussageform die Verbreitung als Volkslied begünstigte (z. B. ›Ich hatt' einen Kameraden‹, ›Der Wirtin Töchterlein‹). Aus Uhlands dramatischen Versuchen, die größtenteils unvollendet blieben, ragen die Geschichtsdramen ›Herzog Ernst von Schwaben‹ (1818 entstanden) und ›Ludwig der Bayer‹ (1819 entstanden) heraus.

Uhren dienen der Zeitmessung. Schon im Altertum kannte man die Wasseruhr, die Sanduhr und die Sonnenuhr. Alle diese Geräte benutzen regelmäßig wiederkehrende Vorgänge als Zeitmaß: die Wasseruhr das Auslaufen immer wieder gefüllter Behälter, die Sanduhr die periodische Entleerung eines Sandbehälters und die Sonnenuhr das gleichmäßige Wandern des Sonnenschattens. Heutzutage gibt es fast nur noch Uhren mit Zeigern und einem Räderwerk, das durch ein schwingendes Pendel, eine Unruh oder einen Elektromotor gleichmäßig angetrieben wird. Der Antrieb läßt sich durch Verstellung des Pendelgewichts oder Spannung der Unruh bzw. Korrektur des Elektromotors regeln. Dadurch erreicht man eine Änderung der Schwingungsdauer und bestimmt damit den zeitlichen Ablauf des Uhrwerks. Bei Quarzuhren läßt sich die Regelung durch Schwingquarze und bei Atomuhren mit Hilfe atomarer Energie durchführen. Quarz- und Atomuhren haben eine hohe Ganggenauigkeit. Es gibt auch Uhren, die automatischen Antrieb haben. Sie werden weder mit der Hand aufgezogen noch elektrisch angetrieben. Diese automatischen Armband- und Taschenuhren gewinnen ihre Aufzugsenergie aus Erschütterungen durch Bewegung. Die Weltzeituhr hat ein 24-Stunden-Zifferblatt mit Markierungen der örtlich unterschiedlichen Abweichungen der Uhrzeit. Mit einer Stoppuhr kann man Zeiten bis zu $1/100$ Sekunde messen, indem man sie durch Knopfdruck in Gang und zum Stehen bringt.

Ukelei oder Laube heißt ein 10–20 cm langer Karpfenfisch. Er lebt in Bächen und Seen nördlich der Alpen. Aus seinen silberglänzenden Schuppen gewinnt man Perlenessenz, die bei der Produktion unechter Perlen gebraucht wird.

Ukrainische Sozialistische Sowjet-

republik heißt der drittgrößte Bundesstaat der UdSSR (der zweitgrößte nach der Bevölkerungszahl). Sie hat eine Fläche von 603 700 qkm, 47 Millionen Einwohner und liegt im Südwesten des europäischen Teils der UdSSR. Die im Westen von den Karpaten, im Süden von der Halbinsel Krim begrenzte Ukraine ist ein Flachland mit sanften Bodenerhebungen. Dnjestr, Bug und Djnepr sind die größten Flüsse. Die Hauptstadt heißt Kiew. In dem fruchtbaren Schwarzerdegebiet werden Weizen, Roggen, Zuckerrüben, Hanf, Tabak, Obst und Sonnenblumen angebaut. Auch die Viehzucht hat eine große Bedeutung. An Bodenschätzen gibt es Steinkohle, Eisen- und Manganerze, Phosphorit sowie Salz. Im Donezbecken befindet sich ein Zentrum der Eisen- und Stahlindustrie. Die Ukraine ist zwar seit 1922 eine Unionsrepublik der UdSSR, aber selbständiges Mitglied der UNO.

Ukulele nennt man auf Hawaii eine Kleingitarre mit nur vier Saiten.

Ulan Bator [uláhn batóhr], die Hauptstadt der Mongolischen Volksrepublik, hieß bis 1923 Urga. Sie hat 270 000 Einwohner, liegt am Nordrand der Wüste Gobi, ist Kreuzungspunkt wichtiger Karawanen- sowie Autostraßen und hat Bahnverbindung mit Peking und zum Baikalsee (Transmongolische Bahn). In der Stadt befindet sich der Haupttempel des mongolischen Lamaismus. Leder- und Textilindustrie sind dort ansässig.

Ulmen oder Rüstern wachsen in nördlichen Breiten. Es sind Waldbäume, sie werden jedoch auch häufig als Alleebäume angepflanzt. Sie haben Blütenbüschel und geflügelte, einsamige Früchte. In Deutschland gibt es Berg-, Feld- und Flatterulmen.

Ulmer Münster heißt der gotische Dom in Ulm an der Donau, an dem man vom 14. bis zum 16. Jahrhundert baute. Der achteckige Turmaufbau mit dem durchbrochenen Helm wurde erst in den Jahren 1844–1890 ausgeführt. Mit 162 m ist der Turm der höchste Kirchturm Deutschlands.

Ultimatum ist im Völkerrecht die letzte Mahnung, d. h. die befristete Forderung eines Staats an einen andern, eine schwebende Angelegenheit befriedigend zu lösen, bevor strenge, zumeist kriegerische Maßnahmen ergriffen werden. Auch im allgemeinen Sprachgebrauch wird dieser lateinische Begriff im Sinne von Mahnung oder Forderung verwendet.

Ultimo nennt man den letzten Tag des Monats. Das Wort stammt aus dem Lateinischen.

Ultra kommt aus dem Lateinischen und bedeutet jenseits. Ultra ist eine vielgebrauchte Vorsilbe (Beispiel: ultramodern = übermodern).

Ultrakurzwellen (UKW) unterscheiden sich von den Lang-, Mittel- und Kurzwellen durch ihre geradlinige Ausbreitung, die die optische Sichtweite nicht überschreitet. Sie haben Wellenlängen von 1 bis 10 m (Frequenzen von 300 bis 30 MHz). In der Rundfunktechnik werden sie als Trägerwellen für die Übermittlung von Ton und Bild benutzt, in der Medizin verwendet man sie zu Heilzwecken.

Ultraviolett (abgekürzt UV) wird der Bereich des Spektrums genannt, der sich an das Violett anschließt. Ultraviolette Strahlung ist eine unsichtbare, chemisch und biologisch sehr wirksame Strahlung. Sonnenstrahlung z. B. ist reich an ultravioletten Strahlen. Sie bewirkt die Bräunung der Haut, ist allerdings bei längerer Einwirkung schädlich, da sie Verbrennungen und Netzhautablösungen verursacht. Zu Heilzwecken wendet man die dosierte Bestrahlung mit ultraviolettem Licht an. (Siehe auch Stichwort »Höhensonne« und »Quarzlampe«)

Umformer heißen Vorrichtungen zur Umformung von Wechselstrom in Wechselstrom anderer Spannung (Transformator), von Gleichstrom in Gleichstrom anderer Spannung (Motorgenerator), von Wechselstrom in Gleichstrom (Gleichrichter) und umgekehrt (Wechselrichter).

Umlaufgeschwindigkeit nennt man die Geschwindigkeit, mit der das Geld durch den Kauf von Konsumgütern in Umlauf kommt. Eine hohe Umlaufgeschwindigkeit ist ein Zeichen für große Kaufbereitschaft und dafür, daß nicht viel Geld gespart wird.

Umlaufzeit ist die Zeit, die ein Planet, ein Mond oder ein Satellit braucht, um einen Zentralkörper zu umkreisen.

Umlaute werden in der deutschen Sprache die von a zu ä, o zu ö, u zu ü sowie au zu äu umgewandelten Vokale genannt. Diese Umlaute finden sich in den west- und nordgermanischen Sprachen seit dem Ende der Völkerwanderungszeit.

Umsatz sagt man zum Wert der von einem Unternehmen abgesetzten Waren, meistens bezogen auf einen bestimmten Zeitabschnitt, z. B. Tages-, Monats- oder Jahresumsatz.

Umspanner, auch Transformator genannt, heißt ein Gerät zur Umwandlung hoher elektrischer Wechselspannungen in die Gebrauchsspannung.

Umwelt ist die Welt, in der wir leben, das Milieu, das uns umgibt. Die Umweltforschung, von dem Biologen v. Uexküll (1864 bis 1944) begründet, besteht in Untersuchungen der Beziehungen jedes Lebewesens zu seiner natürlichen Umwelt (Ökologie). Auch von anderen Wissenschaften ist dieser Begriff übernommen worden, so von der Medizin, der Psychologie, der Soziologie, der Erziehungswissenschaft sowie der Landschaftsbiologie. In einer zerstörten Umwelt ist Leben unmöglich. Auf dieser Erkenntnis beruhen alle Anstrengungen, die gegen die heutige Umweltverschmutzung unternommen werden. Die Luftverschmutzung durch Abgase von Autos, von Industrie- und Heizungsanlagen, die Wasserverschmutzung durch Industrieabwässer, durch ins Grundwasser sickernden Kunstdünger und durch Waschmittelsubstanzen sowie das Wachsen der Müllhalden, all das hat die Zerstörung des Lebensraums von Menschen, Tieren und Pflanzen zur Folge.

Umweltschutz ist die zusammenfassende Bezeichnung für alle Maßnahmen zur Erhaltung und zum Schutz vor Zerstörung, Vergiftung oder Verschmutzung der natürlichen Umwelt.

Unästhetisch bedeutet unschön, geschmacklos. Das Wort ästhetisch stammt aus dem Griechischen.

Unberührbare, auch Parias genannt, sind die Angehörigen der untersten Kaste in Indien, Pakistan und Nepal. Sie sind Straßenkehrer, Wäscher oder einfache Arbeiter und gelten als so unrein, daß ihre Berührung die Menschen höherer Kasten befleckt. Die indische Verfassung von 1950 und ein Gesetz von 1955 verbieten zwar die Diskriminierung der Unberührbaren, gegen die schon Gandhi ankämpfte, in der Praxis jedoch gelten die Unberührbaren nach wie vor als unrein.

Unbewußtes, das Unbewußte, ein Begriff aus der Tiefenpsychologie, ist das, was dem Menschen nicht bewußt wird, aber doch sein Verhalten beeinflußt. Viele alltägliche Verhaltensweisen zeugen von unbewußten seelischen Einflüssen, die sich der Selbstbeobachtung entziehen. Alle automatisch ausgeführten Bewegungen, z. B. Gehen, Laufen, Schreiben, werden kaum mehr vom Bewußtsein gesteuert. Fehlleistungen (stottern, etwas vergessen, sich verschreiben) werden durch unbewußte Hemmungen ausgelöst. Auch der Traum ist eine Erscheinungsform des Unbewußten. Man kann sich zwar oft an den Traum und dessen Einzelheiten erinnern, aber die Vorgänge und die Bilder des Traums werden vom Unbewußten erzeugt und gelenkt. Gesichtsausdruck und Gestik drücken oft unbewußte seelische Vorgänge aus.

Uneheliche Kinder oder nichteheliche Kinder nennt man Kinder, die von einer unverheirateten Frau geboren wurden. Sie tragen den Namen der Mutter, die auch das Sorgerecht für das Kind hat. Der Vater hat gegenüber dem unehelichen Kind Unterhaltspflicht.

Unfair [únfähr], ein Wort aus dem Englischen, nennt man jemanden, der sich unsportlich oder unehrlich benimmt.

Unfall ist ein plötzlich eintretendes Ereignis, das Sachbeschädigung verursachen, aber auch die Verletzung oder Tötung eines Menschen hervorrufen kann. Es gibt u. a. Betriebs-, Sport- und Verkehrsunfälle.

Unfallversicherung nennt man eine private oder gesetzliche Versicherung gegen Unfallfolgen. Die Leistungen einer solchen Versicherung bestehen in der Bezahlung der Behandlung im Krankenhaus und in Tagegeldern während der Zeit der Arbeitsunfähigkeit. Bei dauernder Erwerbsunfähigkeit wird eine Rente gezahlt. Im Fall eines tödlichen Unfalls muß die Versicherung Sterbegeld und Hinterbliebenenrente zahlen.

Unfruchtbarmachung ist unter dem Stichwort »Sterilisation« beschrieben.

Ungarn, amtlich Ungarische Volksrepublik, heißt ein Staat im östlichen Mitteleuropa. Er ist 93 031 qkm

Unge

groß und hat rund 10 Millionen Einwohner. Hauptstadt ist Budapest. Die ober- und die niederungarische Tiefebene bilden das größte europäische Tieflandbecken. Im Norden erhebt sich das Ungarische Mittelgebirge (Mátra), im Süden das Mecsek-Gebirge, im Westen der Bakonywald. Auch der Plattensee (Balaton), der größte See Mitteleuropas, liegt im Westen. Hauptflüsse sind die Donau und die Theiß. Die Berglandschaften sind mit Laubwäldern bedeckt. Das Tiefland bestand früher aus Steppe, hier Pußta genannt. Der größte Teil der Pußta ist jetzt Ackerland. Angebaut werden Weizen, Mais, Kartoffeln, Hafer, Gerste, Roggen, Zuckerrüben, Tabak, Obst, Gemüse und Wein, teilweise mit Hilfe künstlicher Bewässerung. Daneben züchtet man Rinder, Pferde, Schweine, Schafe und Geflügel. An Bodenschätzen gibt es Kohle, Bauxit, Eisenerz, Erdöl, Erdgas sowie Uran. Die Schwer-, Maschinen- und Fahrzeugindustrie befinden sich im Ausbau.

Im 5. Jahrhundert n. Chr. war Ungarn ein Teil des Hunnenreichs, im 6. Jahrhundert wurde es von den Awaren beherrscht. Um 900 drangen die Magyaren, ein Reitervolk, dessen Sprache zu den finnisch-ugrischen gehört, in das Gebiet ein. Im Jahre 1001 wurde durch König Stephan den Heiligen das Christentum eingeführt. Ab 1301 erlebte Ungarn unter einem gestärkten Königtum eine Blütezeit. 1370 wurde es mit Polen vereinigt, 1526 kam es zu Österreich. Bereits seit 1390 waren die Angriffe der Türken immer stärker und gefährlicher geworden. 1541 besetzten sie weite Teile des Landes und beherrschten sie mehr als ein Jahrhundert. Erst im großen Türkenkrieg (1683 bis 1699) wurde die türkische Herrschaft gebrochen. Schon im Jahre 1687 wurde Ungarn habsburgisches Kronland. 1867 gewann Ungarn im Rahmen der österreich-ungarischen Doppelmonarchie volle Gleichberechtigung neben Österreich. 1918 erfolgte die Ausrufung der Republik. Durch den Friedensvertrag von Trianon (1920) verlor Ungarn mehr als die Hälfte seines Territoriums, außerdem wurde es von Österreich getrennt. 1948 übernahmen die Kommunisten die Macht. Seit 1949 ist Ungarn Volksrepublik. Die Landwirtschaft wurde kollektiviert, Industrie und Handel wurden verstaatlicht, und die Kirchen wurden verfolgt. Der Volksaufstand für mehr demokratische Freiheiten im Oktober 1956 wurde von sowjetischen Truppen niedergeschlagen. Ungarn ist Mitglied der UNO, des COMECON und des Warschauer Pakts.

Ungeziefer sind tierische Schädlinge und Schmarotzer, die Menschen wie Tiere plagen oder Kulturpflanzen sowie Vorräte angreifen, z. B. Ratten, Mäuse, Schaben, Wanzen, Flöhe, Läuse und Ameisen. Man bekämpft sie mit chemischen Mitteln oder Fallen.

Uniformen werden vom Militär, von der Polizei, von Eisenbahnern, Postbeamten und vielen Angehörigen bestimmter Stände und Vereine getragen. Sie sind eine Dienstkleidung, die in Stoff, Farbe und Schnitt einheitlich ist. In Europa begann das Tragen von Uniformen im 17. Jahrhundert infolge der Aufstellung stehender Heere. Das Adjektiv uniform bedeutet gleichförmig, einheitlich. Uniformität ist die Einförmigkeit, die Gleichmäßigkeit. Das Wort Uniform kommt aus dem Lateinischen.

Union Jack [júhnjen dschäk] ist die volkstümliche Bezeichnung für die britische Nationalflagge. (Siehe auch Farbtafel »Flaggen« Band 3)

United Kingdom [junáitid kíngdim] bedeutet Vereinigtes Königreich. Gemeint ist damit Großbritannien und Nordirland (siehe Stichwörter »England« und »Großbritannien«).

United Nations [junáitid néhschnß] heißen die Vereinten Nationen auf englisch. Diese Organisation ist unter dem Stichwort »Vereinte Nationen« beschrieben.

Universal (universell) ist das aus dem Lateinischen stammende Wort für allgemein, gesamt. Ein Universalerbe ist ein Alleinerbe. Universalität bedeutet allumfassendes Wissen.

Universitäten sind Lehranstalten für wissenschaftliche Lehre, Forschung und Erziehung. Diese Hochschulen werden in der Bundesrepublik Deutschland und in den meisten anderen Ländern vom Staat unterhalten. In Großbritannien und in den USA erfolgt die Finanzierung auch durch private Stiftungen. Die Universitäten waren bisher gegliedert in die theologische, juristische, philosophische, medizinische, naturwissenschaftliche, rechts- und staatswissenschaftliche, rechts- und wirtschaftswissenschaftliche, tierärztliche, landwirtschaftliche und forstwirtschaftliche Fakultät. Der Rektor und der Senat bilden die Spitze einer Universität. Die Vertreter der Fakultäten sind die Dekane. Neue Organisationsformen sind die Fachbereiche anstelle der Fakultäten; statt des Rektors gibt es an vielen Universitäten einen Präsidenten. Das Abitur, das Abschlußexamen an Gymnasien, berechtigt zum Besuch einer Universität. Die ständig wachsende Zahl der Studenten, die daraus resultierende Knappheit der Studienplätze, die Studienbeschränkung durch den Numerus clausus (geschlossene Zahl), also die zahlenmäßige Beschränkung von Studienanwärtern zur Vermeidung der Überfüllung, die Zerstörung der ursprünglichen Einheit der Universitäten durch die Spezialisierung der Einzelwissenschaften, all das macht eine Bildungsreform im Hochschulwesen notwendig.

In Bologna und in Paris wurden im 12. Jahrhundert die ersten europäischen Universitäten gegründet, es folgten Universitätsgründungen in Oxford, Cambridge, Prag, Wien, Heidelberg, Köln, Erfurt, Leipzig und Rostock.

Universum nennt man das Weltall.

Unke heißt eine Kröte mit warziger Haut. Sie lebt in morastigen Tümpeln. Auf der Bauchseite hat sie gelbe oder rote Flecke. Bei Gefahr kehrt das Tier diese Seite dem Feind

Unkr

zur Warnung zu (siehe Stichwort »Kröten«).

Unkräuter sind Pflanzen ohne wirtschaftlichen Wert. Sie vermehren sich sehr stark und sind zählebig. Man findet sie auf bebauten Feldern ebenso wie auf unbebauten Flächen, Wegen, Plätzen sowie an Waldrändern. Unkrautbekämpfung geschieht durch Jäten, Ausstechen, Abbrennen der Pflanzen und mit chemischen Unkrautvertilgungsmitteln.

Unlauterer Wettbewerb ist das Streben nach geschäftlichen Vorteilen mit unlauteren Mitteln. Wer unlauteren Wettbewerb begeht, kann auf Unterlassung und auch auf Schadensersatz verklagt werden.

Unmündig (minderjährig) sind Kinder und Jugendliche bis zur Mündigkeit, d. h. bis zur Vollendung ihres 18. Lebensjahrs. (Siehe Stichwort »Volljährigkeit«)

UNO ist die englische Abkürzung für United Nations Organization. (Siehe Stichwort »Vereinte Nationen«)

Unpaarhufer oder Unpaarzeher nennt man Säugetiere mit ungerader

---

Unkräuter verraten, wie gut oder schlecht die Erde ist, in der sie wachsen.

Distel, Brennessel: mit Kalk und Stickstoff versorgter, lockerer, humusreicher, sehr guter Boden

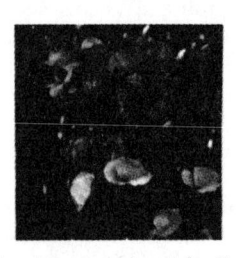

Klatschmohn: guter, aber nicht allzu nährstoffreicher Boden

Schachtelhalm: kalkarmer, also »saurer«, nährstoffarmer, schlecht durchlüfteter, nasser Boden

Hundskamille: kalk- und nährstoffarmer, sandiger Boden

Zehenzahl, nämlich Einhufer (Pferde), Nashörner und Tapire. Bei ihnen sind die Mittelzehen am stärksten ausgebildet. Unpaarhufer sind nichtwiederkäuende Pflanzenfresser.

Unruh heißt ein hin und her schwingendes, mit einer Spiralfeder verbundenes Rädchen in Taschen- und Weckeruhren.

Unterernährung wird durch ungenügende oder einseitige Ernährung hervorgerufen. Sie tritt auch auf, wenn der kranke Körper nicht fähig ist, Nahrung aufzunehmen oder zu verarbeiten.

Untergrundbahn (U-Bahn) ist eine unterirdische Stadtschnellbahn, die der Entlastung des oberirdischen Großstadtverkehrs dient. Die U-Bahnen nehmen ihren Fahrstrom von Stromschienen ab. Im Jahre 1863 wurde in London die erste U-Bahn in Betrieb genommen.

Untergrundbewegung oder Untergrundorganisation nennt man eine politische Geheimorganisation, die das regierende System bekämpft.

Unterhaltspflicht (Alimentationspflicht) ist die Verpflichtung zur Zahlung des Lebensunterhalts, die ein Vater einem nichtehelichen Kind gegenüber hat oder die Eltern und Adoptiveltern ihren Kindern gegenüber und Eheleute untereinander haben. Zum Empfang der Zahlung berechtigt ist nur, wer sich nicht selbst erhalten kann. Zur Zahlung verpflichtet ist nur, wer zahlen kann, ohne seine eigene Existenz zu gefährden. Eltern sind gegenüber ihren minderjährigen, unverheirateten Kindern unbeschränkt unterhaltspflichtig.

Unterhaus (englisch House of Commons = Haus der gemeinen Bürger) nennt man die Volksvertretung (2. Kammer) im englischen Parlament. Sie allein entscheidet die Finanzgesetze. Wenn die Regierung nicht mehr das Vertrauen des Unterhauses hat, muß sie zurücktreten. Die erste Kammer im englischen Parlament heißt House of Lords (= Oberhaus). Sie ist die Vertretung des englischen Adels, der hohen Geistlichkeit; zudem sitzen im Oberhaus höchste Justizbeamte und von der Königin ernannte Mitglieder. Das Oberhaus ist das oberste englische Gericht. In der Gesetzgebung hat es nur aufschiebendes Einspruchsrecht.

Unterkiefer, Oberkiefer und Zwischenkiefer sind die drei Knochen des Gesichtsschädels, die das Gebiß tragen. Während Oberkiefer und Zwischenkiefer fest mit dem Gesichtsschädel verbunden sind, kann der Unterkiefer gegen den Oberkiefer und seitlich bewegt werden.

Unterkühlung ist eine Senkung der Körpertemperatur unter die Normaltemperatur bei Warmblütern. Sie kann durch Auskühlung, aber auch durch eine Störung der Wärmeregulation hervorgerufen werden. Unterkühlung wird in der Medizin durch medikamentöse (z. B. Narkose oder künstlichen Winterschlaf) Abkühlung des Körpers hervorgerufen. In der Physik ist die Unterkühlung eine Erscheinung, die zeigt, daß eine Flüssigkeit auch unterhalb ihres Gefrierpunkts noch flüssig bleibt, wenn sie sehr langsam und erschütterungsfrei abgekühlt wird. Wasser kann z. B. auf diese Weise bis zu $-20°$ C flüssig bleiben. Eine plötzliche Erschütterung führt zum schlagartigen Erstarren der Flüssigkeit.

Unterleib nennt man den unteren Bereich des Bauchs. Unterleibskrankheiten sind Krankheiten des Darms, der Blase und bei Frauen Erkrankungen der Gebärmutter, der Eileiter sowie der Eierstöcke.

Unteroffizier ist ein militärischer Dienstgrad zwischen Offizier und Mannschaftsdienstgraden. In der Deutschen Bundeswehr gibt es sieben Unteroffiziersgrade: Oberstabs-, Stabs-, Haupt-, Oberfeldwebel, Feldwebel, Stabsunteroffizier und Unteroffizier. Bei der Kriegsmarine heißen die entsprechenden Dienstgrade Oberstabs-, Stabs-, Haupt-, Oberbootsmann, Bootsmann, Obermaat und Maat.

Unterschlagung wird die gegen das Recht verstoßende Aneignung einer fremden, beweglichen Sache genannt, die jemand im Besitz oder Gewahrsam hat. Gibt z. B. der Finder einer Armbanduhr diese nicht beim Fundbüro ab, macht er sich der Fundunterschlagung schuldig. Veruntreuung dagegen heißt die rechtswidrige Aneignung eines jemandem anvertrauten Gegenstands. Entnimmt beispielsweise ein Buchhalter, dem die Kasse seiner Firma anvertraut ist, Geld für seinen eigenen Bedarf, so ist das Veruntreuung. Die Unterschlagung wird nicht so streng bestraft wie die Veruntreuung. Für beide Vergehen allerdings kann man mit einer Freiheitsstrafe bestraft werden.

Unterseeboot nennt man ein Tauchboot, das unter dem Stichwort »U-Boot« beschrieben ist.

Untersuchungshaft heißt die Inhaftierung des einer Straftat Beschuldigten. Sie erfolgt durch Haftbefehl des Richters bei dem Verdacht, der Beschuldigte könne fliehen (Fluchtgefahr) oder seine Tat durch die Vernichtung von Beweismaterial bzw. die Beeinflussung von Zeugen (Verdunklungsgefahr) verschleiern. In jedem Fall wird die Untersuchungshaft bei Verdacht auf Gewaltverbrechen (Mord, Totschlag) und Sittlichkeitsverbrechen angeordnet. Die Untersuchungshaft dauert bis zur Gerichtsverhandlung, sie darf jedoch sechs Monate nicht überschreiten. Das Gericht muß auf Antrag des Beschuldigten jederzeit prüfen, ob die Untersuchungshaft aufrechtzuerhalten ist. Hat der Beschuldigte keinen Anwalt, der diesen Antrag stellt, muß nach drei Monaten Untersuchungshaft von Amts wegen ein Haftprüfungsverfahren eingeleitet werden.

Unterwelt hieß in der Antike das unterirdische Reich der Toten. In der griechischen Mythologie war es der Hades, in der römischen der Orkus. Heutzutage bezeichnet man als Unterwelt Verbrecherkreise.

Unze ist ein altes, früher weitverbreitetes Feingewicht. Die englische Unze (ounce [Abkürzung oz.] = 28,363 g) wird heute für die Gewichtsbestimmung bei Sportgeräten

Uran

gebraucht, vor allem bei Boxhandschuhen.

Ur nennt man ein ausgestorbenes Wildrind, das unter dem Stichwort »Auerochse« beschrieben ist.

Ur (Urim, Uru) war im 3. Jahrtausend v. Chr. Hauptstadt des sumerischen Reichs in Südbabylonien, dem Gebiet des heutigen Irak. Durch Ausgrabungen entdeckte man Reste der alten Stadt mit einem terrassenförmig angelegten Tempel (Zikkurat) und riesigen Königsgräbern. Nach der Bibel soll Ur die Heimat Abrahams gewesen sein.

Urabstimmung wird bei den Gewerkschaften eine geheime Abstimmung genannt, die darüber entscheidet, ob ein Streik ausgerufen werden soll. Nach dem Streikrecht kommt es nur dann zu einem von der Gewerkschaft organisierten Streik, wenn sich mindestens 75 Prozent der abstimmungsberechtigten Gewerkschaftsmitglieder für die Niederlegung der Arbeit entscheiden. Andernfalls spricht man von einem wilden Streik. (Siehe auch Stichwort »Streik«)

Urämie, auch Harnvergiftung genannt, tritt bei schweren Nierenerkrankungen auf. Die erkrankten Nieren sind nicht mehr fähig, das Blut von giftigen Stoffwechselschlacken zu reinigen. Eine künstliche Niere kann die Entschlackung des Bluts übernehmen.

Ural heißt ein Faltengebirge in der Sowjetunion, das im Norden am Karischen Meer beginnt und sich, etwa dem 60. Längengrad folgend, mehr als 2500 km nach Süden hin erstreckt. Der bis zu 1885 m Höhe ansteigende Ural gilt als Grenze zwischen Europa und Asien, die von dem 2534 km langen Fluß gleichen Namens bis zum Kaspischen Meer fortgesetzt wird. Das Gebirge besitzt reiche Vorkommen an Eisen, Kupfer, Gold, Platin, Kali, Blei, Nickel, Asbest, Bauxit, Steinkohle, Edelsteinen und Erdöl. Infolgedessen ist dort, vor allem im dichtbesiedelten Süden, eins der bedeutendsten Industriegebiete der Sowjetunion entstanden. Im fast unbewohnten Norden des Gebirges leben noch viele Tiere in ungestörter Freiheit.

Uran ist ein chemisches Element mit dem Zeichen U. Das sehr harte silberweiße Schwermetall wird hauptsächlich aus Pechblende (Uranpecherz) gewonnen. In größeren Mengen findet man es in Südafrika, in Kanada und in den USA. Uran ist der wichtigste Grundstoff zur Gewinnung von Atomenergie (Kernener-

Uran ist der wichtigste Grundstoff für die Gewinnung von Atomenergie. Die gefährliche radioaktive Strahlung des Metalls erfordert ein Hantieren mit ihm nur unter Verwendung besonderer Schutzvorrichtungen.

Uran

gie), die in zunehmendem Maße zu friedlichen Zwecken verwendet wird. Das natürliche Uran setzt sich aus drei Isotopen zusammen, die wie alle Isotope gleiche chemische Eigenschaften und daher die gleiche Ordnungszahl, aber verschiedene Atomgewichte und daher verschiedene Massenzahlen haben. Die Isotope sind radioaktiv und ermöglichen Kettenreaktionen. Das 99 Prozent des Urans bildende Hauptisotop U 238 ist das Anfangsglied der Uran-Radium-Zerfallsreihe, deren Endprodukt Uranblei ist. U 238 kann in das spaltbare Plutoniumisotop, einen Atomsprengstoff, umgewandelt werden. Das Isotop U 235 ist das Anfangsglied der Uran-Actinium-Zerfallsreihe und wird, da es spaltbar ist, direkt als Atomsprengstoff verwendet. Weitere Isotope des Urans kann man heute künstlich herstellen. (Siehe auch Stichwörter »Atom« und »Radioaktivität«)

Uranbrenner nennt man einen Kernreaktor, in dem als Brennstoff Uran verwendet wird. Unter dem Stichwort »Atom« wird darüber berichtet.

Uranus hat man den siebten Planeten unseres Sonnensystems genannt. Er wurde 1781 von Herschel entdeckt und ist mit bloßem Auge gerade noch zu sehen. Mehr über diesen Himmelskörper geht aus der Tabelle beim Stichwort »Planet« hervor.

Uraufführung nennt man die erste öffentliche Darbietung eines Theaterstücks, einer Oper, einer Operette, einer Komposition oder eines Films. Als Erstaufführung bezeichnet man dagegen die erste Aufführung an diesem Ort.

Urban, ein Wort aus dem Lateinischen, bedeutet soviel wie städtisch oder weltmännisch.

Urheberrecht ist ein Begriff, der den Schutz geistigen Eigentums umfaßt. Durch Gesetze ist geregelt, daß dem Schöpfer (Urheber) eines Werks der Literatur, der Musik, der bildenden Künste oder der Fotografie während einer bestimmten Frist die alleinige Verfügung darüber zusteht. In der Bundesrepublik Deutschland erlischt die Schutzfrist 70 Jahre nach dem Tode des Urhebers. Während der Schutzfrist darf das Werk nur mit Einwilligung des Urhebers bzw. seiner Erben veröffentlicht, vervielfältigt, vertont, aufgeführt oder verfilmt werden.

Urkunde nennt man ein Schriftstück mit rechtlich verbindlichem Inhalt. Ein Testament, das vom Verfasser mit Datum und eigenhändiger Unterschrift versehen wurde, ist z. B. eine Urkunde. Wird zum Zwecke der Täuschung oder des Betrugs eine unechte Urkunde hergestellt oder eine echte verändert, spricht man von Urkundenfälschung. Sie wird mit Freiheitsstrafe geahndet.

Urne heißt ein Gefäß aus Stein, Ton oder Metall, in dem nach der Feuerbestattung die Asche eines Verstorbenen aufbewahrt wird. Auch einen Kasten, in den bei Wahlen die Stimmzettel geworfen werden, bezeichnet man als Urne. Daher stammt die Redewendung »zur Wahlurne gehen«.

Urologie, ein Wort aus dem Griechischen, wird die Wissenschaft von den Krankheiten der Harnorgane genannt. Ein Urologe ist ein Facharzt für Urologie.

Urstromtäler entstanden z. B. in Norddeutschland während der Eiszeit. Es sind breite, flache Täler, in denen sich das zur Nordsee abfließende Schmelzwasser des Inlandeises sammelte.

Die meisten unserer Flüsse und Ströme sind heute reguliert, d. h. in künstliche Betten gelegt. Die Isar bei Wolfratshausen fließt ein kleines Stück noch so, wie sich einst der Urstrom in vielen Armen selbst sein natürliches Bett grub.

Urteil nennt man die richterliche Entscheidung, die ein gerichtliches Verfahren beendet. Innerhalb einer gewissen Frist können Rechtsmittel eingelegt werden. Das heißt, das Urteil kann angefochten werden. Ist ein Urteil rechtskräftig geworden, kann es nicht mehr angefochten werden.

Urtiere sind unter dem Stichwort »Protozoen« beschrieben.

Uruguay (amtlich República Oriental del Uruguay) heißt eine südamerikanische Republik mit Montevideo als Hauptstadt. Der Staat ist 186 926 qkm groß und wird von rund 3 Millionen Menschen bewohnt. Das an der Südostküste von Südamerika gelegene Land besteht zum größten Teil aus hügeligen Grasflächen, die als Viehweiden genutzt werden. Die Bevölkerung lebt vor allem von der Rinderzucht, es werden aber auch Weizen, Reis, Mais, Gerste, Wein und Tabak angebaut. Ausfuhrprodukte sind Fleisch, Wolle, Häute und Leder.

Uruguay ist auch der Name eines 1650 km langen südamerikanischen Flusses, der die Grenze zwischen Argentinien, Brasilien und Uruguay bildet. Er mündet in der Nähe von Buenos Aires in den Rio de la Plata.

Urwälder gibt es auf unserer Erde nur noch in Sibirien, in Kanada und in den Tropen. In diesen, von keiner Menschenhand berührten, riesigen Wäldern sind alle Pflanzen zu einem fast undurchdringlichen Dickicht verwachsen, in dem noch viele Tiere einen idealen Lebensraum finden.

USA lautet die Abkürzung für United States of America. Unter dem Stichwort »Vereinigte Staaten von Amerika« wird über diesen nordamerikanischen Bundesstaat berichtet.

Utah [júhta], ein 219 932 qkm großer Staat im Westen der USA, wird von 1,1 Millionen Menschen bewohnt. 70 Prozent der Bevölkerung sind Mormonen. Die Hauptstadt heißt Salt Lake City. Sie liegt im Nordwesten des Staats am Großen Salzsee inmitten einer öden, wüstenhaften Hochebene. Die Landwirt-

Uten

schaft ist größtenteils auf künstliche Bewässerung angewiesen. Im Bergbau werden Kupfer, Gold, Blei und Uran gefördert. Auch die Salzgewinnung ist ein wichtiger Wirtschaftsfaktor. (Siehe auch Stichwörter »Great Salt Lake« und »Große Salzseewüste«)

Utensilien ist eine aus dem Lateinischen stammende Bezeichnung für Arbeitsgeräte oder notwendige Gebrauchsgegenstände.

Utopien sind (in der Umgangssprache) nicht zu verwirklichende Ideen, also Hirngespinste. Utopisch bedeutet unwirklich, unerfüllbar. In der Philosophie sind Utopien Schilderungen eines noch nirgends verwirklichten, aber vom Verfasser für erstrebenswert gehaltenen Idealzustands der Gesellschaft. Der Begriff Utopie stammt von dem 1516 erschienenen Roman ›Utopia‹, dessen Verfasser der englische Schatzkanzler Sir Thomas Morus war. In dem Roman wird ein idealer Staat geschildert, in dem es kein Privateigentum gibt und in dem die Menschen freiwillig arbeiten. Die vor über hundert Jahren geschriebenen utopischen Romane von Jules Verne nahmen zum Teil technische Erfindungen des 20. Jahrhunderts vorweg. Eins seiner spannenden Bücher, das 1865 erschien, heißt ›Von der Erde zum Mond‹. Heute nennt man utopische Romane Science-fictions (Wissenschafts-Dichtungen).

V

Vagabund wird ein Landstreicher genannt, ein Mensch, der weder einen festen Wohnsitz noch einen Arbeitsplatz hat.

Vage, ein Wort aus dem Lateinischen, bedeutet unbestimmt, unklar, verschwommen.

Vagina ist das lateinische Wort für die Scheide, einen Teil der weiblichen Geschlechtsorgane.

Vagus, ein Wort aus dem Lateinischen, hat man den zehnten Gehirnnerv genannt. Als Hauptnerv des Parasympathikus ist er der Gegenspieler des Sympathikus im vegetativen Nervensystem. Der weitverzweigte Nerv lenkt die Tätigkeit der inneren Organe, wie Herz, Lunge, Magen, Darm usw. Während der Sympathikus z. B. die Herztätigkeit beschleunigt, wirkt der Vagus auf den Herzmuskel hemmend ein. Mehr hierüber steht unter den Stichwörtern »Rückenmark« und »Zentralnervensystem«.

Vakuum nennt man einen luftleeren Raum. Das Wort kommt aus dem Lateinischen.

Valparaiso [-aíhso] heißt die an einer breiten Bucht des Pazifischen Ozeans gelegene wichtigste Hafenstadt von Chile. Die Stadt hat 900 000 Einwohner, Dockanlagen und Schiffswerften. Außerdem ist sie der Ausgangspunkt einer Eisenbahnlinie, die über die Anden nach Buenos Aires führt.

Valuta wird die Währung eines Landes genannt. Auch den Wechselkurs für ausländische Zahlungsmittel bezeichnet man mit diesem Wort.

Vampir heißt im Volksglauben mancher Länder ein Verstorbener, der nachts aus seinem Grab steigt, um Lebenden das Blut auszusaugen. Auch eine Fledermausart Mittel- und Südamerikas nennt man so.

Vanadium ist ein chemisches Element mit dem Zeichen V. Trotz seiner Härte ist das weiße Metall dehnbar und geschmeidig. Es wird mit Stahl legiert, dem es große Festigkeit und Elastizität verleiht. Vanadium wird auch zur Herstellung von Farbstoffen und von Schutzgläsern gegen ultraviolettes Licht verwendet.

Van-Allen-Gürtel [wän-älin] sind zwei die Erde in großen Abständen umschließende Zonen. Mehr hierüber steht unter dem Stichwort »Strahlungsgürtel«.

Vanille [wanílje] heißt eine Kletterorchidee, die aus Mittelamerika stammt. Heute wird die Pflanze in vielen tropischen Gebieten angebaut. Die Schotenfrüchte enthalten ein feines Gewürz, das in Gebäck und Süßspeisen sowie zur Herstellung von Parfüm verwendet wird.

VAR als Abkürzung für Vereinigte Arabische Republik wurde der 1958 aus der Vereinigung von Ägypten und Syrien entstandene Staat genannt. Nachdem sich Syrien 1961 aus dieser Vereinigung wieder gelöst hatte, führte Ägypten bis 1971 diese Bezeichnung allein.

Variation, ein Wort aus dem Lateinischen, bedeutet Abwechslung, Veränderung, Abweichung. In der Biologie versteht man unter Variation die Abweichung eines Lebewesens in einzelnen Merkmalen vom Normaltypus seiner Art. Beispielsweise hat die Chinesische Primel bei Temperaturen unter 30 Grad rote Blüten, während sie bei höheren Wärmegraden weiß blüht. In der Musik spricht man von Variationen, wenn ein Thema melodisch, rhythmisch oder harmonisch abgewandelt wird, wie z. B. in den Goldberg-Variationen von Johann Sebastian Bach.

Vasall heißt Lehnsmann, Gefolgsmann. Vasallen wurden unmittelbar vom König oder mittelbar z. B. von einem Reichsfürsten mit Land belehnt. Dieses Lehen (Leihgut) verpflichtete zu Treue und ritterlichem Kriegsdienst. Als Vasallenstaat bezeichnet man einen scheinbar selbständigen, in Wirklichkeit jedoch von einer Großmacht abhängigen Staat.

Vasco da Gama ist unter »Gama« zu finden.

Vaseline nennt man ein aus Erdöl gewonnenes weißes oder gelbes Fett. Es wird nicht ranzig, es hat keinen Geruch und keinen Geschmack. Vaseline wird als Salbengrundlage, aber auch zum Einfetten von Maschinen und Waffen verwendet.

Vatikan heißt die Residenz des Papstes in Rom. Sie liegt am rechten Ufer des Tiber. Der Vatikan ist seit 1378 ständiger Wohnsitz der Päpste.

Vatikanstadt, in Italien Stato della Città del Vaticano genannt, ist der kleinste Staat der Erde. Er umfaßt nur 0,44 qkm und hat 520 Einwohner. Zur Vatikanstadt gehören der Päpstliche Palast mit seinen Gärten, die Peterskirche, die Sixtinische Kapelle, eine wertvolle Bibliothek und mehrere Museen. Außerdem hat der kleine Stadtstaat einen eigenen Bahnhof, einen Rundfunksender sowie die Posthoheit. Im Gebiet der Vatikanstadt, einem Ersatz für den ehemaligen Kirchenstaat, besitzt der Papst volle Souveränität, allerdings mit der Verpflichtung zu dauernder politischer Neutralität. Wachtruppe ist die berühmte Schweizergarde.

Vegetabilien sind Pflanzen. Das Wort kommt aus dem Lateinischen.

Vegetarier ernähren sich nur von Pflanzenkost, also von Gemüse und Obst, die sie meistens durch Eier, Milch und Milchprodukte ergänzen. Weltanschaulich bedingter Vegetarismus beruht auf der Überzeugung, daß der Mensch kein Recht habe, ein Tier zu töten, um es zu essen. Die vegetarische Bewegung ging von der 1847 in London gegründeten »Vegetarian Society« aus.

Vegetation ist das aus dem Lateinischen stammende Wort für Pflanzenwelt. Die kalifornische Küste hat z. B. eine üppige subtropische Vegetation.

Vegetativ bedeutet sowohl pflanzlich als auch dem Willen nicht unterliegend.

Vegetative Fortpflanzung nennt man eine ungeschlechtliche Fortpflanzung, die beispielsweise durch Teilung (Amöben), Augen (Kartoffeln), Ausläufer (Erdbeeren), Brutknollen (Feuerlilien), Sporen (Farne) oder Knospung (Polypen) erfolgt.

Vegetatives Nervensystem wird auch autonomes Nervensystem genannt, weil es vom Willen und Bewußtsein des Menschen unabhängig ist. Unter dem Stichwort »Zentralnervensystem« wird es näher erläutert. (Siehe auch Stichwörter »Rückenmark«, »Sympathikus« und »Vagus«)

Vegetieren heißt kümmerlich oder untätig dahinleben.

Veilchen sind Kleinstauden und bilden eine artenreiche Gattung. Das Wohlriechende Veilchen, auch Märzveilchen genannt, blüht im März und April und hat einen feinen, intensiven Duft. Seine gespornten blauvioletten Blüten neigen sich an den hakenförmig gebogenen Blütenstielen leicht abwärts. Die herzförmigen, gekerbten Blätter stehen in einer Rosette. Ebenfalls im März und April blüht das duftlose hellviolette Waldveilchen, im Mai und Juni dagegen erst das etwas größere, ebenfalls hellviolette und duftlose Hundsveilchen. Auch das kleine Akker- oder Feldstiefmütterchen mit seinen weiß-gelben oder blauweiß-gelben Blüten gehört zu den Veilchenarten. Außer durch Samen vermehren sich Veilchen auch durch Tochterpflanzen. Ein längerer, am Boden kriechender Ausläufer bildet in einiger Entfernung vom Mutterstock Würzelchen. Sobald sie im Erdboden verankert sind, entsteht eine kleine Blattrosette. Nach Absterben des Ausläufers ist die Tochterpflanze selbständig. Wegen seiner Genügsamkeit gilt das Veilchen als Sinnbild der Bescheidenheit. Alpenveilchen gehören nicht zu den Veilchen, sondern zu den Zyklamen.

Velázquez, Diego Rodriguez de Silva y [weláßkeß], ein bedeutender spanischer Maler, lebte von 1599 bis 1660. Er wurde vor allem durch seine Porträts berühmt. Er war Hofmaler am Königshof zu Madrid, und die vielen Gemälde, die er von den Mitgliedern der königlichen Familie schuf, geben uns ein anschauliches Bild vom Leben am spanischen Königshof.

Vene ist das lateinische Wort für Blutader. Venen heißen Adern, in denen das sauerstoffarme Blut zum Herzen zurückströmt (siehe Stichwort »Blut«).

Venedig (italienisch Venezia), eine der schönsten Städte der Erde, liegt auf rund 120 Inseln in der Lagune von Venedig. Den Mittelpunkt der einzigartigen, zum größten Teil auf Pfahlrosten ins Meer gebauten norditalienischen Stadt bildet der Markusplatz. Ihn begrenzen die aus dem 9. Jahrhundert stammende, reich mit Mosaiken ausgeschmückte Kirche San Marco sowie der prächtige Dogenpalast. Die meisten Straßen werden durch etwa 180 Kanäle ersetzt, Verkehrsmittel sind Boote und Gondeln. Die wenigen Straßen und vielen Gäßchen führen über malerische Brücken, die die Kanäle überqueren. Die Rialto- und die Seufzerbrücke sind die bekanntesten. Herrliche gotische Bauten, Renaissance- und Barockpaläste, besonders am Canal Grande, künden vom ehema-

Vene

Venedig

ligen Reichtum dieser Stadt. Viele Bauwerke Venedigs sind heute in Gefahr, im Meer zu versinken. Durch die Senkung des Wasserspiegels in den Kanälen der Lagunenstadt wurden die hölzernen Pfähle freigelegt, die nun aus dem Wasser herausragen und durch den Einfluß der Luft zu faulen beginnen. Venedig wurde 452 n. Chr. gegründet, als der Hunnenkönig Attila oberitalienische Städte zerstörte und ihre Bewohner, die Veneter, auf die Inseln in den Lagunen flohen. Von 697 bis 1797 stand ein jeweils auf Lebenszeit gewählter Doge an der Spitze der Stadt. Im 9. Jahrhundert befreite sich Venedig von der byzantinischen Oberherrschaft und machte sich zur Republik. In den folgenden Jahrhunderten beherrschte der Stadtstaat als mächtigste Seemacht das östliche Mittelmeer und wurde zum bedeutendsten und reichsten Handelsplatz Europas. Durch das Vordringen der Türken verlor Venedig die meisten seiner Besitzungen am Mittelmeer. Nachdem Amerika entdeckt war und der Atlantik als Seeweg benutzt wurde, sank die Bedeutung des Mittelmeerhandels und damit die Stellung der Stadt allmählich herab. Von 1797 bis 1805 und ab 1814 gehörte Venedig zu Österreich, 1866 wurde es italienisch.

Heute ist Venedig die Hauptstadt der italienischen Region Venetien und hat 380 000 Einwohner. Mit dem Festland ist die Lagunenstadt durch einen 3,6 km langen Eisenbahndamm und eine ebenso lange Straßenbrücke verbunden. Die Einwohner leben vom Fremdenverkehr sowie von kunstvollen Gold-, Silber- und Handarbeiten, außerdem von der im Stadtteil Mestre auf dem Festland angesiedelten Industrie mit ihren Erdölraffinerien, Chemiewerken und Maschinenfabriken. Auf der benachbarten Laguneninsel Murano werden seit dem 13. Jahrhundert weltberühmte Kunstgläser hergestellt. Der Lido, gleichfalls eine Laguneninsel, trennt Venedig vom offenen Meer und ist ein vielbesuchter Badeort.

Venezuela [wehnehzu-éhla] heißt eine Bundesrepublik im Norden Südamerikas. Sie liegt am Karibischen Meer und am Atlantischen Ozean, ist 912 050 qkm groß und hat rund 11 Millionen Einwohner, hauptsächlich Mischlinge aus Weißen, Schwarzen und Indianern. 20% der Bevölkerung sind Weiße. Die Hauptstadt heißt Carácas. Im Südosten des tropischen Landes erhebt sich das Hochland von Guayana, der Nordwesten wird von den Ausläufern der Anden geprägt. Der Orinoco, der Hauptstrom von Venezuela, mündet in einem riesigen Delta in den Atlantischen Ozean. Im zentralen Tiefland beiderseits des Orinoco erstrecken sich die Hochgrassteppen der Llanos, der Weidegebiete großer Rinderherden. Die Landwirtschaft (Kaffee, Kakao, Baumwolle, Tabak, Mais, Reis, Kokospalmen, Zuckerrohr, Bananen, Zitrusfrüchte, Weizen, Kartoffeln) ist rückläufig, während die Industrialisierung immer mehr an Bedeutung gewinnt. Ursache dieser Entwicklung sind die reichen Bodenschätze des Landes (Eisenerz, Gold, Nickel, Kupfer, Bauxit, Kohle, Diamanten) und vor allem die vielen Erdölquellen.

Ventile, ein Wort aus dem Lateinischen, sind absperrbare Vorrichtungen an Rohren, Schläuchen, Zylindern und Kesseln, durch die Flüssigkeiten oder Gase ein-, aus- oder durchgelassen werden. Es gibt u. a. Teller-, Kegel-, Kugel-, Ring- und Klappventile. Man unterscheidet gesteuerte, d. h. von außen betätigte, und selbststeuernde Ventile. Bei den letztgenannten sind die Kraft der Ventilfeder bzw. das Eigengewicht des Ventils sowie der zulässige Druck der Flüssigkeit oder des Gases gleich stark. Bei Überdruck öffnet sich das Ventil, bei nachlassendem Druck schließt es sich. Solche Ventile sind als Sicherheitsvorrichtungen z. B. an Dampfkesseln angebracht, um eine Explosion durch Überdruck zu verhindern. Beim Auto- und Fahrradreifen dient das Ventil zum Aufpumpen und Ablassen von Luft.

Ventilator nennt man ein meist von einem Elektromotor angetriebenes Gerät, das Luft in Bewegung setzt. Man benötigt Ventilatoren, um verbrauchte Luft aus Wohn-, Büro- und Fabrikräumen, aber auch aus Straßen- oder Eisenbahntunnels ab- und dafür frische Luft anzusaugen. Auch in Bergwerkschächten werden Ventilatoren verwendet. Hier haben sie die Aufgabe, giftige Gase zu entfernen. Zur Klimatisierung verwendet man mit Heizungs-, Kühlungs- und Befeuchtungsanlagen verbundene Ventilatoren.

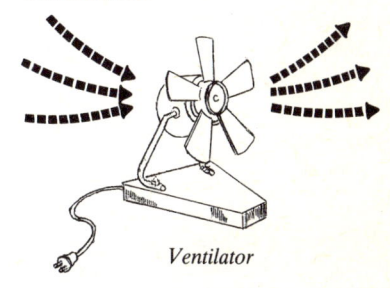

Ventilator

Venus war die römische Göttin der Liebe und der Schönheit. Sie entspricht der griechischen Aphrodite. Nach ihr hat man den zweiten Planeten genannt, der als hellster Stern am Himmel steht. Befindet sich die Venus westlich der Sonne, nennt man sie auch Morgenstern, steht sie östlich der Sonne, Abendstern. Nähere Angaben über diesen Himmelskörper sind in der Tabelle beim Stichwort »Planet« zu finden.

Venusfliegenfalle heißt eine in den Mooren Nordamerikas lebende

Verb

fleischfressende Pflanze. Sie gehört zu den Sonnentaugewächsen. Mit ihren zusammenklappbaren Blättern fängt die Pflanze Insekten, die sie mit ihren Randborsten festklemmt und verdaut.

Verb (Verbum, Aussage-, Tätigkeits-, Zeitwort) ist das Prädikat eines Satzes. Als Aussagewort sagt es etwas über den Satzgegenstand, das Subjekt des Satzes, aus (z. B.: Das Kind *lacht*). Als Tätigkeitswort gibt es an, was geschieht, was getan wird. Als Zeitwort drückt es aus, in welcher Zeit etwas geschieht, wann es geschah oder geschehen wird. Vom Satzgegenstand sagt es außerdem noch aus, ob er sich in der Tatform, im Aktiv, befindet (z. B.: Der Hund *beißt*) oder ob er in der Leideform, im Passiv, steht (z. B.: Der Hund *wird gebissen*). Verben werden gebeugt (konjugiert) in je drei Personen der Einzahl und der Mehrzahl, ferner in den verschiedenen Zeitformen der Gegenwart, Vergangenheit und Zukunft abgewandelt. Nichtgebeugte Verbformen sind die Nennform, der Infinitiv (z. B.: *beißen*), und die beiden Mittelwörter oder Partizipien (z. B.: *beißend, gebissen*). Sowohl der Infinitiv als auch die Partizipien können als Hauptwörter (Substantive), die Partizipien auch als Eigenschaftswörter (Adjektive) verwendet werden. Man unterscheidet starke Verben (z. B.: *tragen*, ich *trug*) und schwache Verben (z. B.: *sagen*, ich *sagte*). Verben sind zielend (transitiv), d. h. sie lassen sich mit dem Wenfall (Akkusativ) verbinden, und als solche auch rückbezüglich (reflexiv); oder sie sind nichtzielend (intransitiv), d. h. sie lassen sich nicht mit dem Akkusativ verbinden. Ein Verb erscheint in der Wirklichkeitsform (Indikativ), in der Möglichkeitsform (Konjunktiv) oder in der Befehlsform (Imperativ). Außer den eigentlichen Zeitwörtern, wie beispielsweise beißen, tragen, sagen, gibt es auch Hilfszeitwörter (haben, sein, werden, dürfen, können, wollen, müssen usw.).

Verbrauch von Waren nennt man Konsum. Bei diesem Stichwort sind die Begriffe Verbrauch und Verbraucher erklärt.

Verbrauchssteuern sind unter dem Stichwort »Steuern« beschrieben.

Verbrechen gehören zu den Straftaten (siehe dieses Stichwort).

Verbrennung ist ein chemischer Vorgang, bei dem sich brennbare Stoffe unter Flammenbildung mit Sauerstoff vereinigen. Die hierbei frei werdende Wärme nennt man Verbrennungswärme. Sie wird vielfältig genutzt, beispielsweise zum Kochen, Heizen und Beleuchten. Als Verbrennung bezeichnet man auch Verletzungen der Haut und tiefer liegender Körpergewebe durch überstarke Einwirkung von Hitze (Feuer, Dampf), durch Strahlenenergie (Sonne, Röntgenstrahlen) und Elektrizität. Man unterscheidet Verbrennungen 1. Grades mit Rötung und Schwellung, 2. Grades mit Blasenbildung, 3. Grades mit Brandwunden und Verschorfung sowie 4. Grades mit Verkohlung. Brandblasen dürfen nicht aufgestochen und Brandwunden nicht mit

Wasser behandelt werden. Lebensgefährlich können schon Verbrennungen 2. Grades sein, wenn sie mehr als die Hälfte des Körpers bedecken. Verletzungen durch Chemikalien, z. B. durch ungelöschten Kalk, rufen ähnliche Erscheinungen hervor wie Verbrennungen. Bei Verbrennungen größeren Ausmaßes muß man sofort einen Arzt um Rat fragen.

Verbrennungsmotoren, auch Explosionsmotoren genannt, sind Kraftmaschinen, die Wärmeenergie in mechanische Arbeit umsetzen, indem sie durch Verbrennung eines Gemischs aus Luft und Treibstoff Bewegung erzeugen. Diese Bewegung wird von Kraftfahrzeugen, Lokomotiven, Schiffen, Flugzeugen und den verschiedensten Maschinen als Antriebskraft genutzt. Man unterscheidet drei Arten von Verbrennungsmotoren: Gasmotoren, Benzinmotoren (Vergasermotoren) und Ölmotoren (Dieselmotoren). Als Treibstoff wird für Gasmotoren Industrie- und Leuchtgas, für Benzinmotoren Leichtöl (Benzin oder Benzol) und für Ölmotoren Schweröl (Dieselöl) verwendet. Die Verbrennung des Luft-Treibstoff-Gemischs erfolgt im Zylinder. Durch den Druck der sich ausdehnenden Verbrennungsgase wird der im Zylinder gleitend angebrachte Kolben abwärts getrieben. Seine geradlinige Bewegung wandeln Pleuelstange und Kurbelwelle in eine Drehbewegung um. Der Gasmotor sowie der Benzinmotor werden nach ihrem Erfinder Ingenieur Nikolaus Otto auch Ottomotor genannt. Bei den Ottomotoren wird das Luft-Treibstoff-Gemisch durch den Entladungsfunken einer Zündkerze gezündet. Beim Benzinmotor muß jedoch ein zusätzlicher Vergaser den flüssigen Treibstoff zuvor fein zerstäuben. Der ohne Zündkerzen und ohne Vergaser arbeitende Ölmotor ist unter dem Stichwort »Dieselmotor« erklärt.

Nach ihrer Arbeitsweise unterscheidet man Viertakt- und Zweitaktmotoren. Takt oder Hub nennt man die Bewegung des Kolbens im Zylinder. Viertaktmotoren haben am Zylinderkopf zwei von der Nockenwelle gesteuerte Ventile. Bei den Viertaktmotoren bewegt sich der Kolben in einem Arbeitsgang insgesamt viermal hin und her, nämlich zweimal aufwärts und zweimal abwärts, während die Kurbelwelle zwei Umdrehungen macht. Im 1. Takt saugt der abwärts gleitende Kolben durch das geöffnete Einlaßventil das Luft-Gas-Gemisch an. Im 2. Takt verdichtet (komprimiert) der aufwärts gleitende Kolben bei geschlossenen Ventilen das Gemisch. Im 3. Takt wird bei ebenfalls geschlossenen Ventilen das Gemisch gezündet, es explodiert und treibt den Kolben abwärts. Im 4. Takt werden die Abgase vom aufwärts gleitenden Kolben durch das geöffnete Auslaßventil ausgepufft. Von vier Takten leistet also nur einer, nämlich der 3. Takt, eine Nutzarbeit. Zweitaktmotoren arbeiten ohne Ventile. Der Einlaß für das Luft-Gas-Gemisch und der Auslaß für die Abgase liegen

Verd

seitlich in der Zylinderwand, wobei der Auslaß über dem Einlaß angebracht ist. Beide Öffnungen werden vom Kolben gesteuert, indem er sie beim Auf- und Abwärtsgleiten abwechselnd freilegt und verschließt. In einem Arbeitsgang kommt auf zwei Bewegungen des Kolbens im Zylinder, nämlich einmal aufwärts und einmal abwärts, eine Umdrehung der Kurbelwelle. Im 1. Takt bewegt sich der Kolben aufwärts und verschließt dabei den Auslaß. Über dem Kolben wird das zuvor eingeströmte Luft-Gas-Gemisch verdichtet und dann gezündet, während unter dem Kolben durch den freigelegten Einlaß neues Gemisch angesaugt wird. Im 2. Takt treibt die Explosion des gezündeten Gemischs den Kolben abwärts. Dabei verschließt der Kolben den Einlaß und gibt den Auslaß frei, so daß die Abgase ausgepufft werden, während das im 1. Takt angesaugte neue Gemisch nach oben strömt. Beim Zweitaktmotor leistet also jeder 2. Takt Nutzarbeit. Weil Motoren mit einem Zylinder nur geringe Leistungen erbringen, werden sie meistens mit zwei oder mehr Zylindern ausgestattet. Heutzutage ist der Vierzylindermotor der meistgebaute Motor, Sechszylinder werden häufig, Acht- oder gar Zwölfzylinder dagegen selten gebaut. Über den Wankelmotor ist unter dem Stichwort »Drehkolbenmotor« berichtet.

Verdampfen nennt man den Vorgang, bei dem Flüssigkeiten, die ihren Siedepunkt erreicht haben, in den gasförmigen Zustand übergehen. Als Verdunsten bezeichnet man dagegen die bei Temperaturen unter dem Siedepunkt vor sich gehende Umwandlung vom flüssigen in den gasförmigen Zustand. (Siehe auch Stichwort »Aggregatzustand«)

Verdauung wird die Verarbeitung der dem Körper zugeführten Nahrung in Nährstoffe, die er aufnehmen und verwerten kann, sowie die Ausscheidung unbrauchbarer Reste genannt. Eiweiß, Fett und Kohlehydrate, die Hauptbestandteile unserer Nahrung, müssen im Stoffwechsel durch Verdauungsfermente (Enzyme) zerlegt werden, während Wasser, Vitamine und Mineralsalze direkt aufgenommen werden können. Die Verdauung beginnt im Mund, wo die Nahrung durch Kauen zerkleinert und durch den Speichel aufgeweicht wird. Die im Speichel enthaltenen Fermente leiten schon die Umwandlung der Kohlehydrate ein. Durch die Speiseröhre gelangt der Speisebrei in den Magen, wo mit Hilfe der Fermente des Magensafts hauptsächlich Eiweiß zerlegt wird. Im Dünndarm erfolgt die weitere Zerlegung von Eiweiß und Kohlehydraten sowie die Spaltung von Fett, wobei die in den Zwölffingerdarm einmündenden Fermente der Leber und der Bauchspeicheldrüse unentbehrlich sind. Die aufgelösten Nährstoffe werden von der Schleimhaut des Dünndarms aufgesaugt und dem Blut zugeführt. Der Dickdarm hat die Aufgabe, die unverdauten Reste einzudicken, die dann durch den Mastdarm als Kot ausgeschieden werden. (Siehe auch Stichwörter

»Darm«, »Ernährung«, »Magen« und »Stoffwechsel«)

Verdi, Giuseppe, war ein bedeutender italienischer Komponist, der von 1813 bis 1901 lebte. Er errang Weltruhm mit seinen in der Nachfolge der Romantik entstandenen dramatischen Opern, von denen ›Rigoletto‹, ›Der Troubadour‹, ›La Traviata‹, ›Don Carlos‹ und ›Aida‹ die bekanntesten sind. Seine bedeutenden Alterswerke sind: ›Othello‹ und ›Falstaff‹. Verdi schrieb auch Orchesterwerke, z. B. das ›Requiem‹.

Veredelung ist ein Verfahren, das bei der Blumenzucht, beim Obst- und Weinbau, neuerdings auch beim Gemüsebau angewendet wird. Beim Veredeln fügt man den knospentragenden Teil einer edlen Pflanze, das sogenannte Edelauge oder Edelreis, mit einer gleichartigen oder nahe verwandten, aber weniger edlen Pflanze, auch Unterlage genannt, zusammen. Das geschieht durch Okulieren, durch Kopulieren und durch Pfropfen. Beim Okulieren wird ein zugespitztes Edelauge in die T-förmig eingeschnittene Rinde der Unterlage gesteckt. Beim Kopulieren legt man Edelreis und Unterlage als zwei gleich starke Zweige mit ihren schrägen Schnittflächen genau aufeinander. Beim Pfropfen wird die größere Unterlage quer durchgesägt und die Rinde dieses Aststumpfs senkrecht etwas eingeschnitten. In diesen Spalt schiebt man das zugespitzte Edelreis. Es können auch gleichzeitig zwei oder drei Edelreiser aufgepfropft werden. Damit die Pflanzenteile gut miteinander ver-

So wird das »Edelreis« in die »Unterlage« eingesetzt.

wachsen, müssen sie bei allen drei Verfahren durch Bast fest verbunden und durch Baumwachs gegen Fäulnis geschützt werden. Veredlung dient in erster Linie der Vermehrung hochgezüchteter Pflanzen. Die aus den Samen von Edelrosen oder Edelobst gezogenen Pflanzen fallen nämlich zumeist in die Wildform zurück und tragen weder so schöne Blüten noch so gute Früchte. Auch dauert es viel zu lange, bis sich z. B. aus einem Apfelkern ein tragender Apfelbaum entwickelt. Manche Baumschulen bieten als Rarität sogar Obstbäume an, die auf ihren Zweigen verschiedene Früchte tragen. Das wird dadurch erreicht, daß einem Baum verschiedene Edelreiser, z. B. von Äpfeln und Birnen, aufgepfropft werden. Bei Weinstökken und bei Gemüse veredelt man Wildarten, deren Wurzeln gegen Krankheiten und Schädlinge viel wi-

Vere
derstandsfähiger sind als die der edlen Art.
Vereinigte Arabische Republik siehe Stichwort »VAR«.
Vereinigte Staaten von Amerika (amtlich United States of America, abgekürzt USA), heißt der von 50 Gliedstaaten sowie dem Bundesdistrikt (District of) Columbia (Abkürzung D.C.) gebildete nordamerikanische Bundesstaat, der 9 363 000 qkm groß ist und von rund 209 Millionen Menschen bewohnt wird. Von ihnen sind etwa 25 Millionen Neger, 550 000 Indianer, 500 000 Japaner und 250 000 Chinesen. Die Bundeshauptstadt heißt Washington, größte Stadt und bedeutendster Hafen ist New York. Die Vereinigten Staaten erstrecken sich mehr als 4000 km weit von Osten nach Westen zwischen dem Atlantischen und dem Pazifischen Ozean. Im Norden grenzen sie an Kanada, im Süden, über 2000 km entfernt, an Mexiko und den Golf von Mexiko. Alaska, der 49. Staat, und Hawaii, der 50. Staat, liegen außerhalb dieses Gebiets. Im dichtbesiedelten Osten der USA zieht sich das bis zu 2050 m hohe Mittelgebirge der Appalachen hin. Die Landschaft der Mitte mit ihren riesigen Ebenen ist vom Mississippi und seinen Nebenströmen Missouri, Arkansas und Ohio geprägt. Der Westen besteht aus dem bis über 4000 m ansteigenden Hochland der Kordilleren sowie einem schmalen, fruchtbaren Küstenstreifen. Im Südwesten breiten sich Sand- und Salzwüsten aus. Das Klima ist entsprechend der Ausdehnung des Landes sehr unterschiedlich. Im Norden gibt es strenge Winter und gemäßigte Sommer, im Süden subtropische, feuchte Hitze. Die Ostküste und der Süden werden manchmal von furchtbaren Wirbelstürmen, den Hurrikans und Tornados heimgesucht, der Norden leidet unter schweren Schneestürmen, den Blizzards. Die Amerikaner haben als erste Naturschutzgebiete eingerichtet, um für spätere Generationen unveränderte Großlandschaften zu erhalten. Die ältesten und bekanntesten sind der Yellowstone- und der Yosemite-Nationalpark.
Der fruchtbare Boden und die überaus reichen Bodenschätze bilden die Grundlage der amerikanischen Wirtschaft. Die hochgradig mechanisierte Landwirtschaft erzeugt, fast ausschließlich in Großbetrieben, vor allem Mais, Weizen, Hafer, Sojabohnen, Baumwolle, Tabak, Obst und Südfrüchte. Außerdem wird Rinder-, Schweine-, Schaf- und Geflügelzucht betrieben. Die Küsten- und Hochseefischerei sowie die Zucht von Austern und Muscheln spielen ebenfalls eine große Rolle. Durch die reichen Vorkommen an Erdöl, Erdgas, Steinkohle, Eisenerz, Kupfer, Uran, Vanadium, Molybdän und Aluminium wurden die Vereinigten Staaten zur führenden Industriemacht der Erde. Es werden hauptsächlich Maschinen, besonders Landmaschinen, ferner Kraftfahrzeuge, Flugzeuge, Textilien sowie Produkte der chemischen und der Elektroindustrie hergestellt. Als Energiequellen stehen Erdöl, Erd-

gas, Kohle, Wasser- und Atomkraft zur Verfügung. In der Technik und Forschung sind die USA führend. Die Eroberung des Weltraums ist nur ein Beispiel dafür. Doch stehen den großen Erfolgen dieser Nation sehr schwierige Probleme gegenüber, allem voran die Rassenfrage und die zunehmende Arbeitslosigkeit.

Die Vereinigten Staaten sind aus 13 englischen Kolonien an der Ostküste entstanden, die sich 1774 zusammenschlossen. Ab 1775 kämpften sie um ihre Unabhängigkeit vom Mutterland, die sie 1783 im Frieden von Versailles erhielten. Durch die heute noch gültige, allerdings inzwischen mehrfach ergänzte Verfassung von 1787 verwandelte sich der Staatenbund in einen Bundesstaat, dessen erster Präsident 1789 George Washington wurde. Im Verlauf der folgenden 170 Jahre dehnten sich die Vereinigten Staaten zur pazifischen Küste sowie zum Golf von Mexiko aus und erwarben die übrigen 37 Staaten dazu. Das Jahr 1823 brachte die Monroedoktrin, die sich sowohl gegen eine Einmischung Europas in amerikanische als auch gegen eine Einmischung Amerikas in europäische Fragen aussprach. Von 1861 bis 1865 kämpften die Nord- und die Südstaaten, hauptsächlich wegen ihrer gegensätzlichen Einstellung zur Sklavenfrage, im Sezessionskrieg erbittert gegeneinander. Durch den Sieg der Nordstaaten wurde die Einheit der Union gerettet, die Sklaverei wurde abgeschafft. Das Eingreifen der USA in den Ersten Weltkrieg im Jahre 1917 brachte die Entscheidung zugunsten der Entente, der Gegner Deutschlands. Auch der Eintritt in den Zweiten Weltkrieg im Jahre 1941 entschied dessen Ausgang und führte zum Ende des Dritten Reichs. Der Einsatz amerikanischer Truppen in Korea, besonders aber in Vietnam rief schwere innenpolitische Krisen hervor.

Die Vereinigten Staaten sind eine Präsidiale Republik. Der jeweils für vier Jahre gewählte Präsident ist zugleich Staatsoberhaupt und Regierungschef. Der aus Senat und Repräsentantenhaus bestehende Kongreß hat gesetzgebende Gewalt. An der Spitze jedes der 50 Gliedstaaten steht ein Gouverneur. Die beiden fast gleich großen politischen Parteien heißen Demokraten und Republikaner. Als Außengebiete gehören zu den USA die Inseln Puerto Rico und Guam sowie die östlichen Samoainseln, ferner die Panamakanalzone und die Jungferninseln. Interessantes steht auch bei den Stichwörtern »Amerika«, »Sezessionskrieg«, »Nordamerika«, »Eisenhower«, »Ford«, »Kennedy«, »Lincoln«, »Nixon«, »Roosevelt«, »Truman«, »Washington«.

Vereinte Nationen
(United Nations)

Im Jahre 1920 wurde von 32 Staaten, den Siegern des Ersten Weltkriegs, der Völkerbund gegründet mit dem Ziel, gemeinsam den Frieden in der Welt zu erhalten. Schon früher waren Pläne ausgearbeitet worden, um Konflikte zu vermeiden, zuletzt bei den Haager Friedenskonferenzen 1899 und 1907. Die Idee war also nicht neu, die Durchführung aber noch nicht möglich, wie die Entwicklung des Völkerbundes zeigte, der durch Austritte vieler Länder immer mehr geschwächt wurde. Der Zweite Weltkrieg begann 1939 trotz des Völkerbundes und des Friedenswillens vieler Staaten. Der Völkerbund spielte keine bedeutsame Rolle mehr und wurde im Jahre 1946 offiziell aufgelöst.

Durch den Zweiten Weltkrieg, der Millionen von Menschenleben gekostet hatte, wurde die Idee, auf internationaler Basis den Weltfrieden zu sichern, durch die Gründung der Vereinten Nationen verwirklicht. Die Grundzüge der Satzung wurden bereits 1944 von den USA, von Großbritannien, der Sowjetunion und China entworfen. 1945 wurde die Charta der Vereinten Nationen in San Francisco von 51 Gründernationen unterzeichnet und trat am 24.10.1945 in Kraft. Ziele der Vereinten Nationen sind: die Erhaltung des Friedens in der Welt; die Wahrung der internationalen Sicherheit durch gemeinsamen Beistand gegen Angriffskrieg und Gewaltanwendung; Schlichtung aller Streitigkeiten; freundschaftliche Zusammenarbeit der Völker auf wirtschaftlichen, sozialen, kulturellen und humanitären Gebieten; Entwicklung freundschaftlicher Beziehungen der Völker untereinander, beruhend auf dem Grundsatz der Gleichberechtigung und Selbstbestimmung; Schutz der Menschenrechte und Grundfreiheiten ohne Rücksicht auf Rasse, Geschlecht, Sprache oder Religion. Der Sitz dieser großen Organisation ist New York, für die Arbeit in Europa wird der Völkerbundspalast in Genf benutzt. Ende 1973 waren 135 Staaten Mitglieder der UNO. Die Deutsche Demokratische Republik ist als 133., die Bundesrepublik Deutschland als 134. Mitglied im Jahre 1973 aufgenommen worden. Arbeitssprachen sind Englisch und Französisch, offizielle Sprachen sind zudem Russisch, Spanisch und Chinesisch. Die Organe der Vereinten

Das UNO-Gebäude in New York

Nationen sind die Vollversammlung, der Sicherheitsrat, der Wirtschafts- und Sozialrat, der Treuhänderrat und das Sekretariat.

Die Vollversammlung ist das parlamentarische Forum der UN, sämtliche Mitgliedstaaten sind hier mit je einer Stimme vertreten. Für Beschlüsse zu wichtigen Fragen muß eine Zweidrittelmehrheit vorliegen, für einfache Entscheidungen genügt die Stimmenmehrheit. Die Vollversammlung tagt jährlich mindestens einmal, im Bedarfsfall kann sie zu Sondersitzungen einberufen werden. Sie beschließt über die Aufnahme neuer Staaten sowie den Ausschluß von Mitgliedstaaten und ernennt den UN-Generalsekretär.

Der Sicherheitsrat setzt sich zusammen aus fünf ständigen Mitgliedern (Frankreich, Großbritannien, China, UdSSR und USA) sowie aus zehn nichtständigen Mitgliedern, die von der Vollversammlung für je zwei Jahre gewählt werden. Aufgaben des Sicherheitsrats: Aufrechterhaltung des Weltfriedens, friedliche Beilegung internationaler Konflikte sowie Verhängung militärischer Zwangsmaßnahmen. Für Beschlüsse über Fragen des Friedens und der Sicherheit sind mindestens neun Stimmen erforderlich, darunter die aller ständigen Mitglieder.

Der Wirtschafts- und Sozialrat hat 27 von der Vollversammlung für je drei Jahre gewählte Mitglieder. Seine Aufgaben: Internationale Zusammenarbeit auf wirtschaftlichem, sozialem und humanitärem Gebiet. Er arbeitet auf der Grundlage von vier regionalen Ausschüssen für Europa, Asien und Fernost, Lateinamerika und Afrika sowie von Fachausschüssen und Sonderorganisationen. Der Treuhänderrat ist das Aufsichtsorgan für die den UN unterstellten Treuhandgebiete (Mandatsgebiete). Zu gleichen Teilen hierin vertreten sind die Mitgliedstaaten, die Treuhandgebiete verwalten, und Staaten ohne solche Gebiete, die von der Vollversammlung für drei Jahre gewählt werden.

Das Sekretariat ist das oberste Verwaltungsorgan der UN, an dessen Spitze der von der Vollversammlung für fünf Jahre gewählte UN-Generalsekretär steht.

Der Gerichtshof der UN ist der Internationale Gerichtshof mit seinem Sitz im Haag. Er setzt sich zusammen aus 15 Richtern verschiedener Nationalität, die für neun Jahre von der Vollversammlung gewählt sind.

Der UNO ist eine Vielzahl von Sonderorganisationen angegliedert, so der Hochkommissar für Flüchtlinge (UNHCR) mit Sitz in Genf, die Internationale Atomenergie-Organisation (IAEA) in Wien, die Internationale Arbeitsorganisation (ILO) in Genf, die Ernährungs- und Landwirtschaftsorganisation (FAO) in Rom, die Weltgesundheitsorganisation (WHO) in Genf, die Weltbank in Washington, verschiedene Finanzorganisationen, der Weltwährungsfonds, die Internationale Post- und Fernmeldeorganisation und viele andere mehr. Sie alle arbeiten natürlich auf internationaler Basis. Die beiden bekanntesten sind die

Organisation für Erziehung, Wissenschaft und Kultur (UNESCO) mit Sitz in Paris sowie das Weltkinderhilfswerk (UNICEF) mit Sitz in Genf. Die UNESCO hat die Aufgabe, die Zusammenarbeit der UN-Mitgliedstaaten auf den Gebieten der Erziehung, Wissenschaft und Kultur zu fördern. Sie unterstützt Erziehungsprogramme und Lehrerbildung in unterentwickelten Ländern, sie fördert sozialwissenschaftliche Studien, unterstützt den Austausch zwischen Forschungsstätten und Bibliotheken und beschäftigt sich mit Jugendbildungsprogrammen. Das Arbeitsprogramm wird von nationalen Kommissionen durchgeführt, die von Vertretern aus Wissenschaft, Literatur, Kunst, Publizistik, Erziehung und Volksbildung unterstützt werden. Die Mitgliedschaft in der UNESCO ist nicht abhängig von der Zugehörigkeit zur UNO.

Die UNICEF, das Weltkinderhilfswerk, wurde im Dezember 1946 gegründet. Schon 1924 hatte der Völkerbund die Rechte des Kindes verkündet. Die UNO erweiterte diese Deklaration, die 1959 von allen UN-Mitgliedern angenommen wurde. In dieser Resolution wird auf die besonderen Bedürfnisse des Kindes ausgiebig eingegangen. Nach diesen Richtlinien bemüht sich die UNICEF seit Jahren, Kindern in aller Welt zu helfen. Sie arbeitet mit vielen UN-Organisationen (WHO, UNESCO, FAO, ILO) und nichtstaatlichen Einrichtungen beider christlicher Kirchen zusammen, die sich auch an den Kosten beteiligen. Die Gelder für ihre Hilfsprogramme bekommt die UNICEF außerdem von Regierungen aus aller Welt, von nationalen Komitees, aus Fernseh-Sammlungen, dem Verkauf von Schallplatten und UNICEF-Karten zu Weihnachten sowie aus Privatspenden aller Art. UNICEF-Hilfe geht in 112 Entwicklungsländer mit einer Kinderbevölkerung von fast 800 Millionen unter dem Motto »Hilfe zur Selbsthilfe«. Zusammen mit WHO werden Gesundheitszentren gebaut, 100 Millionen Mütter und Kinder werden in über 41 000 UNICEF-Zentren betreut, Hygiene-Aufklärung wird betrieben, Massenkrankheiten, wie Malaria, Pocken, Lepra, Augenkrankheiten, werden bekämpft, Schutzimpfungen durchgeführt. UNICEF unterstützt zusammen mit der UNESCO den Bau von Schulen und Lehrerseminaren, hilft bei der Lehrmittelbeschaffung und sorgt gemeinsam mit der FAO für eine bessere Ernährung, hilft in der Kinder- und Jugendfürsorge sowie in der Sozialarbeit. UNICEF tut viel, zusammen mit anderen UN-Organisationen und allein. Aber alle Anstrengungen reichen nicht aus, um in allen Ländern der Erde eine ausreichende Ernährung, Erziehung und Berufsausbildung zu sichern.

Mit der Gründung der Vereinten Nationen ist ein großer Schritt auf dem Weg in eine friedliche und gesunde Welt versucht worden. Es wird aber noch lange dauern, bis dieses Ziel auch erreicht ist.

Vererbung
Die erbliche Information

Ein Kind kommt auf die Welt. Wem sieht es ähnlich? Sind seine Gesichtszüge mehr nach der Mutter oder dem Vater geraten? Bald schon entdecken die Eltern auch manche Eigenschaften an ihrem Kind, die sie selbst oder ihre Großeltern haben. Nicht nur die Körperform und die Hautfarbe, auch unsere Charaktereigenschaften, unsere Begabungen, sogar unsere Intelligenz werden weitgehend durch die Erbanlagen vorgegeben. Durch die Vererbung können bestimmte Eigenschaften, die bei beiden Eltern vorhanden sind, besonders verstärkt werden. Genauso aber werden auch vorhandene Anlagen verdeckt. Sie treten dann erst in der folgenden Generation wieder zutage. Ob sich die durch die Vererbung in uns steckenden Anlagen alle entwickeln, hängt zu einem großen Teil von unserer Umwelt ab. Das Kind wird nicht von selbst zu dem, was in seinen Erbanlagen angelegt ist. Es muß ihm durch die Erziehung geholfen werden, das Beste daraus zu machen.

Unter dem Begriff Vererbung versteht man die Weitergabe von Merkmalen der Lebewesen an ihre Nachkommen. Diese erbliche Information ist schon in jeder Keimzelle enthalten. Träger der Erbanlagen sind die in der Zelle enthaltenen Chromosomen. Die Zahl der Chromosomen in einer Zelle beträgt beim Menschen 46, für jede Tier- und Pflanzenart ist sie verschieden.

Johann Gregor Mendel, ein Augustinermönch, der sich in seinem Garten besonders mit Pflanzen beschäftigte, entdeckte die Gesetze der Vererbung an der Wunderblume (siehe dazu Farbtafel »Vererbung« Seite 96/97). Seine Erkenntnisse, im Jahre 1865 veröffentlicht, haben noch heute Gültigkeit. Sie werden ›Mendelsche Erbregeln‹ genannt. Mit ihnen wurde eine planmäßige Pflanzen- und Tierzucht auf wissenschaftlicher Grundlage möglich.

Um die Jahrhundertwende bestätigten andere Forscher unabhängig voneinander die Richtigkeit dieser Vererbungsgesetze an verschiedenen Lebewesen. Unter ihnen war auch der Wiener Arzt Karl Landsteiner (Nobelpreis für Medizin im Jahre 1930), der die verschiedenen menschlichen Blutgruppen entdeckte und darin die Vererbungsgesetze belegt fand. Untersuchungen der Blutgruppen sind ein wichtiges Hilfsmittel bei Vaterschaftsbestimmungen.

In den letzten Jahren ist es gelungen, auch die Chromosomen von anderen Zellbestandteilen zu isolieren und chemisch zu analysieren. So konnte erst mit Hilfe biologischer Versuche mit Krankheitserregern der Nachweis erbracht werden, daß die in den Chromosomen enthaltene Desoxyribonukleinsäure (DNS) der Träger der Erbeigenschaften ist. In ihr ist das Geheimnis, der Code der Vererbung, enthalten.

Verfassung oder Konstitution heißt die rechtliche Grundlage eines Staats, in der seine Form, sein Aufbau und seine Gliederung festgelegt sind, ferner die Rechte und Pflichten sowohl der Staatsbürger als auch der Regierung. Rechtsstaatliche Verfassungen beruhen auf dem Grundsatz der Gewaltenteilung und garantieren den Schutz der Menschenrechte. Die erste Verfassung gaben sich im Jahr 1787 die Vereinigten Staaten von Amerika. In Europa folgte 1789 die Republik Frankreich. Die Verfassung der Bundesrepublik Deutschland heißt Grundgesetz und ist unter diesem Stichwort erläutert. (Siehe auch Stichwörter »Konstitutionelles System« und »Montesquieu«)

Vergaser ist eine Vorrichtung, die sich beim Benzinmotor zwischen Tank und Zylinder befindet. Seine wichtigsten Teile sind das Schwimmergehäuse und die Zerstäuberdüse. Im Schwimmergehäuse wird die Zufuhr des aus dem Tank fließenden Benzins reguliert. Durch die Zerstäuberdüse wird der feinzerstäubte Treibstoff in die vom Zylinder angesaugte Luft gespritzt. So entsteht ein hochexplosives Luft-Gas-Gemisch. (Siehe auch Stichwort »Verbrennungsmotoren«)

Vergehen gehören zu den Straftaten. (Siehe Stichwort »Straftaten«)

Vergesellschaftung ist ein anderes Wort für Sozialisierung. Unter diesem Stichwort ist der Begriff erklärt.

Vergewaltigung oder Notzucht nennt man ein Verbrechen, das mit Freiheitsstrafe geahndet wird. Es besteht darin, daß eine Frau oder ein Mädchen durch Anwendung roher Gewalt gegen ihren Willen zum Geschlechtsverkehr gezwungen wird.

Vergiftungen entstehen, wenn giftige Stoffe durch Schlucken, Einatmen oder Hautverletzungen in den Körper aufgenommen werden. (Siehe auch Stichwort »Gifte«)

Vergil hieß eigentlich Publius Vergilius Maro. Der römische Dichter lebte von 70 v. Chr. bis 19 v. Chr. Die ›Äneis‹ ist sein bekanntestes Werk. Sie schildert die Irrfahrten des Trojaners Äneas mit seinen Gefährten nach dem Fall Trojas und die Gründung einer neuen Heimat in Latium, bei der sich nach schweren Kämpfen Trojaner (und damit Kultur) und Latiner (natürliche Kraft) vereinen. Romulus, der Gründer Roms, ist, nach Vergils Dichtung, ein Nachkomme des Äneas.

Vergißmeinnicht gehören zur Familie der Borretschgewächse. Die kleinen Stauden haben lichtblaue Blüten und behaarte Blätter, die sich rauh anfühlen. Das Sumpfvergißmeinnicht wächst auf feuchten Wiesen der nördlichen Halbkugel, das gedrungenere Alpenvergißmeinnicht auf Gebirgsmatten und das zierliche Akkervergißmeinnicht auf Brachland.

Vergleich ist ein Vertrag, der einen Streit durch gegenseitiges Nachgeben beendet. Vergleich nennt man auch ein gerichtliches Verfahren, das den Konkurs eines zahlungsunfähigen Betriebs verhindern soll. Dabei müssen die Gläubiger meist auf einen Teil des ihnen zustehenden Geldes verzichten.

Vergleichende Verhaltensforschung ist unter dem Stichwort »Verhaltensforschung« beschrieben.

Vergolden heißt das Überziehen eines Gegenstands mit einer dünnen Goldschicht. Das kann durch Bronzieren, Galvanisieren, Feuervergolden oder durch Blattgold geschehen. Der Überzug mit der billigen Goldbronze ist sowohl bei metallischen als auch bei nichtmetallischen Gegenständen möglich. Durch Galvanisieren und Feuervergolden können dagegen nur Metalle überzogen werden. Es handelt sich dabei stets um unedlere Metalle, meist um Kupferlegierungen, die man wegen der Haltbarkeit oder aus Schönheitsgründen mit Gold überzieht. Man spricht dann, beispielsweise bei Bestecken und billigem Schmuck, von Dublee (Doublé) und nennt den Vorgang auch dublieren bzw. plattieren. Die Technik des Galvanisierens ist beim Stichwort »Galvanotechnik« beschrieben. Beim Feuervergolden wird eine Gold-Quecksilber-Legierung aufgebracht und das Quecksilber unter Hitzeeinwirkung verdampft. Blattgold kann, z. B. auf Bilder- oder Spiegelrahmen, aufgeklebt oder, wie bei Bucheinbänden, eingeprägt werden. Die dabei verwendeten Blättchen aus echtem Gold sind nur 0,00014 mm dick.

Vergrößern ist bei den Stichwörtern »Fernrohr«, »Lupen«, »Mikroskop« und »Projektion« beschrieben.

Verhältniswörter (Präpositionen) sind unveränderlich, sie verlangen aber von den Hauptwörtern und persönlichen Fürwörtern, bei denen sie stehen, einen bestimmten Fall. Es regieren z. B. den Genitiv: außerhalb (des Turms), den Dativ: bei (dem Turm), den Akkusativ: gegen (den Turm). Einige Präpositionen können auch zwei Fälle regieren, z. B. den Dativ und den Akkusativ: an (dem Turm bzw. den Turm).

Verhaftung ist beim Stichwort »Haft« erklärt.

Verhaltensforschung
Was wir von den Tieren lernen

Was geschieht, wenn man junge Rhesusaffen getrennt von ihren Artgenossen aufwachsen läßt? Können sich Tiere im Spiegel erkennen? Warum gewinnt eine Fußballmannschaft auf dem heimatlichen Sportplatz leichter als in einer anderen Stadt? Kann ein Mensch allein existieren? Mit solchen Fragen beschäftigen sich die Verhaltensforscher, deren Wissenschaft, die »Vergleichende Verhaltensforschung« oder »Ethologie«, erst im 20. Jahrhundert entstanden ist. Konrad Lorenz begründete sie mit seinen zu Beginn der dreißiger Jahre durchgeführten Verhaltensstudien an Vögeln und entwickelte sie einige Jahre später mit seinem Kollegen Nikolaas Tinbergen weiter. Tinbergen veröffentlichte 1950 sein Werk ›Instinktlehre‹, das die Bedeutung der Verhaltensforschung auch in anderen Ländern bekanntmachte.

Verh

Bei diesem Versuch schlüpft mit den Entenjungen auch ein Hühnerküken aus. Der ausgewachsene Hahn ist so sehr als Ente geprägt, daß er mit den Enten in den See geht und meint, er könne schwimmen. Natürlich klappt das nicht, und nach wenigen Minuten erreicht ein völlig verstörter, patschnasser Hahn das rettende Ufer.

Die Verhaltensforschung wird als biologische Wissenschaft bezeichnet, denn sie erforscht jene Verhaltensweisen der Tiere, die man als »angeboren« oder »instinktiv« bezeichnet. Verhaltensforscher aber beobachten nicht nur die Tiere, sondern auch die Menschen in den verschiedensten Lebenssituationen: allein oder in der Gemeinschaft und unter außerordentlichen Bedingungen.

Bei einem Versuch mit Menschen, die auf engstem Raum zusammen leben mußten, zeigte sich folgendes: Menschen grenzen wie die Tiere ihren Lebensraum gegen den Lebensraum eines andern ab. Sie schaffen sich Reviere, die sie gegen Eindringlinge verteidigen. Kann jemand sein Revier nicht mehr ausreichend vor dem Nachbarn schützen, wird er seelisch krank und angriffslustig. Diese Erkenntnis ist besonders wichtig für das Leben der Menschen in der Zukunft, in der die Bevölkerung der Erde derart stark anwachsen wird, daß sie auf noch engeren Räumen zusammenleben muß.

Die Erkenntnisse der Verhaltensforscher bilden oft neue Grundlagen für die Arbeit von Psychologen, Zoologen wie Ärzten. Aber auch die Politiker, die Fachleute der Wirtschaft, die Verkehrsexperten, kurz alle, die sich mit den Problemen der Menschen jetzt und in der Zukunft auseinandersetzen, werden immer

Dieser Versuch zeigt, daß sich die Entlein jeder »Mutter« anschließen. Die »Mutter« kann ein Ding oder ein Lebewesen sein, muß aber den Jungen gleich nach dem Schlüpfen im Brutkasten begegnen und Töne von sich geben. Hier folgen sie einer Attrappe aus Holz, die hupt.

mehr aus den Erkenntnissen der Verhaltensforschung ihre Rückschlüsse ziehen können.

Natürlich kann die Verhaltensforschung keinem Menschen Patentrezepte zur Lösung der individuellen und sozialen Probleme geben. Aber sie hilft, mehr Aufschluß über das Verhalten der Menschen zu bekommen, und sie gibt damit die Möglichkeit, das ererbte Verhalten dort in ein erlerntes Verhalten umzuwandeln, wo es für das Leben künftighin notwendig sein wird.

• • •

Verjährung nennt man das Erlöschen eines berechtigten Anspruchs innerhalb einer bestimmten Frist. Dieser juristische Begriff ist für das Zivilrecht im Bürgerlichen Gesetzbuch (BGB) und für das Strafrecht im Strafgesetzbuch (StGB) festgelegt. Im Zivilrecht beträgt die Verjährungsfrist im allgemeinen 30 Jahre. Bei Ansprüchen aus Geschäften des täglichen Lebens (z. B. von Kaufleuten oder Handwerkern) ist sie auf zwei Jahre beschränkt, bei Schadenersatzansprüchen auf sechs Monate. Im Strafrecht verjährt das Recht des Staats, eine Straftat zu verfolgen, bei Verbrechen in 10–30 Jahren, bei Vergehen in drei bis fünf Jahren. Nur das Verbrechen des Völkermords verjährt nicht.

Verkalkung bedeutet, daß sich Kalk abgelagert hat, z. B. in einem Teekessel. In der Medizin bezeichnet man mit Arterienverkalkung oder Arteriosklerose ein Leiden, das die Schlagadern (Arterien) älterer Menschen bedroht. Die Wände der Adern werden durch Ablagerungen, vor allem von Cholesterin, verengt, verhärtet und brüchig. Eine Arterienverkalkung ist meist mit erhöhtem Blutdruck verbunden.

Verkehr
zu Wasser, zu Lande und in der Luft

Eines der ältesten Verkehrssysteme ist die Schiffahrt. Die Boote brauchten nur dem Wasserlauf der Flüsse zu folgen. Ein richtiges Straßennetz dagegen bauten bereits die Inkas in Südamerika, die Salzstraßen hatten seit frühester Zeit große Bedeutung, und auch die Römer hatten schon planmäßig Handels- und Militärstraßen anlegen lassen.

Im 17. und 18. Jahrhundert erlebte der Straßenbau einen neuen Aufschwung. Die Erfindung des Autos jedoch stellte noch nie dagewesene Anforderungen an das Straßenverkehrsnetz des 20. Jahrhunderts und damit auch an seine organisatorische Bewältigung. Nur mit Hilfe von Verkehrsvorschriften ließen sich nun Ordnung und ein gewisses Maß an Sicherheit aufrechterhalten.

Die Erweiterung des Straßenverkehrsnetzes ermöglichte ein zügiges Vorwärtskommen und veranlaßte wiederum ein Anwachsen der Verkehrsdichte. Zugleich brachten die

Verk

hohen Zuwachsraten im Straßenverkehr als negative Seite der Verkehrsbilanz ein erschreckendes Ansteigen der Verkehrsunfälle. Wenn sich auch die Sicherheit der einzelnen Fahrzeuge erhöht hat, so kann sie doch mit der wachsenden Gefahr, die der zunehmende Fahrzeugbestand mit sich bringt, nicht Schritt halten (1973 in der BRD: 19 Millionen Kraftfahrzeuge).

Der traurige Höhepunkt mit über 19 000 Toten im Straßenverkehr wurde in der Bundesrepublik Deutschland 1970 erreicht. Durch verkehrssichernde Gesetze, vor allem durch Geschwindigkeitsbeschränkungen, die jedoch in ihrer Wirkung umstritten sind, versuchen die Regierungen, die Zahl der Unfälle zu senken.

Verkehrsplaner befassen sich mit zwei neuen Problemen, die als Begriffe widersprüchlich sind: »ruhender« und »stehender Verkehr«. Unter »ruhendem Verkehr« versteht man die parkenden Autos, besonders in den Ballungsgebieten. Über 60 Prozent der arbeitenden Bevölkerung erreichen ihren Arbeitsplatz mit eigenen Autos, die dann während des ganzen Tages die Straßen in den Städten stark blockieren. Leider können Massenverkehrsmittel nur begrenzt individuelle Verkehrsmittel ersetzen. »Stehender Verkehr« bezeichnet im Polizeibericht eine totale Verkehrsstockung.

Ein bedeutendes Verkehrsmittel ist auch die Eisenbahn. Mit ihrer Erfindung war die Voraussetzung für die industrielle Revolution des 19. Jahrhunderts geschaffen. Zum erstenmal war es möglich, auch Massengüter zu wirtschaftlichen Bedingungen über Land zu transportieren und den Bewegungsradius der Menschen erheblich zu erweitern.

Der Straßenverkehr war bis Anfang dieses Jahrhunderts eine Domäne der Fußgänger, Reiter und tierbespannten Fuhrwerke; er überholte in Europa erst in den fünfziger Jahren (in Nordamerika schon vor dem Zweiten Weltkrieg) die Eisenbahn als wichtigstes Verkehrssystem, trägt jedoch inzwischen mit weitem Abstand vor Schiene und Wasserstraße die Hauptlast aller Transportbedürfnisse im Binnenland.

In den letzten Jahren übernahmen die Fluggesellschaften einen allerdings verschwindend kleinen Teil des Güterfernverkehrs. Auch bei der Personenbeförderung entfallen in

der Bundesrepublik Deutschland nur 1,0 Prozent der beförderten Personen bzw. 1,4 Prozent der Personenkilometer (durch ein Verkehrsmittel beförderte Personen mal zurückgelegte Kilometer) auf den Flugverkehr.
Ähnliche Verhältnisse herrschen in allen hochindustrialisierten Staaten. Nur in sehr dünn besiedelten Regionen, wie z. B. in Australien und in einigen Entwicklungsländern, in denen das Verkehrsbedürfnis (noch) niedrig und ein umfangreiches Schienen- und Straßennetz nicht vorhanden ist, hat das Flugzeug eine beherrschende Rolle im Verkehr übernehmen können. Ein paar Zahlen, gültig für die Bundesrepublik Deutschland, geben Aufschluß über den Strukturwandel im Verkehr: 1950 erbrachten die öffentlichen Verkehrsmittel Bahn, Autobus und Flugzeug eine Transportleistung von insgesamt 56,5 Milliarden Personenkilometern. Der Individualverkehr (Personenwagen und Motorrad) nahm sich dagegen mit 28,2 Milliarden noch recht bescheiden aus. 1971 standen einem Verkehrsvolumen von 106,2 Milliarden Personenkilometern im öffentlichen Verkehr 416,2 Milliarden Personenkilometer im Individualverkehr gegenüber.
(Siehe auch Stichwörter »Auto«, »Eisenbahnen«, »Luftfahrt«, »Schiffahrt« und »Straße«)

● ● ●

Verlage besorgen die Vervielfältigung (Bücher, Zeitschriften, Zeitungen) und die Veröffentlichung von Manuskripten. Auch Landkarten, Noten und Kunstblätter werden durch Verlage hergestellt und vertrieben. Beim Buchverlag erwirbt der Verleger das Verlagsrecht (Werknutzungsrecht) am Manuskript eines Autors durch einen Vertrag, in dem u. a. auch das Autorenhonorar festgesetzt ist. Der Verleger kann auch selbst Autoren zu Werken anregen oder sie mit ihnen gemeinsam entwickeln. Nach einer sorgfältigen Kalkulation (Kostenvoranschlag), die auf dem Umfang, der Papierqualität, den Satzkosten, der Ausstattung (Einband, Illustrationen) und der Höhe der Auflage beruht, übernimmt der Verlag die Herstellung des Buchs. Durch den Vertrieb wird das fertige Buch an Buchhandlungen weitergeleitet, die es verkaufen. Die Werbung spielt heute im Verlagswesen eine wichtige Rolle. Sie informiert über die Neuerscheinungen eines Verlages. Außer den Werken lebender Autoren werden von Verlagen auch urheberrechtlich freie Werke, z. B. Goethes Gedichte, herausgebracht (siehe auch Stichwörter »Copyright« und »Urheberrecht«).

Verlies nennt man einen unterirdischen Kerker. In Ritterromanen wird häufig beschrieben, wie man Gefangene ins Burgverlies warf, wo sie im Dunkeln bei Wasser und Brot schmachteten.

Vermehrung ist beim Stichwort »Fortpflanzung« beschrieben.

Verm

Vermont, ein im Nordosten der USA gelegener Staat, hat eine Größe von 24 887 qkm und rund 450 000 Einwohner. Die Hauptstadt heißt Montpelier. Vermont ist ein beliebtes Ferienland. Hauptzweig der Landwirtschaft ist die Viehzucht. Vermont hat aber auch eine vielseitige Industrie.

Verne, Jules [wärn], war ein französischer Schriftsteller, der von 1828 bis 1905 lebte. Er wurde berühmt durch seine spannenden utopischen Abenteuer- und Entdeckerromane, die besonders gern von Jugendlichen gelesen werden. Seine bekanntesten Werke sind ›In 80 Tagen um die Erde‹, ›Von der Erde zum Mond‹ und ›20 000 Meilen unter den Meeren‹.

Vernissage [wärnißähsch], ein Wort aus dem Französischen, wird die Vorbesichtigung einer Kunstausstellung genannt. Sie findet meistens am Abend vor der offiziellen Eröffnung statt, und der Künstler lädt dazu Journalisten, Kollegen und seine Freunde ein.

Verona heißt eine 265 000 Einwohner zählende oberitalienische Stadt an der Etsch. Sie ist berühmt wegen ihrer schönen und guterhaltenen alten Bauten. In dem aus dem 3. Jahrhundert n. Chr. stammenden Amphitheater, in dem 22 000 Zuschauer Platz haben, finden heute noch Theateraufführungen, meistens Opern, statt. Sehenswert sind auch der Dom und die Plätze der Stadt, z. B. der Gemüsemarkt (Piazza delle Erbe). Verona war im 6. Jahrhundert eine der Residenzen des Ostgotenkönigs Theoderich, im 13. und 14. Jahrhundert die Residenz der Scaliger, deren spätgotische Burg und Grabmäler man besichtigen kann. Heute ist Verona die Hauptstadt der gleichnamigen Provinz und als Veranstaltungsort landwirtschaftlicher Messen sowie vielbesuchter Pferde- und Rindermärkte international bekannt.

Verrenkungen sind Verschiebungen in Gelenken. Bei einer Verrenkung hat einer der beiden durch das Gelenk beweglich miteinander verbundenen Knochen das Gelenklager teilweise oder ganz verlassen. Durch Unfall verursachte Verrenkungen sind sehr schmerzhaft. Das befallene Gelenk ist meist bewegungsunfähig und angeschwollen, häufig zeigt sich auch ein Bluterguß. Es muß so schnell wie möglich wieder eingerenkt und dann ruhiggestellt werden. Angeborene Verrenkungen behandelt man orthopädisch.

Vers nennt man die einzelne Zeile in allen Dichtungen, die nicht in Prosa geschrieben sind (Lieder, Gedichte, Versnovellen, Verserzählungen, Versromane, Epen und viele Dramen). Verse haben eine hörbare oder sichtbare Form oder beides. Die jeweilige Form eines Verses kann durch die unterschiedlichsten Merkmale bestimmt sein: z. B. durch einen besonderen Rhythmus, d. h. die genau festgelegte Abfolge von betonten und unbetonten Silben oder durch ein abschließendes Reimwort oder durch die Anzahl der Silben oder auch einfach durch Abteilung gleich oder verschieden langer Zeilen in einem Text. Die Form der Verse wird in der Verslehre oder Metrik behandelt. In Liedern und Gedichten, aber auch in manchen Epen sind Verse zu Strophen zusammengefaßt. Solche Strophen, vor allem Liederstrophen, werden häufig auch Vers genannt. Darüberhinaus bezeichnet man mit Vers noch die kleinsten Textabschnitte der Bibel.

Versailler Vertrag oder Vertrag von Versailles ist die Bezeichnung für den Friedensvertrag zwischen dem Deutschen Reich und seinen Gegnern, der den Ersten Weltkrieg beendete. Nachdem der Vertrag am 28. 6. 1919 in Versailles unterzeichnet worden war, trat er am 10. 1. 1920 in Kraft.

Versailles [werßáhj] heißt eine kleine, südwestlich von Paris gelegene Stadt. Sie ist durch das Schloß bekannt geworden, das Ludwig XIV. von 1661 bis 1689 inmitten eines herrlichen Parks dort für sich erbauen ließ. Der Spiegelsaal des Schlosses war mehrfach Schauplatz wichtiger politischer Ereignisse. Hier wurde u. a. 1871 der König von Preußen zum Deutschen Kaiser ausgerufen, und 1919 fand im gleichen Saal die Unterzeichnung des Versailler Vertrags statt.

Verschlüsseln (chiffrieren[schiff-]) bedeutet, Nachrichten in einer Geheimschrift oder in Zeichen (z. B. bei Lochkarten) abfassen. Alle Buchstaben und Zahlen des Textes werden nach einem Schlüssel (Code) angeordnet, mit dem sie sich auch wieder entziffern (dechiffrieren) lassen. Mehr hierzu steht bei den Stichwörtern »Chiffre« und »Code«.

Verschneiden wird bei Wein, Branntwein und Essig das Mischen edler Sorten mit geringeren genannt. Beispielsweise gibt es Rumverschnitt. Verschneiden heißt aber auch soviel wie kastrieren und ist beim Stichwort »Kastration« erklärt.

Versehrte sind Menschen, die beim Wehrdienst eine Körperverletzung erlitten haben, z. B. Kriegsversehrte (Kriegsopfer). Sie werden sozial besonders betreut, um sie beruflich wiedereinzugliedern. Der Versehrtentransport wird als Heilmaßnahme, Erholungsfürsorge und zur Erhaltung der Gesundheit betrieben. Mit den durch Geburt oder infolge Unfalls Behinderten rechnet man die Versehrten zu den Körperbehinderten.

Verseuchung ist beim Stichwort »Umwelt« beschrieben.

Versicherungen bieten den bei ihnen Versicherten Schutz in den Schadensfällen, für die sie abgeschlossen wurden. Die Versicherung und der Versicherte schließen miteinander eincn Vertrag, in dem die gegenseitigen Leistungen festgesetzt sind, und zwar die vereinbarte Entschädigung, die die Versicherung im Schadensfall, und die vereinbarte Prämie, die der Versicherte zu zahlen hat. Dem Versicherten stellt die Versicherung eine Vertragsurkunde aus, die man Police nennt. Es gibt Versicherungen von Personen und von Vermögenswerten. Personenversicherungen treten z. B. bei Krankheit, Unfall, Arbeitslosigkeit, Alter, Tod

Vers

oder Invalidität in Kraft. Man unterscheidet bei ihnen zwischen gesetzlich vorgeschriebenen Pflichtversicherungen und freiwillig abgeschlossenen, privaten Versicherungen. Bei den Stichwörtern »Sozialversicherung«, »Krankenversicherung« und »Lebensversicherung« sind sie ausführlich beschrieben. Vermögenswerte werden beispielsweise gegen Feuer, Hagel, Einbruch oder Diebstahl versichert. Auf diesem Gebiet gibt es fast nichts, was man nicht versichern kann, von der Perlenkette oder dem Kanarienvogel bis zur Stimme eines Sängers und den Beinen einer Tänzerin. Eine gemischte Versicherung ist die Kraftverkehrsversicherung, die die gesetzliche Haftpflicht sowie eine Fahrzeug-, Unfall- und Gepäckversicherung übernimmt. Der Sinn von Versicherungen ist eine Verteilung des Risikos. Vielen Menschen drohen gleiche Gefahren, wie z. B. eine Operation oder ein Diebstahl, aber nicht alle werden davon betroffen. Die auf der Wahrscheinlichkeits- und Zinsrechnung beruhende Versicherungsmathematik rechnet die Höhe der Prämien im Verhältnis zu den gebotenen Entschädigungen genau aus. Versicherungsgesellschaften sichern sich ihrerseits zumeist durch Rückversicherungen ab.

Version [wersióhn] ist ein Wort aus dem Lateinischen und bedeutet Lesart, Fassung, Darstellung. Man bezeichnet damit die Art und Weise, in der z. B. über ein Ereignis berichtet wird. Beispiel: In der Version des Polizisten hat sich der Verkehrsunfall anders zugetragen als in der Version des Taxifahrers.

Verstaatlichung wird die Überführung von Privat- in Staatseigentum genannt. (Siehe auch Stichwort »Sozialisierung«)

Verstauchungen entstehen, wenn ein Gelenk übermäßig in Anspruch genommen wird. Dadurch kommt es zu Zerrungen, manchmal auch zu Einrissen der Gelenkkapselbänder. Die häufig mit einem Bluterguß auftretenden Verstauchungen sind schmerzhaft. Zur Heilung muß das Gelenk ruhiggestellt und durch kalte Umschläge zum Abschwellen gebracht werden. Beim Umknicken des Fußes kann es z. B. zu einer Verstauchung des Sprunggelenks kommen.

Versteigerung nennt man eine Auktion. Unter diesem Stichwort ist sie erklärt.

Versteinerungen (Petrefakte) sind unter dem Stichwort »Fossilien« beschrieben.

Versteppung wird die langsame Umwandlung fruchtbarer Kulturböden und Waldlandschaften in Steppen genannt. Durch rücksichtsloses Abholzen von Wäldern wird sowohl der Wasserhaushalt eines größeren Gebiets gestört als auch der Boden infolge des fehlenden Windschutzes der Austrocknung preisgegeben. Auch Klimaveränderungen führen zur Versteppung, doch meist wird sie durch das Eingreifen des Menschen verschuldet.

Verstopfung ist eine weitverbreitete Zivilisationserscheinung, die durch falsche Ernährung, mangelnde Bewegung und gehetzte Lebensweise hervorgerufen wird. Sie äußert sich in ungenügender, unregelmäßiger oder nur mit Hilfe von Abführmitteln herbeigeführter Entleerung des Darms.

Verteidiger übernehmen im Strafprozeß die Verteidigung eines Menschen, der einer Straftat beschuldigt worden ist. Der Beschuldigte kann seinen Verteidiger selbst wählen. Ist er dazu nicht in der Lage, wird ihm bei schweren Straftaten (Verbrechen) vom Gericht ein Pflichtverteidiger gestellt. In der Bundesrepublik Deutschland sind als Verteidiger nur Rechtsanwälte und Rechtslehrer an deutschen Hochschulen zugelassen. Der Verteidiger hat die Aufgabe, alles vorzubringen, was zugunsten des Angeklagten spricht. Er darf die Ermittlung der Wahrheit jedoch nicht absichtlich erschweren. Dem Verteidiger steht in der Person des Staatsanwalts der Ankläger gegenüber.

Verteidigung wird im allgemeinen Sprachgebrauch die Abwehr eines Angriffs genannt. Im Völkerrecht bezeichnet man mit Verteidigung die militärische Abwehr eines bewaffneten Angriffs. Die defensive Einstellung der deutschen Bundesrepublik zeigt sich auch darin, daß aus dem ehemaligen Kriegsministerium des Deutschen Reichs ein Bundesministerium für Verteidigung geworden ist.

Vertikal [wertikáhl] bedeutet senkrecht oder lotrecht. Gegensatz: horizontal (waagerecht).

Vertrag nennt man ein Rechtsgeschäft, das zwischen zwei oder mehreren Parteien (Vertragspartnern) abgeschlossen wird und dessen Erfüllung gesetzlichen Regeln unterliegt. An einen gültigen Vertrag sind alle Vertragspartner gebunden. Nur unter besonderen Voraussetzungen ist eine einseitige Lösung möglich. Verträge werden meist schriftlich festgelegt, eine bestimmte Form ist jedoch nicht vorgeschrieben. In einigen Ausnahmefällen ist eine notarielle oder gerichtliche Beglaubigung notwendig. Man unterscheidet zwischen öffentlich-rechtlichen Verträgen (Staatsvertrag, Konkordat) und privatrechtlichen Verträgen, die das Schuldrecht (Miet-, Kaufvertrag), das Sachenrecht (Übereignungsvertrag), das Familienrecht (Ehe-, Adoptionsvertrag) und das Erbrecht (Erbvertrag) betreffen.

Vertrauensärzte sind bei den Behörden der Sozialversicherung tätig, vornehmlich bei Krankenkassen und Arbeitsämtern. Sie überprüfen, ob die Empfänger von Krankengeld auch wirklich krank und die Empfänger von Invalidenrenten auch wirklich arbeitsunfähig sind.

Vertrauensfrage und Mißtrauensvotum sind politische Einrichtungen, die es nur in parlamentarisch regierten Staaten gibt. Die Vertrauensfrage wird von der Regierung an das Parlament gestellt, wenn sie sich vergewissern will, ob sie noch das Vertrauen, d. h. die Stimmenmehrheit, des Parlaments besitzt. In der Bundesrepublik Deutschland kann der Bundeskanzler den Bundestag auffordern, ihm das Vertrauen durch

Verw

Stimmenmehrheit auszusprechen. Wird es ihm verweigert, kann er entweder im Amt bleiben oder zurücktreten; er kann auch dem Bundespräsidenten vorschlagen, den Bundestag aufzulösen, was Neuwahlen zur Folge hat. Als Mißtrauensvotum bezeichnet man den von der Opposition gestellten Antrag, der Regierung, dem Regierungschef oder einem Minister durch Abstimmung das Vertrauen des Parlaments zu entziehen und damit den Rücktritt zu erzwingen. In der Bundesrepublik Deutschland ist laut Grundgesetz (Verfassung) nur das konstruktive Mißtrauensvotum vorgesehen. Es besteht darin, daß der Bundestag durch Mehrheitsbeschluß anstelle des regierenden Bundeskanzlers einen neuen wählt, der sein Amt dann sofort antritt.

Verwerfung ist ein geologischer Begriff. Man bezeichnet damit die Verschiebung ehemals zusammenhängender, waagerechter Gesteinsschichten durch eine senkrechte Spalte bzw. einen Bruch. Verwerfungen entstehen durch Bewegungen in der Erdrinde.

Verwesung findet nur bei organischen Substanzen statt. Es handelt sich um einen Vorgang, bei dem durch bestimmte Bakterien unter der Einwirkung von Luft Eiweiß abgebaut wird. Als Endprodukte bleiben Ammoniak, Kohlendioxyd, Schwefelwasserstoff, Mineralsalze und Wasser übrig.

Verwitterung nennt man die Zersetzung von Gesteinen und Mineralien durch äußere Einwirkungen mechanischer, chemischer oder biologischer Art. Mechanische Verwitterungen werden hauptsächlich durch die sprengende Kraft gefrierenden Wassers hervorgerufen. Chemische Zersetzungen beruhen im wesentlichen auf der lösenden Wirkung des Wassers. Der Zerfall unter biologischem Einfluß wird durch tierische und pflanzliche Zerfallsprodukte sowie durch Wurzelsprengungen verursacht.

Vespucci, Amerigo [ahmehríhgo weßpútschi], war ein italienischer Seefahrer, der in spanischen und portugiesischen Diensten Forschungsreisen nach Mittel- und Südamerika unternahm. Er wurde 1451 in Florenz geboren und starb 1512 in Sevilla. Auf Grund seiner aufsehenerregenden Berichte über seine Entdeckungsreisen nach der Küste von Honduras und zur Nordostküste Südamerikas hielt man ihn für den Entdecker des neuen Erdteils. Der deutsche Kartenzeichner Martin Waldseemüller benannte daher 1507 Südamerika mit Vespuccis Vornamen. Bald darauf erhielt der ganze Doppelkontinent den Namen Amerika.

Vesuv (italienisch Monte Vesuvio) heißt ein Vulkan, der sich in Unteritalien zur Zeit 1281 m hoch am Golf von Neapel erhebt. Die Gipfelhöhe des heute noch tätigen Vulkans verändert sich bei jedem Ausbruch. Durch den ersten bekannten Ausbruch im Jahre 79 n. Chr. wurden die Städte Herculaneum und Pompeji (unter diesen Stichwörtern zu finden) verschüttet. Dabei kam auch der römische Schriftsteller Plinius der Ältere ums Leben. Der letzte stärkere Ausbruch ereignete sich 1944. Trotz der immer drohenden Gefahr sind die Hänge des Vesuv dicht besiedelt. Auf dem fruchtbaren Lavaboden werden Wein und Obst angebaut. In 755 m Höhe über dem Meer befindet sich ein Observatorium. Bis in die Nähe des Kraterrands führt eine Seilbahn.

Veterinärmedizin [we-] oder Tierheilkunde beschäftigt sich mit der Behandlung, der Erforschung und der Verhütung von Krankheiten bei Haustieren, Wildtieren und gefangenen Tieren. Jeder große Zirkus und jeder Tiergarten haben festangestellte Veterinäre. Spezielle Gebiete der Veterinärmedizin sind die Bekämpfung und Verhütung von Tierseuchen. Die ältesten Aufzeichnungen über Tierheilkunde stammen aus vorchristlichen Kulturen.

Veto [wéhto] bedeutet, aus dem Lateinischen übersetzt, »ich verbiete«. Mit dem Wort Veto bezeichnet man ein Einspruchsrecht, durch das politische Beschlüsse aufgeschoben oder unwirksam gemacht werden können. In den Bundesrepubliken Deutschland und Österreich haben der Bundesrat, in der Schweiz der Nationalrat und in den USA der Präsident ein aufschiebendes bzw. aufhebendes Vetorecht.

Viadukte [wiadúkte] werden Brücken genannt, die manchmal in großer Höhe über Täler oder Schluchten führen, um Eisenbahnen, Autobahnen oder Straßen durch bergiges Gelände zu leiten. Viele Viadukte

Viadukt

sind Werke kühner Ingenieurkunst, z.B. die Europabrücke bei Innsbruck. Die alten Römer führten Wasser auf kunstvollen Brücken über Geländeeinschnitte und nannten diese Wasserleitungen Aquädukte. Die Begriffe Viadukt und Aquädukt kommen aus dem Lateinischen. »Via« heißt Straße, »aqua« Wasser, »ductus« geführt.

Vibraphon [wibrafóhn] nennt man ein dem Xylophon ähnliches Musikinstrument. Beim Vibraphon werden abgestimmte Stahlplättchen mit weichen Schlegeln in Schwingungen versetzt, so daß zart vibrierende Glockenklänge entstehen. Der Ton des Xylophons, dessen Holzplättchen mit Holzschlegeln angeschlagen werden, ist dagegen härter.

Vibration [wibrazióhn], ein Wort aus dem Lateinischen, heißt Schwingung, Erschütterung. Vibrieren bedeutet schwingen, zittern, beben. Das Vibraphon hat den Namen wegen seines schwingenden Tons erhalten.

Victoriafälle [wiktóhria-] hat man die gewaltigen Wasserfälle des Sambesi an der Südgrenze der afrikanischen Republik Sambia nach der englischen Königin genannt. Die insgesamt 1,5 km breiten und 120 m hohen Wasserfälle wurden 1855 von dem britischen Forschungsreisenden David Livingstone entdeckt.

Victoria regia [wiktóhria réhgia] ist der Name einer im tropischen Südamerika beheimateten Seerose. Ihre an den Rändern hochgebogenen Blätter haben einen Durchmesser

Victoria regia

von 1 bis 2 m. Sie schwimmen auf dem Wasser. Die Pflanze blüht nur einmal im Jahr in zwei aufeinanderfolgenden Nächten. Die bis zu 40 cm großen, duftenden Blüten sind in der ersten Nacht weiß, in der zweiten rosa. Bei uns kann man diese riesige Seerose in den Warmhäusern botanischer Gärten bewundern.

Victoriasee [wiktóhria-] (Victoria Nyanza) heißt der größte See Afrikas. Er liegt in 1134 m Höhe über dem Meer im ostafrikanischen Hochland. Der 68 800 qkm große, bis zu 85 m tiefe See ist sehr fischreich. Seinen wichtigsten Zufluß bildet der Kagera, seinen Abfluß nach Norden der Victorianil. Anliegerstaaten sind Kenia, Tansania und Uganda. Am Victoriasee befindet sich ein großes Stauwerk.

Viehsalz wird ein grobes, wenig gereinigtes rotgefärbtes Salz genannt. Für den Menschen ist es ungenießbar, dem Vieh kann es dagegen zur Fütterung beigegeben werden. Weil Salz die Eigenschaft hat, Eis und Schnee zu schmelzen, verwendet man Viehsalz im Winter zum Straßenstreuen. Während Speisesalz durch Staatsmonopol mit einer Steuer belegt ist, kann das nicht besteuerte Viehsalz billiger erworben werden.

Viehseuchen (Tierseuchen) treten bei Haustieren und bei Wild auf. Es sind Infektionskrankheiten, die in vielen Fällen durch Viren verursacht werden. Das Tierseuchengesetz und das Tierkörperbeseitigungsgesetz

Wird ein Tollwutfall festgestellt, dann muß das betroffene Gebiet durch Warntafeln gekennzeichnet werden.

schreiben strenge Maßnahmen vor, um diese Seuchen im Inland zu bekämpfen und ihre Einschleppung aus dem Ausland zu verhindern. Die häufigsten Viehseuchen sind unter den Stichwörtern »Maul- und Klauenseuche«, »Milben«, »Milzbrand«, »Rinderpest«, »Rotlauf«, »Rotz« und »Tollwut« beschrieben.

Vielfraß hat man bei uns ein zur Familie der Marder gehörendes Raubtier genannt. Der etwas plumpe Vielfraß wird, ohne seinen üppigen Schwanz gemessen, bis zu 85 cm lang, 40 bis 45 cm hoch und hat ein langhaariges braunschwarzes Fell. Er lebt in den nördlichen Gebieten Europas, Asiens und Nordamerikas. Das Tier ist nicht, wie man vermuten könnte, ungewöhnlich gefräßig. Sein Name Vielfraß entstand aus einer Verstümmelung der norwegischen Bezeichnung »fjellfross«, die Bergkater bedeutet.

Vieraugen gehören zu den Zahnkarpfen. Sie haben zwar nur zwei Augen, doch sind Hornhäute und Pupillen ihrer Augen zweigeteilt. Daher können diese Fische, wenn sie genau an der Wasseroberfläche schwimmen, gleichzeitig über und unter Wasser sehen. Die etwa 20 cm langen Vieraugen gibt es in den Küstengewässern von Mittel- und Südamerika.

Viertaktmotoren sind beim Stichwort »Verbrennungsmotoren« erklärt.

Vierzigstundenwoche bedeutet die Beschränkung der Arbeitszeit von Arbeitern und Angestellten auf 40 Stunden in der Woche. Da diese 40 Stunden in Betrieben, die keine Dienstleistungen ausführen, im allgemeinen auf fünf Tage zu je acht Stunden verteilt werden, entsteht ein arbeitsfreier Samstag. Die 40-Stunden-Woche wurde in der Bundesrepublik Deutschland von den Gewerkschaften gefordert und bei vollem Lohn- und Gehaltsausgleich auch weitgehend durchgesetzt.

Vietcong [wiätkóng] ist die Abkürzung für Viet-Nam Cong San, die südvietnamesischen Kommunisten.

Vietminh [wiätmính] ist die Bezeichnung für eine 1941 gegründete Bewegung zur Befreiung des vietnamesischen Gebiets von der Fremdherrschaft. Die ursprünglich nationale Bewegung geriet durch ihren Führer Ho Tschi Minh zunehmend unter kommunistischen Einfluß.

Vietnam [wiätnám] heißt ein in Hinterindien am Südchinesischen Meer gelegenes Land, das im Norden an die Chinesische Volksrepublik, im Westen an Laos und Khmer grenzt. Das langgestreckte Küstengebirge steigt im Norden bis zu 3142 m an. Zwei von mächtigen Strömen gebildete Tiefebenen sind besonders fruchtbar: im Norden das vom Roten Fluß (Songkoi) bewässerte Gebiet und im Süden das Mekongdelta westlich von Saigon. Im tropischen Klima Vietnams gedeiht vor allem Reis, aber auch Mais, Zuckerrohr, Kaffee, Tee, Gewürze, Tabak, Baumwolle und Gummibäume werden angebaut. Daneben betreibt man Viehzucht und Fischfang. Im Süden ist zudem die Seidenraupenzucht verbreitet. 45% des Landes sind dicht bewaldet; Teakholz und Bambus werden ausgeführt. Vietnam ist sehr reich an Bodenschätzen, wie Steinkohle, Bauxit, Eisenerz, Kupfer, Zinn, Wolfram und Antimon. Industrie wird vor allem im Norden planmäßig aufgebaut.

1945, während der japanischen Besatzungszeit, riefen die Vietminh in den französischen Protektoraten Tongking und Annam die Republik aus. Sie gaben ihr, einer Überlieferung folgend, den Namen Vietnam (Land im Süden). Später kam die französische Kolonie Kotschinchina dazu. Als die Japaner nach dem verlorenen Zweiten Weltkrieg aus Indochina abziehen mußten, nahm Frankreich das Gebiet wieder in Besitz. Es erkannte zwar die Unabhängigkeit Vietnams im Rahmen der Französischen Union an, doch bald kam es zu Auseinandersetzungen zwischen der französischen Verwaltung und den kommunistischen Vietminh und schließlich zu einem von beiden Seiten grausam geführten Krieg. Er wurde 1954 auf der Genfer Ostasienkonferenz beendet. Frankreich mußte auf seinen Besitz in Indochina verzichten. Vietnam wurde entlang dem 17. Breitengrad in das kommunistische Nordvietnam und das prowestliche Südvietnam geteilt. 1962 begann zwischen diesen beiden Staaten der sogenannte Vietnamkrieg, der furchtbare Formen annahm. Das nordvietnamesische Volksheer wurde in Südvietnam durch den Vietcong unterstützt, während auf der Seite der südvietnamesischen Regierungstruppen amerikanische Soldaten und Waffen eingesetzt waren. 1973 kam es endlich zum Waffenstillstand und zum Abzug der amerikanischen Truppen. Trotzdem sieht es in dem vom Krieg schwer zerstörten Vietnam noch nicht nach Frieden aus.

Nordvietnam (amtlich Demokratische Republik Vietnam), eine kommunistische Volksrepublik, ist 158 750 qkm groß und hat 22 Millionen Einwohner. Die Hauptstadt heißt Hanoi, der wichtigste Seehafen ist Haiphong.

Südvietnam (amtlich Republik Vietnam) ist eine Präsidiale Republik. Der Staat hat eine Fläche von 170 806 qkm und 19 Millionen Einwohner. Saigon ist die Hauptstadt und gleichzeitig der Haupthafen.

Villa [wílla] ist ein lateinisches Wort und bedeutet Landhaus. So wird auch heute noch ein größeres Haus genannt, das von einem Garten umgeben ist.

Vinland [wínland] (Weinland) nannten die Wikinger die von ihnen entdeckte Ostküste Nordamerikas. Mehr hierüber steht bei dem Stichwort »Leif Eriksson«.

Viola [wióhla], ein Streichinstrument, ist beim Stichwort »Bratsche« beschrieben.

Violine [wiolíhne] ist ein Streichinstrument, dessen Beschreibung unter dem Stichwort »Geige« zu finden ist.

Vipern [wíhpern], auch Ottern genannt, bilden eine Familie der Giftschlangen. Sie haben zwei große, gekrümmte Giftzähne, die im Ruhezustand nach hinten umgelegt sind, sich beim Angriff jedoch aufrichten. Diese Zähne stehen durch einen feinen Kanal mit einer Giftdrüse in Verbindung. Beim Biß spritzen sie ihr oft tödliches Gift in die Wunde des von ihnen angegriffenen Tiers oder Menschen. Zu den Vipern gehören u. a. die Hornviper, die Kreuzotter und die Puffotter, die bei diesen Stichwörtern beschrieben sind. (Siehe auch Stichwort »Gifte«)

Virginia [wördschíhnjä], ein im Osten der USA am Atlantischen Ozean gelegener Staat, ist 105 711 qkm groß und hat 4,6 Millionen Einwohner. 22% von ihnen sind Farbige. Die Hauptstadt heißt Richmond. Virginia ist reich an Bodenschätzen. Viehzucht und Landwirtschaft sind von großer Bedeutung. Das feuchtwarme Klima ist für den Anbau von Tabak besonders günstig. Der Virginiatabak wird überall hoch geschätzt.
Virginia gehört zu den 13 Gründerstaaten der USA. Während des Sezessionskriegs trennte sich das unionstreue West-Virginia von dem auf Seiten der Südstaaten kämpfenden Virginia ab.

Virtuos [wirtuóhß] kommt aus dem Italienischen und bedeutet meisterhaft, technisch vollendet. Ein Virtuose ist ein Künstler, der als Meister in der technischen Beherrschung einer Kunst gilt. Vor allem Musiker, die ein Instrument, wie Klavier oder Geige, vollendet beherrschen, werden als Virtuosen bezeichnet. Liszt war z. B. ein Klaviervirtuose.

Virus [wíhruß] ist ein lateinisches Wort und bedeutet giftiger Saft. Man nennt so ein sehr kleines, nur im Elektronenmikroskop sichtbares Gebilde von kugeliger oder stäbchenförmiger Form. Viren stehen an der Grenze zwischen unbelebter und belebter Natur. Sie haben weder Atmung noch Stoffwechsel, sie wachsen und vermehren sich nur, wenn sie in eine lebende Zelle des richtigen Wirts gelangen. Das kann ein Mensch, ein Tier oder eine Pflanze sein, bei denen sie dann zum Teil schwere Erkrankungen hervorrufen. Viruserkrankungen bei Menschen sind z. B. Schnupfen, Mumps, Masern, Grippe, Gelbsucht, Gürtelrose und Kinderlähmung. Tiere erkranken durch Viren an Staupe, Rinderpest, Schweinelähmung, Tollwut, Papageienkrankheit sowie Maul- und Klauenseuche. Die letzten drei Krankheiten können sich auch auf Menschen übertragen. Bei den Pflanzen werden die Blattrollkrankheit der Kartoffel, die Kräuselkrankheit der Zuckerrübe und die Mosaikkrankheit des Tabaks durch Viren verursacht.

Visier [wisíhr] ist ein Wort mit zwei Bedeutungen. Man bezeichnet damit einen aufklappbaren Gesichtsschutz am mittelalterlichen Helm. Beim Stichwort »Rüstung« ist ein Visier abgebildet. Visier nennt man aber auch die Zielvorrichtung des Gewehrs, die aus Kimme und Korn besteht. Das Wort Visier kommt aus dem Lateinischen.

Vision [wisióhn] bedeutet innere Schau, Erscheinung vor dem geistigen Auge, aber auch Trugbild. Visionär heißt traumhaft, seherisch.

Visi

Auf diesem Flughafen wird die Leibesvisitation elektronisch durchgeführt. Der Metalldetektor sucht nach versteckten Waffen. Er hat bei Fluggästen auch Metallsplitter im Körper festgestellt, die noch von Verletzungen aus dem Weltkrieg herrührten.

Visitation [wisitazióhn], ein Wort aus dem Lateinischen, sagt man für Durchsuchung oder Untersuchung. Zollbeamte dürfen bei Reisenden eine Visitation des Gepäcks, der Kleidung oder sogar des Körpers (Leibesvisitation) vornehmen, um nach Schmuggelware oder Waffen zu suchen.

Visite [wisíhte], ein Wort aus dem Französischen, nannte man früher einen kurzen Besuch. War der Aufgesuchte nicht zu Hause, gab der Besucher seine Visitenkarte ab, auf der sein Name und manchmal auch seine Adresse standen. Heute wird das Wort Visite fast nur noch für den Arztbesuch gebraucht, besonders für den regelmäßigen Rundgang des Chef- oder Stationsarztes im Krankenhaus.

Visuell [wisu-él] heißt das Sehen betreffend, auf der Beobachtung durch das Auge beruhend. Das Wort kommt aus dem Lateinischen.

Visum [wíhsum], ein Wort aus dem Lateinischen, wird ein Sichtvermerk im Reisepaß genannt. Manche Staaten verlangen für die Einreise oder Durchreise von Ausländern ein Visum. Dieses wird auf dem Konsulat des betreffenden Landes in den Paß eingetragen, falls gegen den Paßinhaber keine Bedenken bestehen. Es gibt auch Ausreisevisa, die von der Grenzpolizei ausgestellt werden. Der Visumzwang kommt mehr und mehr außer Gebrauch.

Vital [witáhl] ist ein Wort aus dem Lateinischen und bedeutet lebenskräftig, lebensvoll. Unter dem Wort Vitalität versteht man eine Mischung aus Gesundheit, Kraft, Energie und Lebensfreude.

Vitamine [witamíhne] sind Wirkstoffe, die der menschliche und der tierische Körper unbedingt brauchen. Sie liefern keine Energie wie die Nährstoffe Eiweiß, Fett und Kohlenhydrate, regulieren aber den Stoffwechsel. Schon in kleinen Mengen haben sie eine große Wirkung. Vitamine sind teils wasserlösliche, teils fettlösliche organische Verbindungen. Der menschliche und der tierische Körper können Vitamine nicht selbst herstellen, das übernehmen Pflanzen und Bakterien (zum Teil auch die Darmbakterien). Deshalb müssen sie mit der Nahrung zugeführt werden. Durch Vitaminmangel werden im Körper erhebliche Störungen, oft sogar Mangelkrankheiten hervorgerufen, z. B. Nachtblindheit, Muskelkrämpfe, Rachitis, Skorbut. Aber auch die übermäßige Zufuhr von Vitaminen wirkt sich schädlich aus. Der chemische Aufbau der meisten Vitamine ist bekannt, daher können sie zum Teil künstlich hergestellt werden. Trotzdem ist es viel besser, z. B. Orangen zu essen, als Vitamin-C-Tabletten einzunehmen. Man bezeichnet die einzelnen Vitamine mit verschiedenen Buchstaben und zusätzlich mit Ziffern, z. B. Vitamin A, Vitamin B, Vitamin B_{12}, Vitamin C usw.

Vitrine [witríhne], ein Wort aus dem Französischen, ist die Bezeichnung für einen Schrank, der als Schaukasten verwendet wird, weil seine Wände, meist mit Ausnahme der Rückwand, aus Glas bestehen.

Vitriol [witrióhl] ist die veraltete Bezeichnung für in Wasser lösliches, schwefelsaures Salz von Schwermetallen. Heute spricht man von Sulfat.

Vivaldi, Antonio [wiwáldi], war ein italienischer Komponist. Er lebte von 1678 bis 1741. Er war ein bedeutender Vertreter der Barockmusik und schuf neue Formen des Solokonzerts. Von Vivaldi stammen zahlreiche Violinkonzerte, Symphonien, Kammerkonzerte und Opern.

Vögel bilden eine Klasse der Wirbeltiere, die man in 28 Ordnungen unterteilt hat. Die Ausbildung fast aller Organe der Vögel ist dem Flugvermögen angepaßt. Ihre vorderen Gliedmaßen sind zu Flügeln umgewandelt, die durch besonders kräftige, am hohen Brustbeinkamm sitzende Muskeln bewegt werden. Die stromlinienförmigen Körper sind sehr leicht gebaut, die meisten Knochen sind mit Luft gefüllte Röhrenknochen. Außerdem sorgen fünf mit der Lunge verbundene Luftsäcke, die während des Fliegens blasebalgartig aufgepumpt werden, für eine Herabsetzung des spezifischen Gewichts. Das Herz der Vögel ist, seinen Leistungen entsprechend, verhältnismäßig groß. Leicht ist auch das Gefieder, das aus den Schwungfedern der Flügel, den Steuerfedern des Schwanzes sowie den Deckfedern und den darunterliegenden Flaumfedern (Daunen) des Rumpfs besteht. Bei den Männchen ist das Federkleid zumeist prächtiger als bei den Weibchen, die im allgemeinen schlicht wirken. Der aus Horn beste-

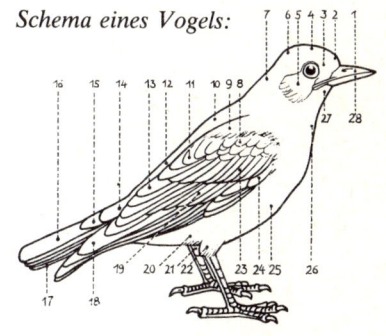

Schema eines Vogels:

1. Oberschnabel
2. Stirn
3. Zügel
4. Oberkopf
5. Ohr
6. Hinterkopf
7. Nacken
8. Kleine Flügeldecken
9. Schulter
10. Vorderrücken
11. Mittlere Flügeldecken
12. Unterrücken
13. Schulterflügel
14. Bürzel
15. Oberschwanzdecke
16. Schwanz
17. Schwanzaußenfeder
18. Handschwingen
19. Handschwingen
20. After
21. Lauf
22. Schenkelbefiederung
23. Große Flügeldecken
24. Handdecke
25. Bauch
26. Kehle
27. Kinn
28. Unterschnabel

Völk

hende Vogelschnabel ist zahnlos. Gesichts- und Gehörsinn der Vögel sind gut ausgebildet, während der Geruchssinn nur schwach entwickelt ist. Vögel sind Warmblüter; die Temperatur ihres Bluts liegt um drei bis sieben Grad höher als die des Menschen. Die meisten Vögel leben als Paare zusammen. Das Weibchen legt kalkschalige Eier, die durch Körperwärme, meist in einem Nest, ausgebrütet werden. Die Jungen werden entweder gefüttert, bis sie flügge sind – diese nennt man Nesthocker –, oder sie sind befiedert, können laufen und sich ihre Nahrung selber suchen, dann nennt man sie Nestflüchter (z. B. Hühner, Enten und Gänse).

Vögel haben sehr ausgeprägte Stimmen, die vom Gackern der Hühner, dem Krächzen der Krähen, dem Warnruf der Häher, dem Schrei der Mauersegler, dem Gezwitscher der Spatzen bis zum Gesang der Amseln und Nachtigallen reichen. Der kleinste Vogel ist ein Kolibri, seine Flügel sind nur 2,5 bis 2,6 cm groß. Er wiegt 1,8 Gramm, und sein Nest ist nicht größer als eine Walnußschale. Der größte Vogel ist der Strauß, der 2,60 m hoch und bis zu 140 kg schwer wird. Wegen dieses Gewichts können ihn seine Flügel nicht mehr tragen, dafür läuft er sehr schnell. Ein anderer Vogel, der das Flugvermögen verloren hat, ist der Pinguin. Seine Flügel haben keine Schwungfedern. Er benutzt sie als Flossen zum Vorwärtskommen im Wasser, wo er die Geschwindigkeit von Haifischen erreicht. Stammesgeschichtlich leiten sich die Vögel von den Reptilien ab. Im Altertum wurden Vögel, wie der Ibis und der Phönix, als Götter verehrt. Vogelkunde heißt Ornithologie. (Siehe auch Stichwörter »Geflügel«, »Hühnervögel«, »Raubvögel«, »Ruderfüßer«, »Singvögel«, »Standvögel«, »Strichvögel«, »Zugvögel« sowie »Vogelschutz«, »Vogelwarte« und »Vogelzug«)
Siehe auch Farbtafel »Singvögel« Band 9.

Völkerbund nannte sich eine internationale Organisation, die 1920 in Genf ihre Arbeit aufnahm. Sie war von den Siegermächten des Ersten Weltkriegs gegründet worden, um den Frieden zu erhalten. Da es dem Völkerbund, der bis zu 59 Mitgliedstaaten zählte, nicht gelungen war, den Zweiten Weltkrieg zu verhindern, löste er sich 1946 auf. An seine Stelle waren 1945 die Vereinten Nationen getreten, die unter diesem Stichwort erläutert sind.

Völkerkunde heißt die Wissenschaft, die die Lebensformen außereuropäischer Völker, vor allem der Naturvölker, erforscht. Allgemeine Völkerkunde wird Ethnologie, beschreibende Völkerkunde Ethnographie genannt.

Völkerrecht nennt man die rechtlichen Grundlagen für die zwischenstaatlichen Beziehungen, die sowohl in Friedens- als auch in Kriegszeiten gültig sind. Das Völkerrecht legt den Macht- und Einflußbereich von Staaten fest (Staatsgrenzen, Lufthoheit, Freiheit der Meere), ferner die Zusammenarbeit der Staaten durch

Diplomaten und Konsuln sowie die Stellung von Ausländern in fremden Staaten (Reisende, Gastarbeiter, Flüchtlinge). Minderheiten genießen durch das Völkerrecht besonderen Schutz. Staatsverträge, die auf dem Gebiet der Wirtschaft (z. B. EG), Verteidigung (z. B. NATO), Kultur, Gesundheit, Verbrechensbekämpfung (z. B. Interpol) und des Verkehrs abgeschlossen werden, unterliegen ebenfalls dem Völkerrecht. Das Kriegsvölkerrecht befaßt sich mit der Verhütung, mit dem Ablauf und der Beendigung von Kriegen. Die Achtung der Neutralität und die Arbeit des Roten Kreuzes sind völkerrechtlich ebenso verankert wie der Abschluß von Friedensverträgen und die Vereinbarungen über die Wiedergutmachungsansprüche. Die Schlichtung nichtpolitischer Streitigkeiten zwischen den Staaten obliegt dem Internationalen Gerichtshof im Haag, die Wahrung des Völkerrechts der UNO.

Völkerwanderung wird ein Zeitabschnitt der europäischen Geschichte genannt, der etwa das 3. bis 6. Jahrhundert n. Chr. umfaßt. Seit der Zeitwende waren im Norden und Osten Europas ansässige germanische Völker in das hauptsächlich von Kelten bewohnte Mitteleuropa gewandert. Die Ursachen dieser Unruhe waren Klimaveränderungen, Landnot, Sehnsucht nach dem warmen Süden und Eroberungslust. Zunächst brachten die römischen Befestigungen am Rhein und an der Donau diese Wanderungen zum Stillstand. Als jedoch im Jahre 375 die Hunnen von Asien her in Europa einfielen, konnte das auseinanderbrechende Weströmische Reich den Druck der aus dem Osten einströmenden germanischen Völker nicht mehr aufhalten. In erstaunlichen Siegeszügen nahmen die »Barbaren« von Mittel-, West-, Südwest-, Süd- und teilweise auch Südosteuropa Besitz. Es kam zu Reichsbildungen germanischer Stämme im Gebiet des ehemaligen Römischen Imperiums. Sie wurden grundlegend für die Gestalt des heutigen Europa, für England, Frankreich, Deutschland und auch für Rußland. Die Berührung der Germanen mit der Antike und dem Christentum prägte die Kultur Europas bis in unsere Zeit. Als die germanischen Völker seßhaft geworden waren und allgemein das Christentum angenommen hatten, begann eine neue Epoche der europäischen Geschichte: das Mittelalter.

Die bedeutendsten germanischen Stämme der Völkerwanderungszeit waren Goten, Franken, Burgunder, Alemannen, Langobarden, Normannen, Wandalen, Angeln und Sachsen. Die größten Wanderungen unternahmen die Wandalen, die von Skandinavien über Spanien bis nach Nordafrika zogen. Die Goten drangen von Südschweden aus bis ans Schwarze Meer vor. Dort teilten sie sich. Die Westgoten flohen unter Alarichs Führung vor den Hunnen nach Italien und zogen von dort aus nach Westen. Nördlich und südlich der Pyrenäen siedelten sie sich in einem Reich an. Die Ostgoten wanderten, nachdem sie von den Hunnen besiegt worden waren, über den Balkan zur Apenninenhalbinsel und gründeten unter Theoderich d. Gr. ein etwa dem heutigen Italien entsprechendes Reich. Die Langobarden zogen von der Unterelbe über Mähren nach Italien, wo sie den größten Teil der nach ihnen benannten Lombardei sowie Gebiete in Süditalien eroberten. Die Normannen (Wikinger) waren Seefahrer. Von Schweden und Jütland aus fuhren sie nach England und Irland, sie besiedelten auch Island sowie Grönland. Sie drangen sogar bis zur Ostküste Nordamerikas und bis ins Mittelmeer vor. Schließlich wurden sie in Nordfrankreich, in der Normandie, seßhaft. Der schwedische Normannenstamm der Waräger schuf unter Rurik das erste russische Reich. Die Angeln und die Sachsen nahmen von Jütland aus das keltische Britannien in Besitz. In den von germanischen Völkern verlassenen osteuropäischen Gebieten siedelten sich slawische Völker an.

Vogelbeeren sind die Früchte der Eberesche, die manchmal auch Vogelbeerbaum genannt wird. Die leuchtendroten Beeren werden von Drosseln und anderen Vögeln gern gefressen.

Vogelfluglinie hat man die kürzeste Eisenbahn- und Autoverbindung zwischen Hamburg und Kopenhagen genannt, weil sie dem Flug der Vögel über die Inseln Fehmarn, Lolland, Falster und Seeland folgt. Die Strecke führt zum Teil über Brücken und Fähren.

Vogelschutz genießen bei uns alle wildlebenden Vögel, ganz besonders die selten gewordenen Arten. Sie dürfen weder zur Verwendung als Nahrung noch als Stubenvögel gefangen werden. Es ist auch verboten, ihre Nester auszuheben. In Vogelschutzgebieten, die meist in Naturschutzgebieten liegen, gibt es noch Sümpfe und Gehölze, in denen scheue Vogelarten sowie Wasservögel Nahrung finden und nisten können. Auch die Winterfütterung der Stand- und Strichvögel gehört zum Vogelschutz, der in der Bundesrepublik Deutschland von acht Vogelschutzwarten betreut wird. Ausgenommen vom Vogelschutz sind jagdbare Vögel, wie Fasane und Rebhühner, die als Federwild den Jagdgesetzen unterliegen.

Vogelspinnen sind stark behaart, 7 bis 11 cm lange rotbraune bis braunschwarze Spinnen, die in den Tropen leben. Nachts überfallen sie größere Insekten und kleinere Wirbeltiere, sogar junge Vögel im Nest, die sie mit ihren kräftigen und giftgefüllten Kieferklauen töten. Tagsüber bleiben die Vogelspinnen in Erdlöchern, die sie mit Spinngewebe ausgekleidet haben.

Vogelwarte nennt man ein Institut zur Beobachtung der Lebensgewohnheiten von Vögeln. Die bekanntesten Vogelwarten in der Bundesrepublik Deutschland sind auf Helgoland und bei Radolfzell am Bodensee. Beide erforschen vor allem den Vogelzug, indem sie jährlich Zehntausende von Vögeln mit numerierten Fußringen versehen.

Der Vogelwart beringt eine Flußseeschwalbe.

Durch mit der Angabe des Fundorts und -datums zurückgesandte Ringe totgefundener Vögel wurden die Wanderwege und Ruheziele vieler Vogelarten bekannt.

Vogelzug wird das jahreszeitlich bedingte, regelmäßige Wandern der Zugvögel von ihrem Brutgebiet ins Winterquartier und zurück genannt. Das Brutgebiet ist die Heimat eines Vogels. Dort, wo er zum erstenmal sein Nest baute, ist er daheim. Niemals brüten Zugvögel im Winterquartier. Der Zeitpunkt des Wegzugs ist bei den Vogelarten verschieden. Er liegt aber fast immer vor dem Termin, zu dem bei uns die Temperaturen sinken und die Nahrung knapp wird. Mauersegler z. B. brechen bereits Anfang August nach Afrika auf, obwohl es in unseren Breiten noch warm ist und reichlich Insekten für sie gibt. Sowohl vor dem Wegzug als auch vor dem Heimzug speichern die Vögel Fett, das sie für die anstrengende Muskelarbeit bei ihren Flügen brauchen, denn sie legen zum Teil riesige Entfernungen zurück. Küstenseeschwalben beispielsweise müssen von der Arktis zur Antarktis etwa 18 000 km weit fliegen. Die ostsibirischen Uferschnepfen überwintern im 15 000 km entfernten Neuseeland. Mitteleuropäische Vögel suchen im allgemeinen Mittel- und Südafrika auf, wenige fliegen nach Indien. Dabei überfliegen Kleinvögel Strecken von 600 bis 1000 km. Da sie nicht lange hungern können, fliegen sie nachts und fressen am Tage. Große Vögel, wie Störche, Kraniche, Wildgänse und Krähen, ziehen bei Tage. Die Reisegeschwindigkeit ist verschieden. Kleine Vögel legen 40 bis 75 km, die schnellen Segler dagegen bis zu 140 km in der Stunde zurück. Manche Vögel, wie Grasmücke und Kuckuck, fliegen allein, andere, wie Drosseln und Stare, in kleineren oder größeren Gruppen. Störche und Graugänse finden sich zu Hunderten zum gemeinsamen Flug zusammen. Greifvögel ziehen oft mit ihren Beutetieren nach dem Süden, z. B. Habichte mit Wildtauben, ohne sie zu überfallen. Die Flughöhe beträgt durchschnittlich 600 m. Bei Saatkrähen hat man schon 1900 m Höhe gemessen. Bei allen Zugvögeln dauert der Heimweg im Frühjahr nicht so lange wie der Wegzug im Herbst, für den sie sich mehr Zeit lassen.

Der Vogelzug gehört zu den Geheimnissen der Natur, die der Mensch bisher nicht enträtseln konnte. Wir wissen zwar, wohin die Vögel ziehen und wann sie aufbrechen, nicht aber, wie sie ihren Weg finden und woher sie den richtigen

Voge

Zeitpunkt zum Aufbruch kennen. Zugvögel sind ortstreu. Sie kehren immer wieder in ihr Brutgebiet zurück, oft sogar ins alte Nest, z. B. die Störche. Bei ihren Flügen halten sie bestimmte Routen genau ein. Mitteleuropäische Vögel, die westlich der Weser nisten, wählen den Weg über Spanien, Gibraltar und Nordafrika zur ostafrikanischen Seenplatte. Sind sie östlich der Weser beheimatet, fliegen sie die Donau entlang, über Kleinasien und dann das Niltal hinauf. Den Weg über die Alpen wagen nur wenige. Am Tage orientieren sich die Zugvögel vor allem an der Sonne. Wie die Bienen vermögen sie den Sonnenstand je nach Tages- und Jahreszeit richtig zu beurteilen. Bei Nachtflügen orientieren sich die Vögel nach den Sternen. Der Richtungssinn der Zugvögel ist so genau wie eine aeronautische Berechnung. Junge Vögel, die vor ihren Eltern fortfliegen, steuern ein Ziel an, das ihnen selbst unbekannt ist. Im Winterquartier brechen die Zugvögel auf, wenn in ihrem Brutgebiet der Frühling begonnen hat. Für all diese Tatsachen gibt es manche Erklärungen. Man sagt, Zugvögel besäßen ein ererbtes Artgedächtnis, zu dem der Richtungstrieb gehöre. Der Wandertrieb werde durch Stoffwechselvorgänge im Vogelkörper ausgelöst und von Hormonen gesteuert. Sicher besitzen Zugvögel Fähigkeiten, deren Ursachen wir kaum oder doch nur unzureichend erklären können.

Vogesen oder Wasgenwald (französisch Vosges) heißt ein Mittelgebirge, das sich in Frankreich westlich der Oberrheinischen Tiefebene etwa zwischen Straßburg und Mülhausen hinzieht. Der dichtbewaldete Gebirgszug erreicht im Großen Belchen eine Höhe von 1424 m.

Vokabel [wokáhbel], ein Wort aus dem Lateinischen, wird ein einzelnes Wort genannt. Besonders Wörter aus fremden Sprachen bezeichnet man so. Ein Schüler muß »Vokabeln büffeln« oder läßt sich »Vokabeln abhören«. Vokabular ist eine andere Bezeichnung für Wortschatz.

Vokal [wokáhl] nennt man einen Selbstlaut. Er ist unter diesem Stichwort beschrieben. Den Gegensatz zum Vokal bildet der Konsonant oder Mitlaut.

Volk ist ein Wort mit mehreren, nahe beieinanderliegenden Bedeutungen. Als Volk bezeichnet man eine Menschengruppe, die durch gemeinsame Abstammung, Sprache, Sitte, Kultur und meistens auch durch gemeinsame Geschichte miteinander verbunden ist. Aber auch alle in einem Staat zusammengefaßten Menschen nennt man Volk. Bei einem Staatsvolk können die erwähnten Gemeinsamkeiten vorliegen, müssen es aber nicht. Das Volk der Schweizer ist z. B. germanischen und romanischen Ursprungs, es spricht vier verschiedene, amtlich anerkannte Sprachen, und seine Lebensart ist je nach der engeren Heimat recht unterschiedlich. In Demokratien geht die Gewalt vom Volk aus, das die Volksvertretung, das Parlament, wählt. Volk nennt man auch breite Bevölkerungsschichten, wie Bauern, Arbeiter und Handwerker. In diesem Sinne spricht man von Volksfesten, Volksmassen usw. Bei Tieren wird der Begriff Volk für straff organisierte Gemeinschaften verwendet, z. B. das Volk der Honigbienen, das Volk der Ameisen.

Volksbegehren geben dem Volk die Möglichkeit, für einen Gesetzentwurf oder gegen ein vom Parlament erlassenes Gesetz Stimmen zu sammeln. Wird die gesetzlich vorgeschriebene Mindestzahl von Stimmen erreicht, so kommt es zum Volksentscheid. Das Parlament muß sich dem Ergebnis des Volksentscheids unterwerfen. Im Grundgesetz der Bundesrepublik Deutschland sind lediglich Volksbegehren zugelassen, die sich mit Gebietsveränderungen befassen. In Bayern und in Baden-Württemberg sind dagegen auch Volksbegehren, die sich mit anderen Problemen, z. B. mit der Rundfunkfreiheit, beschäftigen, in der Verfassung verankert.

Volksbildung befaßt sich mit der Weiterbildung Jugendlicher und Erwachsener aller sozialen Schichten. Heute geben vor allem Volkshochschulen in Kursen und durch Teilnahme an Vorträgen, Konzert- und Theaterveranstaltungen sowie durch Besuch von Ausstellungen und Museen jedermann die Möglichkeit, seine Bildung zu vertiefen oder sich im Beruf weiterzubilden. Volksbüchereien stellen Bücher für Unterhaltung und Information, meist auch Zeitungen und Zeitschriften zur Verfügung.

Volksdemokratie bedeutet, aus dem Griechischen übersetzt, Volks-Vorherrschaft. Mit diesem Begriff bezeichnen die kommunistisch regierten Länder (Volksrepubliken) ihre Staatsform. Die »Volksdemokratie« steht im Gegensatz zur parlamentarischen Demokratie. Demokratische Formen sind zwar teilweise noch erhalten, doch in Wirklichkeit bedeutungslos, beispielsweise freie Wahlen nach Einheitslisten. Volksrepubliken sind z. B. China, Jugoslawien, Polen, Rumänien und Ungarn.

Volkseigene Betriebe (VEB) heißen in der Deutschen Demokratischen Republik (DDR) alle nach 1945 entschädigungslos enteigneten Betriebe, die ebenso wie neuerrichtete Betriebe Volkseigentum sind, d. h. sich im Staatsbesitz befinden. In der DDR wird fast die gesamte Produktion in volkseigenen Betrieben hergestellt.

Volkseinkommen (Nationaleinkommen) besteht aus der Summe aller Einkommen in einem Staatsgebiet. Dazu gehören Löhne, Gehälter, Zinsen und Gewinne aus Arbeit, Kapital und Unternehmerleistung.

Volksentscheid ist beim Stichwort »Volksbegehren« erläutert.

Volkshochschulen sind beim Stichwort »Volksbildung« beschrieben.

Volkskunde beschäftigt sich im Gegensatz zur Völkerkunde mit den überlieferten Lebensformen hochzivilisierter Völker. Zu den Lebensformen gehören Hausbau, Geräte, Möbel, Trachten, Volkskunst, Volksmusik, Volkstanz, Märchen, Lieder, Sagen, Sitten, Volksrecht, Volksglaube und Aberglaube.

Volk

Volkskunst nennt man die künstlerische Gestaltung von Gebrauchsgegenständen, die von Laien, vor allem von Handwerkern oder Landbewohnern, hergestellt wurden und manchmal auch noch werden. Dinge des täglichen Lebens, wie Möbel, Geräte, Geschirr, Teppiche, Kleidung, Schmuck oder Spielzeug, erhalten Verzierungen, die viel Ausdruckskraft besitzen. Viel verwendet werden in der Volkskunst seit Generationen überlieferte Ornamente, die der jeweilige Volkskünstler mit kleinen persönlichen Abwandlungen versieht. Als Techniken werden hauptsächlich Bemalen, Schnitzen, Einlegen, Schmieden, Weben, Knüpfen, Sticken, Klöppeln und Töpfern angewendet. Leider ist die Volkskunst durch die Verbreitung von Industriewaren fast ganz zum Erliegen gekommen.

Bemalte norwegische Truhe (um 1780)

Volkslieder haben meist einfache Texte und einprägsame Melodien. Man empfindet sie als Allgemeingut des Volks, weil bei ihnen Verfasser und Komponist häufig unbekannt sind. Im Gegensatz zu Kunstliedern haben Volkslieder selten eine Begleitung, höchstens durch Gitarre, Zither oder Ziehharmonika. Sie werden oft zwei- oder mehrstimmig gesungen. Die ältesten deutschen Volkslieder stammen aus dem 13. Jahrhundert. Erst gegen Ende des 18. Jahrhunderts wurden die größtenteils mündlich überlieferten Volkslieder planmäßig gesammelt. Bekannte Volkslieder sind z. B. ›Maria durch ein' Dornwald ging‹, ›Es steht ein' Lind in jenem Tal‹ und ›Horch, was kommt von draußen 'rein!‹.

Volksmusik ist von der Landschaft, in der sie entstand, und von den dort lebenden Menschen geprägt. Die Instrumente sind nach Landschaften, Stämmen und Volksgruppen verschieden. In den Alpen hat man Zither, Hackbrett und Alphorn, an den norddeutschen Küsten das »Schifferklavier«, die Ziehharmonika, in Schottland den Dudelsack, in Spanien Gitarre und Kastagnetten, in Italien Mandoline und Okarina, in Rußland die Balalaika. Die Volksmusik steht mit dem Volkstanz in enger Verbindung und wird im Rhythmus zumeist von ihm bestimmt. Auch ein- oder mehrstimmiger Gesang mit oder ohne Begleitung gehört zur Volksmusik. Das Jodeln ist eine Besonderheit alpenländischer Volksmusik.

Volksrepubliken sind beim Stichwort »Volksdemokratie« erläutert.

Volksschulen besuchen alle Kinder ab dem 6. Lebensjahr. Seit ungefähr 100 Jahren besteht eine allgemeine Schulpflicht. Die 1.–4. Klasse wird Grundschule genannt. Daran schließt sich die Hauptschule, die die Klassen 5–9, in manchen Bundesländern 5–10, umfaßt. Die Hauptschule kann man mit dem qualifizierten Abschluß beenden. Er berechtigt zum Besuch einer Fachoberschule. Wer besonders gute Leistungen in den ersten vier Grundschuljahren erreicht, kann von der Volksschule in ein Gymnasium überwechseln. Auch nach dem 5. Schuljahr kann man es noch versuchen. Nach der 6. und 7. Klasse ist der Übertritt in eine Realschule möglich, später in eine Handelsschule. Behinderte Kinder sind vom Volksschulbesuch nicht ausgeschlossen. Sie gehen in Sonderschulen, wo sie in kleinen Gruppen betreut werden.

Volkstänze sind im Gegensatz zu Gesellschaftstänzen landschaftsgebunden. Die Tanzfiguren und die Musik haben sich seit langem nicht mehr verändert. Besonders bekannte Volkstänze sind z. B. der bayerische Schuhplattler, die polnische Mazurka, die böhmische Polka, der ungarische Csárdás, die italienische Tarantella und der spanische Fandango. In Deutschland werden Volkstänze fast nur noch in Volkstanzkreisen und Trachtenvereinen, meist nur in Tracht, getanzt.

Volksvertretung ist eine andere Bezeichnung für das Parlament. Die Beschreibung befindet sich unter diesem Stichwort.

Volkswagenwerk heißt eine große deutsche Automobilfabrik. Sie wurde 1938 gegründet und 1961 privatisiert, d. h. aus staatlichem in privaten Besitz übergeführt. 60% des Grundkapitals gehören heute Volksaktionären, die restlichen 40% zu gleichen Teilen dem Bund und dem Land Niedersachsen, die gemeinsam die »Stiftung Volkswagenwerk« gründeten. Diese erhält alle dem Bund und dem Land Niedersachsen aus dem Volkswagenwerk jährlich zufließenden Einkünfte und fördert damit Wissenschaft und Technik.

Volkswirt nennt man einen akademisch ausgebildeten Fachmann der Volkswirtschaft. Das Studium wird mit einer Prüfung abgeschlossen. Wer sie erfolgreich bestanden hat, erhält ein Diplom und darf sich Diplomvolkswirt (Dipl.-Volksw.) nennen. Der Erwerb des Doktorgrads ist mit dem Titel Dr. rer. pol. verbunden. Die Lehre von der Volkswirtschaft (National- bzw. Sozialökonomie) beschäftigt sich mit der Entwicklung, den Zusammenhängen und den Formen des Wirtschaftslebens.

Vollbeschäftigung herrscht auf dem Arbeitsmarkt, wenn der Zahl der Arbeitsuchenden annähernd die gleiche Zahl freier Arbeitsplätze gegenübersteht. Man spricht von Vollbeschäftigung, wenn die Zahl der Arbeitslosen unter 4% liegt.

Vollblut ist ein Begriff in der Pferdezucht. Man versteht darunter jede ohne Beimischung andersrassigen Blutes gezüchtete Pferderasse: Araber, englisches Vollblut und Lipizzaner. Vollblutpferde werden als Reit-, Renn- und Dressurpferde verwendet.

Volleyball [wólleh-] heißt ein Ballspiel zwischen zwei Mannschaften

Voll

von je sechs Spielern. Der Ball, der mit den Händen über ein Netz geschlagen wird, darf den Boden nicht berühren. Volleyball ist eine olympische Disziplin.

Volljährig wird man in der Bundesrepublik Deutschland, wenn man das 18. Lebensjahr vollendet hat. Volljährigkeit, auch Großjährigkeit oder Mündigkeit genannt, bedeutet volle Geschäftsfähigkeit und Ehefähigkeit. Mit der Volljährigkeit erhält man auch das Wahlrecht, das unter diesem Stichwort erläutert ist.

Vollmacht nennt man die einem andern erteilte Berechtigung zur Vertretung in Rechtsangelegenheiten.

Volontär – ein Wort aus dem Französischen – bedeutet Freiwilliger. Volontär ist, wer ohne Lehrvertrag und unentgeltlich oder nur gegen ein Taschengeld in einem Betrieb arbeitet, um sich in einem Beruf aus- oder weiterzubilden.

Volt [wolt], abgekürzt V, hat man nach dem italienischen Physiker Graf Volta die Maßeinheit der elektrischen Spannung genannt. 1 Volt ist die elektrische Spannung, die bei 1 Ohm Widerstand eine Stromstärke von 1 Ampere erzeugt. Der in die Haushalte gelieferte elektrische Strom hat bei uns meist eine Spannung von 220 Volt (zum Teil noch 110 Volt).

Volta [wólta] heißt ein etwa 1600 km langer westafrikanischer Fluß. Er entsteht aus drei in der Republik Obervolta entspringenden Armen und mündet östlich Accra, der Hauptstadt von Ghana, in den Golf von Guinea. In seinem Unterlauf wurde er durch einen 640 m langen und 113 m hohen Damm zu einem riesigen See gestaut, an dem ein Kraftwerk steht.

Volta, Graf Alessandro [wólta], war ein italienischer Physiker, der von 1745 bis 1827 lebte. Er machte bahnbrechende Entdeckungen und Erfindungen auf dem Gebiet der Elektrizität. Die Maßeinheit der elektrischen Spannung (Volt) wurde nach ihm benannt.

Voltaire [woltähr] nannte sich der französische Philosoph und Dichter François-Marie Arouet, der von 1694 bis 1778 lebte. Er gilt als Hauptvertreter der Aufklärung. Wegen der Eleganz und der beißenden Ironie seines Stils bewunderte und fürchtete man ihn. Durch scharfe Kritik am absolutistischen Königtum und an der Macht der Kirche sowie durch sein mutiges Eintreten für die Menschenrechte wurde er zu einem der Wegbereiter der Französischen Revolution. Voltaire war ein Freund Friedrichs d. Gr. und lebte von 1750 bis 1753 an dessen Hof. Einer seiner Romane heißt: ›Candide‹.

Volumen [wolúhmen], ein Wort aus dem Lateinischen, wird der Rauminhalt eines festen, flüssigen oder gasförmigen Körpers genannt. Das Eigenschaftswort voluminös bedeutet umfangreich.

Vorarlberg, ein 2602 qkm großes österreichisches Bundesland mit Bregenz als Hauptstadt, erstreckt sich zwischen Alpenrhein und Bodensee im Westen und dem Arlberg im Osten. Neben der Vieh-, Land-

und Forstwirtchaft spielen die Textil- und die Uhrenindustrie sowie die Herstellung von Schokolade eine große Rolle. Durch zahlreiche Kraftwerke wurde Vorarlberg zu einem wichtigen Energielieferanten für ganz Österreich.

Vorbestraft ist, wer schon wegen einer Straftat verurteilt wurde. Vorbestrafte müssen bei erneuten Straftaten mit höheren Strafen rechnen. Vorstrafen werden ins Strafregister, das unter diesem Stichwort erläutert ist, eingetragen.

Vorderasien nennt man den westlichen Teil Asiens, der zwischen Mittelmeer, Schwarzem Meer, Kaspischem Meer, Persischem Golf, Arabischem Meer und Rotem Meer liegt. Dazu gehören die Halbinsel Kleinasien, Armenien, die Halbinsel Arabien mit den Ländern am östlichen Mittelmeer sowie Irak, Iran, Afghanistan und Turkestan.

Vorderindien erstreckt sich zwischen dem gewaltigen Massiv des Himalaja im Norden und dem Indischen Ozean im Süden. Im Osten wird es durch birmanische Gebirge und den Golf von Bengalen, im Westen durch das Bergland Belutschistans und das Arabische Meer begrenzt. Südlich des Himalaja befinden sich die weiten Schwemmlandschaften des Indus, Ganges und Brahmaputra mit ihren Deltamündungen. Die Wüste Thar und das auf der spitz zulaufenden vorderindischen Halbinsel liegende Hochland von Dekhan schließen sich an. Zur Westküste fällt das Hochland steil, zur Ostküste allmählich ab. Vorderindien hat tropisches Monsunklima. Bringen die Monsunwinde wenig Regen, verdorrt das Land, und die Menschen sind dem Hunger ausgeliefert. Angebaut werden, zum Teil mit Hilfe künstlicher Bewässerung, Reis, Weizen, Zukkerrohr, Baumwolle und Jute, an den Gebirgshängen Tee. Die Pflanzenwelt ist reich, riesige Laubwälder mit wertvollen Hölzern und immergrüne Tropenwälder herrschen vor. An den Küsten und Flußmündungen findet man Mangrovesümpfe, in Trockengebieten Savannen, Steppen und Wüsten. Elefanten, Tiger, Schlangen, Krokodile, Affen, Wildrinder und Wildschweine haben in Vorderindien noch ungeschmälert Lebensraum. An Bodenschätzen gibt es Steinkohle, Eisen, Kupfer, Zinn, Mangan, Bauxit, Gold und Edelsteine. In der Industrie stehen Spinnereien, Webereien, Eisen- und Stahlwerke an erster Stelle. Das Gebiet Vorderindiens deckt sich größtenteils mit dem Indiens, Anteil daran haben aber auch Pakistan und Bangla Desh. Die im Südosten vorgelagerte Insel Ceylon, die als Republik Sri Lanka unabhängig ist, gehört ebenfalls zu Vorderindien.

Vorderlader sind veraltete Handfeuerwaffen. Im Gegensatz zu Hinterladern, den modernen Waffen, werden bei ihnen Ladung und Geschoß von vorn durch die Mündung in den Lauf geschoben.

Vorgeschichte (Prähistorie) nennt man den Zeitraum, der mit dem Auftreten des Menschen auf der Erde beginnt und dort endet, wo die Geschichte anfängt. Die Vorge-

Vorg

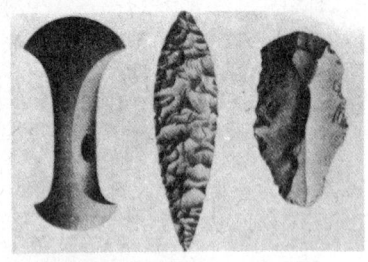

Faustkeil, Speerspitze und Steinbeil aus der Steinzeit

In der jüngeren Eisenzeit wurde das Roheisen in diesen Eisenbarren zum Verkauf angeboten.

schichte beschäftigt sich mit einer Zeit, aus der keinerlei schriftliche Überlieferungen vorliegen, während sich die Geschichte auf geschriebene Zeugnisse stützen kann. Zur Erforschung des Daseins und der Lebensformen früher Menschen ist die Vorgeschichte also auf Quellen anderer Art angewiesen. Das sind in erster Linie Bodenfunde, wie Knochen, Werkzeuge, Waffen, Geräte, Schmuck, Reste von Hausbau und Befestigungen, die bei Ausgrabungen, zum Teil als Grabbeigaben, ans Tageslicht kamen. Aber auch die Deutung aus frühesten Zeiten stammender und zunächst mündlich überlieferter Mythen und in Höhlen erhaltener Felszeichnungen gehört zur Vorgeschichte.

Drei entscheidende Abschnitte kennzeichnen die Entwicklung des Menschen. Sie werden von dem Material bestimmt, das der Mensch verwendete, und danach Steinzeit, Bronzezeit und Eisenzeit genannt. Diese Entwicklung haben alle Völker der Erde durchgemacht, unabhängig von dem Gebiet, in dem sie lebten. Doch liegen die gleichen Entwicklungsabschnitte bei vielen Völkern zeitlich verschieden. Die Steinzeit endete z. B. in Ägypten im 4. Jahrtausend v. Chr., in Neuguinea dauert sie zum Teil heute noch an. Für Mitteleuropa wird die Steinzeit (Paläolithikum) von 600 000 bis 2000 v. Chr. angesetzt. Bei den Stichwörtern »Steinzeit«, »Altsteinzeit«, »Mittelsteinzeit«, »Jungsteinzeit« und »Eisenzeit« ist Genaueres darüber zu finden.

In der Bronzezeit verstand man es schon, Nadeln zu schmieden.

In der anschließenden Bronzezeit, die von 2000 bis 1000 v. Chr. dauerte, konnte der Mensch bereits Metall verarbeiten. Er begann mit Kupfer, das er bald durch Beigabe von Zinn zu Bronze härtete. Damals gab es in Mitteleuropa, z. B. bei Salzburg, schon einen planmäßigen Bergbau auf Kupfer und Zinn. Die gewonnenen Erze wurden geschmolzen, zu Gegenständen gegossen und oft noch mit dem Hammer bearbeitet. So entstanden Messer, Beile, Speerspitzen, Helme, Schilde, Brustpanzer, Nadeln, Ringe, Armreifen, Gefäße und vieles andere aus Bronze.

Auf die Bronzezeit folgte die Eisenzeit, die schon aus der Vorgeschichte in die Frühgeschichte übergeht. Sie begann um 1000 v. Chr. und dauerte bis etwa 1000 n. Chr. Die Eisenzeit wird in die Hallstattzeit (unter diesem Stichwort beschrieben) und in die La-Tène-Zeit eingeteilt. In beiden Abschnitten wurde Eisen das Material zur Herstellung sämtlicher metallischer Geräte und Waffen.

Die relative Datierung ausgegrabener vorgeschichtlicher Gegenstände setzt die Kenntnis geologischer Schichten voraus. Ältere Gegenstände liegen in anderen, meist tieferen Erdschichten als jüngere. Die absolute Datierung in Jahreszahlen beruht heute auf chemischen und physikalischen Methoden, z. B. auf der Radiokarbonmethode. Während die Geschichte eine Zeit von ungefähr 6000 Jahren umfaßt, hat es die Vorgeschichte mit einem hundertmal größeren Zeitraum zu tun. Dabei hat sie vergleichsweise sehr wenig Material zu bieten, das auf die technischen, wirtschaftlichen, sozialen, kulturellen und religiösen Verhältnisse bei urgeschichtlichen Völkern schließen läßt.

Vorlesung oder Kolleg wird die laufende Vortragsreihe eines Hochschullehrers genannt.

Vormund nennt man den gesetzlichen Vertreter Minderjähriger, die keine Eltern haben. Auch Entmündigte brauchen einen Vormund. Hierüber ist beim Stichwort »Entmündigung« berichtet. Ein Vormund muß vom Vormundschaftsgericht ernannt bzw. bestätigt werden.

Vorsteherdrüse (Prostata) heißt ein Anhangsorgan der männlichen Geschlechtsorgane, das beim Stichwort »Fortpflanzungsorgane« erklärt ist.

Votivbilder findet man besonders in Wallfahrtskirchen. Es sind meist von

Votivbild ... Maria hat geholfen

Vulg

Laien gemalte Bilder, die als Zeichen der Dankbarkeit Gott oder demjenigen Heiligen gewidmet wurden, der ein an ihn gerichtetes Gebet erhört hat. Auf Votivbildern ist häufig die Gefahr dargestellt, die der Bedrohte durch sein Gebet abwenden wollte. Das lateinische Wort vovere heißt geloben, feierlich versprechen.

Vulgär, ein Wort aus dem Lateinischen, bedeutet gemein, gewöhnlich.

Vulkane sind feuerspeiende Berge. Man hat sie nach Vulcanus, dem römischen Gott des Feuers, so genannt. Sie haben die Form eines abgestumpften Kegels und sind oben durch einen Krater trichterförmig vertieft. Bei einem Vulkanausbruch dringt Magma (feuerflüssiges Gestein) durch einen in der Mitte des Kegels befindlichen Schlot unter gewaltigem Druck aus dem Erdinnern heraus. Das Magma ist vermischt mit Wasserdampf, Gasen, Rauch, Asche und Lapilli, die oft hoch und weit fortgeschleudert werden. Die Glutmassen ergießen sich über den Kraterrand und erstarren nach einiger Zeit zu Lava. (Siehe auch Stichwörter »Lapilli«, »Lava« und »Magma«)

Vulkanerde ist fruchtbar und für den Anbau von Wein besonders geeignet. Tätige Vulkane, die immer wieder ausbrechen, sind in Europa z. B. der Ätna und der Vesuv. Die meisten tätigen Vulkane befinden sich an den Küsten des Pazifischen Ozeans. Sogar in der Antarktis, inmitten einer Welt aus Eis, gibt es einen feuerspeienden Berg, den Mount Erebus. Erloschene Vulkane gibt es auch in Deutschland, beispielsweise den Hohentwiel bei Singen. Vulkanausbrüche gehören zu den furchtbarsten Katastrophen, von denen die Menschen heimgesucht werden. Bei den Stichwörtern »Krakatau«, »Martinique« und »Pompeji« wird darüber erzählt. (Siehe auch Farbtafel »Vulkane« Seite 96/97)

Vulkanisieren ist bei dem Stichwort »Kautschuk« beschrieben.

W

Waage heißt ein Meßgerät, mit dem Gewichte bestimmt werden. Man unterscheidet Hebelwaagen, Federwaagen, hydraulische und chemische Waagen. Bei Hebelwaagen wird ein bekanntes Gewicht mit einem unbekannten Gewicht ins Gleichgewicht gebracht. Balkenwaagen haben z. B. einen in seiner Mitte beweglich angebrachten, gleicharmigen Hebel (Waagebalken), an dessen beiden Enden je eine Schale hängt. In die eine Schale legt man das bekannte Gewicht, beispielsweise ein 500-Gramm- oder 1000-Gramm-Gewicht, in die andere Schale die zu wiegende Masse. Ungleicharmige Hebelwaagen sind die Dezimal- bzw. Zentesimalwaagen. Bei ihnen bringt ein Gewichtsstück eine zehn- bzw. hundertmal so schwere Last ins Gleichgewicht. Mit einem 5-kg-Gewicht kann man also 50 kg bzw. 500 kg wiegen. Diese erstaunliche Leistung wird dadurch erreicht, daß sich die Länge des Hebels, auf den die Gewichte einwirken, zur Länge des Hebels, auf den die zu wiegende Masse einwirkt, wie 1 : 10 bzw. 1 : 100 verhält. Besonders mit Zentesimalwaagen, den Brückenwaagen, können sehr schwere Gewichte, etwa ein beladener Lastwagen, gewogen werden. Laufgewichtswaagen haben verschiebbare Gewichte, Neigungswaagen, wie z. B. Briefwaagen, einen in einem Gelenk beweglichen Winkelhebel. Federwaagen übertragen die Formveränderung ihrer Federn, die dem Gewicht der aufgelegten Masse entspricht, auf eine Zeigerskala. Bei hydraulischen Waagen läßt sich das Gewicht an einem Manometer ablesen. Chemische Waagen sind beim Stichwort »Mikrowaage« beschrieben.

Waage wird auch das 7. Zeichen des Tierkreises genannt.

Wacholder (Machandel, Kranewit) wächst als Strauch oder kurzstämmiger Baum in Heide- und Moorgebieten, vielfach auch im Gebirge, wo er als Zwergwacholder noch jenseits der Baumgrenze zu finden ist. Die zu den Nadelhölzern gehörende Pflanze hat kurze, stechende graugrüne Nadeln und kleine Scheinbeeren, die zunächst grün, in der Reife dann blauschwarz sind. Sie werden als Küchengewürz und in der Schnapsbrennerei, z. B. für Gin, Steinhäger und Genever, verwendet.

Wachs ist bis 20 Grad Celsius fest, aber knetbar, bei steigender Temperatur wird es weich, bei 40 Grad beginnt es zu schmelzen. Es gibt natürliches Wachs, wie das Bienenwachs, und künstlich hergestelltes. Seine Hauptbestandteile sind höhere Paraffine. Wachs wird zur Herstellung von Kerzen, Schuhcreme Bohnermasse sowie in der pharmazeutischen und kosmetischen Industrie verwendet.

Wachstum nennt man die Eigenschaft aller Lebewesen, eine Größe und ein Gewicht zu erreichen, die ihrer Art entsprechen. Der Mensch

Wach

wächst etwa bis zum 25. Lebensjahr. Sein Wachstum wird durch innere Absonderung der Drüsen reguliert. Bei Drüsenstörungen kann Riesen- oder Zwergwuchs entstehen.

Wachtel heißt ein kleines Feldhuhn, das etwa die Größe einer Drossel hat. Wachteln halten sich hauptsächlich in Getreidefeldern auf, wo sie auch am Boden brüten. Durch ihr erdfarbenes Gefieder sind sie dort gut geschützt. Als Zugvögel überwintern sie im tropischen Afrika oder in Indien.

Wadi, ein arabisches Wort, bezeichnet ein tief eingeschnittenes, wasserloses Flußbett in den Wüstengebieten Nordafrikas und Arabiens. Bei den ganz seltenen, plötzlichen und starken Regenfällen füllt es sich mit reißendem Wasser.

Wächte wird eine Schneemasse genannt, die an Gebirgskämmen vom Wind über den Grat hinausgeweht wurde und überhängt. Wächten brechen leicht ab und können Lawinen auslösen.

Währung ist die in einem Staat gesetzlich festgelegte Geldeinheit, z. B. 1 Deutsche Mark = 100 Pfennig. Ausländische Zahlungsmittel werden Devisen, ausländisches Währungsgeld Valuta und ausländisches Bargeld (Münzen, Banknoten) Sorten genannt. Einige Beispiele ausländischer Währungen: Frankreich: 1 Franc = 100 Centimes, Großbritannien: 1 Pfund Sterling = 100 Pence, Italien: 1 Lira = 100 Centesimi, Niederlande: 1 Gulden = 100 Cent, Österreich: 1 Schilling = 100 Groschen, Schweiz: 1 Franken = 100 Rappen, UdSSR: 1 Rubel = 100 Kopeken, USA: 1 Dollar = 100 Cents.

Währungsreform nennt man im allgemeinen die Wiederherstellung einer Währung, deren Stabilität durch eine Inflation zerrüttet worden war. Im besonderen bezeichnet man damit die Neuordnung des deutschen Geldwesens vom 21. 6. 1948. Am Stichtag wurde die alte Reichsmark (RM) in die neue Deutsche Mark (DM) im Verhältnis 10:1 umgerechnet. Als sogenanntes Kopfgeld wurden pro Person lediglich 60,– RM in 60,– DM bar umgetauscht.

Wärme nehmen wir mit dem Temperatursinn (Wärme- und Kältesinn) unseres Körpers wahr. Wir stufen sie als heiß, warm oder lau ein, während wir kühl und kalt als Kälte empfinden. Um Wärme genau zu messen und zu vergleichen, benutzen wir ein Thermometer, das in Wärmegrade eingeteilt ist. Die Temperaturskala nach Celsius (C) ist in 100 Grade (°) zwischen dem Gefrierpunkt des Wassers ($0°$ C) und seinem Siedepunkt ($100°$ C) eingeteilt. Alle unter dem Nullpunkt liegenden Grade, die Minusgrade, z. B. $-10°$ C, messen Kälte. Es gibt noch andere Temperaturskalen, die veraltete nach Reaumur (R), die in den USA gebräuchliche nach Fahrenheit (F) und die in der Wissenschaft verwendete, nach Kelvin benannte (K), deren Nullpunkt (0 K) zugleich der absolute Nullpunkt ($-273,16°$ C) ist.

Physikalisch gesehen, ist Wärme die Bewegungsenergie von Molekülen. Je heftiger und schneller sie sich bewegen, desto höher ist die Temperatur. Die drei Aggregatzustände eines Körpers (fest, flüssig, gasförmig) sind die Erscheinungsformen seines Wärmezustands. Durch Wärmezufuhr wird eine feste Masse zur Flüssigkeit (sie schmilzt: aus Eis wird Wasser) und eine Flüssigkeit zu Gas (sie verdampft: aus Wasser wird Dampf). Im allgemeinen dehnen sich Körper durch Wärme aus. Deshalb haben z. B. Eisenbahnschienen die sogenannten Schienenstöße als Dehnungsfugen. Wasser macht eine Ausnahme. Es hat bei +4°C seine größte Dichte und dehnt sich beim Gefrieren aus. Die Wärmemenge wird in Kalorien (cal) gemessen. Auf der Tatsache, daß man Wärme in Arbeit und Arbeit in Wärme umsetzen kann, beruhen die Wärmekraftmaschinen.

Wärmedämmung ist eine neue Bezeichnung für Wärmeisolierung. Dämmstoffe, wie Styropor, Heraklith usw., sollen die Wärmeabgabe hemmen, eindämmen. Bei der zunehmenden Verknappung und Verteuerung von Heizmaterial muß besonders im Wohnungsbau auf vernünftige Wärmedämmung geachtet werden. Eine Wohnung sollte nach außen gut abgedichtet sein, bevor man mit dem Heizen beginnt.

Wärmeeinheit findet man beim Stichwort »Kalorie« erklärt.

Wärmekraftmaschinen wandeln Wärme in Arbeit um (siehe dazu die Stichwörter »Dampfmaschine«, »Dampfturbinen«, »Dieselmotor«, »Gasturbinen« und »Verbrennungsmotoren«).

Wärmelehre, siehe »Wärme«.

Waffenscheine berechtigen ihre Inhaber dazu, Waffen zu erwerben und zu besitzen. Sie werden von zuständigen Behörden nur dann ausgestellt, wenn wichtige Gründe den Besitz von Waffen rechtfertigen.

Waffenstillstand nennt man die Vereinbarung zwischen zwei kriegführenden Parteien, ihre Kriegshandlungen einzustellen. Ein Waffenstillstand ist meist die Vorstufe für Friedensverhandlungen. Waffenruhe dagegen ist nur eine kurzfristige Feuereinstellung, z. B. um Verwundete zu bergen.

Wagen sind Fahrzeuge mit Rädern, die durch die Kraft von Menschen, Tieren oder Maschinen bewegt werden. In Babylonien baute der Mensch die ersten Wagen, zweirädrige Karren, deren Räder aus massiven Holzscheiben bestanden. Bereits im 3. Jahrtausend v. Chr. tauchten im Orient Speichenräder auf. Im Altertum hatte man zweirädrige Streitwagen. Zum Transportmittel für schwere Lasten wurde der inzwischen auch mit vier Rädern versehene Wagen erst im frühen Mittelalter, als das Kumt (Kummet), das Halsjoch für Zugtiere, erfunden war. Mit der Verbesserung der Straßen entwickelte sich der Wagen zu einem immer bequemeren Gefährt. Er wurde gefedert und erhielt ein Verdeck. Fürsten fuhren in Prunkwagen, den Karossen, Herrschaften in Equipagen. Die bürgerliche Reisekutsche und die Postkutsche mit dem Postillion, der das Posthorn blies, spielten bis in die Mitte des 19. Jahr-

Wagn

hunderts hinein eine wichtige Rolle. Ab 1818 übernahmen von Pferden gezogene Omnibusse den regelmäßigen Personenverkehr zwischen Nachbarorten. Allmählich wurden alle Gespanne, die Ein-, Zwei- oder Mehrspänner, von der Eisenbahn verdrängt, deren Wagen wie schon die der städtischen Pferdebahnen auf Schienen liefen. Der Kraftwagen ist die letzte Form in der langen Geschichte des Wagens. In Amerika gab es vor seiner Entdeckung durch die Spanier weder Wagen noch Pferde. Erst die Eroberer brachten mit Pferden bespannte Wagen in die Neue Welt mit.

Zwei Sternbilder heißen ebenfalls Wagen: der Große und der Kleine Wagen. Sie werden auch Großer und Kleiner Bär genannt. Beim Stichwort »Bären« sind sie beschrieben. (Siehe auch Abbildung Band 1, Seite 62)

Wagner, Richard, ein bedeutender deutscher Komponist, lebte von 1813 bis 1883. Er begründete durch seine Werke eine neue Form der Oper, das Musikdrama. Mit der Einheit von Musik, Dichtung und Ausstattung strebte Wagner das Gesamtkunstwerk an. Die Texte seiner Opern schrieb er selbst. Neu an seiner Musik waren außer der raffinierten Ausschöpfung des Orchesterklangs die Leitmotive, die er immer wieder aufklingen ließ, wenn bestimmte Personen erschienen oder gewisse Stimmungen erzeugt werden sollten.

Nach ruhelosen Jahren erhielt Wagner 1864 die Unterstützung König Ludwigs II. von Bayern, der ihm auch den Bau des Festspielhauses in Bayreuth ermöglichte. Seit 1872 finden die Bayreuther Festspiele statt, bei denen ausschließlich Wagners Werke aufgeführt werden. Nach dem Tode ihres Mannes übernahm Cosima Wagner, eine Tochter von Franz Liszt, die Leitung der Festspiele, später ihr Sohn; ihm folgten die Enkel. Wagners bekannteste Werke sind ›Der Fliegende Holländer‹, ›Lohengrin‹, ›Tannhäuser‹, ›Der Ring des Nibelungen‹, (›Das Rheingold‹, ›Die Walküre‹, ›Siegfried‹, ›Götterdämmerung‹), ›Tristan und Isolde‹, ›Die Meistersinger von Nürnberg‹ und ›Parsifal‹.

Wahlpflicht besteht in der Bundesrepublik Deutschland nicht. Den Staatsbürgern wird jedoch empfohlen, sich an Wahlen zu beteiligen.

Wahlrecht heißt in der Bundesrepublik Deutschland das Recht jedes Staatsbürgers, zu wählen (aktives Wahlrecht) und gewählt zu werden (passives Wahlrecht), falls er das 18. Lebensjahr vollendet hat. Durch Wahlen bestimmt das Volk seine Vertretung im Bundestag, Landtag, Kreistag und Stadt- bzw. Gemeinderat. Das Wahlrecht ist in den Verfassungen des Bundes und der Länder verankert; es sieht allgemeine, gleiche, geheime und direkte Wahlen vor. Der deutsche Bundespräsident wird indirekt gewählt, und zwar von der Bundesversammlung, die sich aus den Mitgliedern des Bundestags und der gleichen Anzahl von Vertretern der Länder zusammensetzt.

Wald

Wahrscheinlich ist ein Ereignis dann, wenn es mit Sicherheit eintreten kann, ohne daß es mit Sicherheit eintreten muß. Beispiel: Bei einem guten Wetterbericht ist das Wetter am nächsten Tage wahrscheinlich gut.

In der Mathematik berechnet man die Wahrscheinlichkeit für den Eintritt eines Ereignisses aus dem Verhältnis der Anzahl von günstigen Fällen zur Anzahl von möglichen Fällen. Am Beispiel eines Würfels sieht das so aus: Die Wahrscheinlichkeit, mit einem Würfel z. B. 3 Augen zu werfen, ist 1 : 6. Die Zahl der günstigen Fälle ist 1 (die 3 kann nur einmal erscheinen), die Zahl der möglichen Fälle ist 6 (es können 6 verschiedene Zahlen erscheinen). 1 : 6 = 0,1667. Die Wahrscheinlichkeit ist immer eine Zahl zwischen 0 und 1. Wäre sie gleich 0, würde das Ereignis mit Sicherheit nicht eintreten. Wäre sie gleich 1, würde es hingegen mit Sicherheit eintreten. Um beim Würfel zu bleiben: Gäbe es darauf gar keine 3, so wäre die Wahrscheinlichkeit, eine 3 zu werfen, 0 : 6 = 0, und tatsächlich könnte man ja auch keine 3 Augen werfen. Gäbe es aber auf dem Würfel auf allen Flächen nur die 3, so wäre die Wahrscheinlichkeit, eine 3 zu werfen, 6 : 6 = 1, denn tatsächlich könnte man ja auch nur 3 Augen werfen. Wahrscheinlichkeitsrechnungen werden in der Physik bei der Quantentheorie, in der Biologie bei der Vererbungslehre, bei Statistiken und im Versicherungswesen gebraucht.

Waisen sind Kinder oder Jugendliche ohne Eltern. Vollwaisen haben beide Eltern, Halbwaisen einen Elternteil verloren. Solange Waisen minderjährig sind, haben sie einen Vormund. Für ihre Unterbringung und Erziehung sorgt das Jugendamt. Man bringt sie heute möglichst nicht mehr in Waisenhäusern, sondern in Familien oder Kinderdörfern unter. In Kinderdörfern leben sie in Familiengruppen zusammen mit einer Frau, die die Mutterstelle an ihnen vertritt.

Walachei heißt eine rumänische Landschaft, die sich zwischen den Südkarpaten, dem Schwarzen Meer und der Donau erstreckt. Infolge seines Lößbodens ist das Gebiet besonders fruchtbar. In Ploesti, nördlich von Bukarest, befindet sich das Zentrum der rumänischen Erdölgewinnung.

Walchensee ist der Name eines oberbayerischen Alpensees, der 16,4 qkm groß und bis zu 192 m tief ist. Der Höhenunterschied zum 200 m tiefer liegenden Kochelsee wird im Walchenseekraftwerk zur Stromgewinnung genutzt.

Wald kennen wir als Nadelwald, Laubwald und Mischwald. Nadelwälder sind am häufigsten, sie werden von Kiefern, Fichten, Tannen und Lärchen gebildet. Die am weitesten verbreiteten, lockeren Kiefernwälder lassen auch anderen Pflanzen Licht zum Wachsen. Fichtenwälder findet man im Mittel- und Hochgebirge, wo sie bis zur Waldgrenze steigen. Tannenwälder sind in Deutschland, außer im Schwarz-

Wald

wald, ziemlich selten. In dichten Fichten- und Tannenwäldern fehlt meistens das Unterholz, dadurch wirken sie ein wenig schwermütig und eintönig. Nur Farne, Moose und Pilze können dort gedeihen. Lärchenwälder gibt es vor allem im Hochgebirge. In Laubwäldern wachsen Buchen, Eichen und Birken, vereinzelt auch Linden, Ahorne, Ulmen und Eschen. In den Auwäldern an Flußufern gibt es Weiden, Erlen und Pappeln. Im Frühling sind die Laubwälder licht, und man findet dort viele Frühlingsblumen, wie Anemonen, Leberblümchen, Primeln und Maiglöckchen. Auch im übrigen Jahr gedeihen in Laubwäldern zahlreiche Bodenpflanzen. Mischwälder zeigen einen Bestand aus verschiedenen Baumarten. Sie sind gegen Schädlinge, wie Nonnen, Kiefernspinner, Borkenkäfer, sehr viel widerstandsfähiger als Reinbestände. Ganze Nadelwälder sind schon durch Schädlinge, die sich dort stärker ausbreiten können, vernichtet worden. Da Mischwälder auch gegen Windbruch widerstandsfähiger sind, zieht man sie heutzutage reinen Nadel- oder Laubwäldern vor.

Wälder sind für eine Landschaft, für Menschen und Tiere sehr wichtig. Sie beeinflussen das Klima, speichern Feuchtigkeit, halten Wind und Sturm ab, schützen vor Versteppung und verhindern, daß der Boden abgetragen wird. Sie bieten auch Schutz gegen Hochwasser und halten als Bannwälder sogar Lawinen auf. Ein gesunder Wald ist eine heile Lebensgemeinschaft von Pflanzen und Tieren. Den Tieren, die er ernährt, die dort schlafen und nisten, bietet er eine Zuflucht. Wirtschaftlich genutzten Wald nennt man Forst, der unter diesem Stichwort erläutert ist. Mehr über den Wald steht auch bei den Stichwörtern »Dschungel«, »Regenwald« und »Urwälder«.

Waldmeister duftet so stark, daß man ihn im leichten Schatten des Buchenwalds sofort findet. Er wird zum Würzen von Maiwein und Maibowle verwendet. Beim Echten Waldmeister stehen 6 bis 8 Blättchen im Quirl an dem vierkantigen Stengel. Die niedere Pflanze hat kleine weiße Blütensterne.

Waldorfschulen beruhen auf den Grundsätzen der anthroposophischen Erziehungslehre. Musische und handwerkliche Fächer werden stärker berücksichtigt als auf anderen Schulen. In zwölf Schuljahren werden Jungen und Mädchen gemeinsam erzogen. Es gibt keine Prüfungen und kein Sitzenbleiben. Ein 13. Schuljahr dient der Vorbereitung auf das Abitur. Die Waldorfschulen wurden 1919 von dem Anthroposophen Rudolf Steiner gegründet, daher nennt man sie häufig auch Steiner-Schulen.

Waldreben gehören zu den Hahnenfußgewächsen. Sie klettern besonders an Laubbäumen, die an Waldrändern stehen, empor und rauben ihnen Luft und Licht. Ihre duftenden Blüten sind grünlichweiß. Die Pflanze ist giftig.

Wale
Hilfe für »Moby Dick«

Im vorigen Jahrhundert noch war die Jagd nach dem Wal ein Wagnis. Nicht selten zertrümmerte der vieltonnenschwere Meeressäuger Teile des Fangschiffs mit gewaltigen Schlägen, bis Wrack und Mannschaft versanken. Die Jäger und die Gejagten hatten gleiche Chancen. Die Bestände der Wale waren ausreichend, und von einer Dezimierung (zahlenmäßigen Verringerung) konnte damals noch keine Rede sein.

Es war schon nicht einfach, die Kolosse aufzuspüren, und wenn sie erlegt waren, mußten sie zur Verarbeitung an Land gebracht werden. Wenigstens waren die nur langsam schwimmenden Glattwale schnell eingeholt, und ihre dicke Speckschicht ließ sie auch in totem Zustand noch an der Wasseroberfläche schwimmen. Die Fangstationen befanden sich auf Inseln im Nordpolargebiet. Dort wurde die angeschleppte Beute zerlegt und verarbeitet. Am Walfang im hohen Norden waren im 18. Jahrhundert Briten, Deutsche und Holländer beteiligt. Aus dem Speck der Wale wurde Tran und aus den Barten das industriell wertvolle »Fischbein« gewonnen. Als im Jahre 1870 die Margarine erfunden wurde und weite Teile der Bevölkerung diesen preiswerten Brotaufstrich schätzten, eröffnete diese Tatsache dem Walfang

Der Schwertwal heißt auch Killer- oder Mörderwal. Er wird sechs bis neun Meter lang und ist in allen Weltmeeren verbreitet. Er ist fähig, 30 Seehunde hintereinander unzerteilt zu verschlucken. Mit Menschen kann sich der zu den Delphinen gehörende, räuberische Wal dagegen ziemlich gut anfreunden.

Wale

40 Jahre lang lief der Walfang auf vollen Touren. Jetzt wissen auch die Fänger, daß sie über kurz oder lang die Jagd erheblich einschränken, in manchen Gebieten sogar beenden müssen.

neue Möglichkeiten, denn zur Margarineherstellung brauchte man Tran.

Zum Walfang wurden Dampfschiffe eingesetzt, und bald begannen diese, mit der Granatharpune an Bord auszulaufen. Die Kanone schoß dem Wal nicht mehr nur eine gewöhnliche Harpune in den Leib, sondern eine Granate, die das Tier schnell tötete. Immer schnellere und wendigere Dampfer wurden für den Walfang konstruiert, denn man wollte die flinken und schnellschwimmenden Wale verfolgen können. Die Pottwale z. B. können über eine kurze Zeitspanne bis zu 37 Kilometer in der Stunde schwimmen, die großen Furchenwale erreichen sogar eine Höchstgeschwindigkeit von 50 Stundenkilometern. Mit diesen Geschwindigkeiten können die Wale selbst mit großen, modernen Schiffen Schritt halten.

Schnell gingen infolge der sich gewaltig ausweitenden Jagd die Walbestände im Norden so stark zurück, daß sich der Fang dort kaum noch lohnte. Der langsame Grönlandwal starb aus, bald waren auch die Bestände der Blau-, Finn- und Pottwale sehr stark verringert. Das ferne Südpolarmeer um die Antarktis herum hatte dagegen noch große Walbestände und lockte die Walfänger an. Im Südpolargebiet aber mußten die Walfangflotten Mittel und Wege finden, die Entfernung zwischen Fangort und Verarbeitungsmöglichkeit zu verringern. Nur so konnten sie rentabel arbeiten. Deshalb wurde 1923 die »schwimmende Fabrik« erfunden. Bei diesem Walfangmutterschiff, das an einem günstigen Punkt im Ozean stationiert war, lieferten die Fangschiffe ihre Beute zur weiteren Verarbeitung ab. Sie konnten dann sofort kehrtmachen, um zur weiteren Jagd aufzubrechen.

Der Walfang hatte in der Zeit vor dem Zweiten Weltkrieg seinen Höhepunkt. Um 1930 waren in der Antarktis etwa 40 Walfangmutterschiffe mit ihren Fangbooten stationiert. In der Saison 1930/31 schoß man 28 325 Blauwale. Aber schon in den dreißiger Jahren erhoben sich Stimmen von Zoologen, die darauf hinwiesen, daß die Vermehrung der Wale nur langsam vor sich gehe und mit den jährlichen Abschußzahlen nicht im Einklang stehe. Sie sollten recht behalten. Nach 1945 ging man daran, den Walfang langsam zu stoppen. Eine Reihe von Ländern schloß sich zu einem Abkommen zusammen. Auf internationaler Basis und auf der Grundlage wissenschaftlicher Ergebnisse sollte der Walfang in jährlichen Abschußraten festgelegt werden. Eine solche Regelung hätte natürlich vor allem für die Arktis schon viel früher getroffen werden müssen. Die Walabschußraten wurden nun nach Blauwaleinheiten (abgekürzt BWE) berechnet, was bedeutet, daß eine Blauwaleinheit dem Fang von einem Blauwal oder zwei Finnwalen bzw. sechs Seiwalen entspricht. Im Jahre 1963/64 wurden noch 10 000 BWE genehmigt. 1964/65 waren es nur noch 8000 BWE. Aber bereits 1963/64 konnte die für diesen Zeitraum genehmigte Anzahl gar nicht erreicht werden. Die Walfangschiffe erreichten damals nur 8429 Blauwaleinheiten, deshalb wurde 1968/69 die Fangrate auf 2700 BWE herabgesetzt. 1969/70 wurden 2477 BWE als abgeschossen gemeldet. Für das Fangjahr 1970/71 wurden als Fangrate abermals 2700 BWE freigegeben.

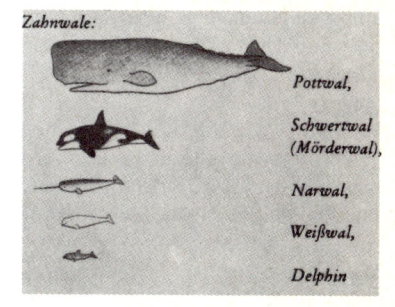

Bartenwale:
Blauwal,
Nordkaper,
Buckelwal

Zahnwale:
Pottwal,
Schwertwal (Mörderwal),
Narwal,
Weißwal,
Delphin

Bald kam der Verdacht auf, daß die Walfänger viele Tiere illegal erbeuteten. Man vermutete außerdem, daß vor allem Jungtiere, die nicht abgeschossen werden durften, in den Aufzeichnungen der Walfänger als größer angegeben wurden. Die internationale Walfangkommission stellte fest, daß, wenn in den antarktischen Gebieten der frühere Walbestand so schnell wie möglich wieder erreicht werden sollte, z. B. beim Blauwal etwa 50 Jahre lang aus den

Wale

gegenwärtigen Beständen kein Abschuß vorgenommen werden dürfte. Bei den Finnwalen wäre die Wartezeit auf »nur« acht Jahre beschränkt. Die große Zeit der Waljagd ist endgültig vorbei.

• • •

Wales [uéhlß] heißt ein halbinselartig in die Irische See vorspringender Landesteil Großbritanniens. Das regenreiche Bergland hat ein rauhes Klima und ist wegen seiner großen Heide- und Moorgebiete weniger fruchtbar. Doch hat sich durch die reichen Kohlen- und Eisenerzlager in Wales eine bedeutende Hütten- und metallverarbeitende Industrie entwickelt. Größte Stadt und zugleich wichtigster Hafen ist Cardiff. Die Bevölkerung (Waliser) spricht zum Teil noch einen keltischen Dialekt. Seit 1301 führen die britischen Thronfolger den Titel »Prince of Wales«.

Walhall war in der altgermanischen Göttersage die Toten- und Ehrenhalle Odins. Dort durften gefallene Helden bei Gelagen und Kampfspielen weiterleben.

Walküren nannten die alten Germanen göttliche Jungfrauen, die auf der Walstatt unter den Toten des Schlachtfelds die Tapfersten auswählten und sie nach Walhall geleiteten. ›Die Walküre‹ heißt der 2. Teil des ›Ring des Nibelungen‹ von Richard Wagner.

Wallach ist die Bezeichnung für einen kastrierten Hengst.

Wallenstein, Albrecht von, Herzog von Friedland, lebte von 1583 bis 1634. Im Dreißigjährigen Krieg war er kaiserlicher Heerführer. Nach großen Erfolgen wurde er 1634 abgesetzt und in der böhmischen Stadt Eger ermordet. In dem Trauerspiel ›Wallenstein‹ hat Schiller das Schicksal des Feldherrn dargestellt.

Wallfahrt wird die Wanderung oder Reise zu einer heiligen Stätte genannt. Die katholische Kirche kennt heute noch viele Wallfahrtsstätten, z. B. das Heilige Grab in Jerusalem, die Peterskirche in Rom, die Kapelle des heiligen Antonius in Padua, die heilkräftige Quelle von Lourdes, die Schwarze Madonna in Tschenstochau, das wundertätige Marienbild in Altötting. Ein Gelübde oder die Bitte um Vergebung einer Sünde, um Erlösung von einem Leiden und um Erfüllung eines Anliegens sind die häufigsten Gründe für eine Wallfahrt.

Wallis (französisch Le Valais) heißt ein 5231 qkm großer Kanton im Südwesten der Schweiz mit Sitten (Sion) als Hauptstadt. Die 200 000 Einwohner (Walliser) sprechen überwiegend Französisch. Das Wallis liegt zwischen dem Südabfall der Berner und dem Kamm der Walliser Alpen, der die Grenze zu Italien bildet. Es umfaßt das obere Tal der Rhône von ihrem Ursprung bis zum Genfer See. In den stark vergletscherten Walliser Alpen erheben sich die höchsten Gipfel der Schweiz, die Dufourspitze im Monte-Rosa-Massiv mit 4635 m, der Dom mit 4551 m und das Matterhorn mit

4479 m. Im Gebirge lebt die Bevölkerung von Alpwirtschaft, Viehzucht und vor allem vom Fremdenverkehr, im üppigen Rhônetal vom Wein- und Obstbau. Als Sommerfrischen und Wintersportplätze sind Zermatt und Saas-Fee weltbekannt.

Wallonen nennt man die romanische Bevölkerung im südlichen Belgien, die eine französische Mundart spricht. Der germanische Volksteil heißt Flamen. Von ihnen ist unter diesem Stichwort erzählt.

Wallstreet [uóllßtriht] ist der Name einer Straße in New York. Da sich dort die Börse und zahlreiche Bankhäuser befinden, bezeichnet man mit dem Wort Wallstreet symbolisch den nordamerikanischen Kapitalmarkt.

Walmdach wird das Satteldach eines Hauses genannt, dessen Giebelseiten abgeschrägt und ebenfalls gedeckt sind. Eine Abbildung des Walmdachs ist bei dem Stichwort »Dach« zu sehen.

Walnußbäume wurden aus dem Orient in Europa eingeführt. Sie gedeihen nur in Gegenden mit mildem Klima. Ein Nußbaum kann 25 m hoch und 400 Jahre alt werden. Seine Blätter sind gefiedert, seine Blüten unscheinbar. Das Fleisch der pflaumengroßen Steinfrucht ist wie bei den Mandeln ungenießbar. Walnuß nennt man den von einer holzigen Schicht umgebenen, ölreichen Samen. Nußbaumholz ist wertvoll und wird für Möbel verwendet.

Walroß heißt ein Säugetier, das sich dem Leben im Wasser der nördlichen Meere vollkommen angepaßt hat. Walrosse bilden eine Familie der

Erst die erwachsenen Walroßbullen besitzen die etwa 75 cm langen Hauer. Wegen dieser Eckzähne aus Elfenbein werden die Tiere auch heute noch gejagt.

Robben. Sie haben eine dicke lederbraune Haut, eine kurze Schnauze und dichte Schnurrborsten, sie können 4,5 m lang und 20 Zentner schwer werden. Die bis zu 75 cm langen Eckzähne der Männchen sind mächtige Hauer. Die Tiere schwimmen und tauchen sehr gut. Im Gegensatz zu den Seehunden bewegen sie sich außerhalb des Wassers mit ihren Flossenarmen und Beinen watschelnd fort. Die gesellig lebenden Walrosse ernähren sich vorwiegend von Krebsen und Muscheln. Da sie wegen ihrer Haut und ihrer Zähne, vor allem aber wegen des Trans gejagt werden, sind sie von der Ausrottung bedroht.

Walsertal werden zwei Täler im österreichischen Bundesland Vorarlberg genannt. Das Große Walsertal, ein Seitental der Ill, wird zum Bodensee hin entwässert. Das von der Breitach durchflossene Kleine Walsertal, seit 1891 ein deutsches Zollgebiet, ist nur über Oberstdorf im Allgäu zu erreichen. Beide Täler sind im Sommer und im Winter beliebte Urlaubsgebiete. Den gemeinsamen Namen verdanken sie den aus dem Wallis stammenden Walsern, die sich im 13. Jahrhundert dort ansiedelten.

Walther von der Vogelweide gilt als der bedeutendste deutschsprachige Dichter des Mittelalters. Er wurde um 1170 vermutlich in Niederösterreich geboren und lebte zunächst als Minnesänger am Hof in Wien. Später zog er als »Fahrender« durchs Land. Schließlich erhielt er von Kaiser Friedrich II. ein Lehen bei Würzburg, wo er um 1230 starb. Neben Naturgedichten und Liebesliedern verfaßte er auch politische Spruchdichtungen, in denen er für den Kaiser und gegen den Papst Stellung nahm. Ein Gedicht von ihm fängt so an:
Dô der sumer komen was
und die bluomen dur daz gras –
(Siehe auch Stichwort »Minnesang«)

Walzer ist ein Tanz im $^3/_4$-Takt. Als Wiener Walzer mit der Musik von Joseph Lanner, Emil Waldteufel sowie Johann Strauß (Vater und Sohn) fand der Walzer seinen Höhepunkt. Schubert, Chopin, Brahms und andere Komponisten schrieben Konzertwalzer.

Walzwerk nennt man einen Betrieb zur Verarbeitung durch Walzen. Auf sogenannten Walzenstraßen werden Eisen- oder Stahlblöcke gestreckt und in bestimmte Formen gebracht. Auf diese Weise entsteht Band-, Flach-, Rund-, Quadrat- und Profileisen.

Wandalen (Vandalen) waren ein germanischer Volksstamm. Ursprünglich lebten sie in Skandinavien, später an der oberen Oder. Während der Völkerwanderungszeit zogen sie um 400 n. Chr. von dort aus nach Westen. Nachdem sie den Rhein, die Pyrenäen und die Meerenge von Gibraltar überquert hatten, gründeten sie in Nordafrika ein Reich mit Karthago als Hauptstadt. Schließlich beherrschten sie das westliche Mittelmeer. 534 unterlagen sie dem oströmischen Feldherrn Belisar, der ihr Reich zerstörte.

Wandelndes Blatt hat man die ostindische Gespenstheuschrecke genannt. (Siehe auch Stichwort »Mimese«)

Wandelsterne ist eine andere Bezeichnung für Planeten. Unter dem Stichwort »Planet« ist alles über diese Himmelskörper zu finden.

Wanderheuschrecken sind beim Stichwort »Heuschrecken« beschrieben.

Wanderpreis nennt man einen Sportpreis, der erst dann endgültig in den Besitz des Siegers übergeht, wenn er ohne Unterbrechung mehrmals (meistens dreimal) hintereinander von ihm gewonnen wurde.

Wandertrieb wird bei bestimmten Tieren der regelmäßig oder unregelmäßig auftretende Drang zum Wandern genannt. Fast alle diese Tiere ziehen gesellig mit ihren Artgenossen, oft in großen Scharen. Nahrungsmangel oder das Suchen nach Plätzen, die für die Fortpflanzung günstig sind, liegen dem Wandertrieb in den meisten Fällen zugrunde. Bei den Stichwörtern »Aale«, »Heringe«, »Heuschrecken«, »Lachs«, »Lemminge« und »Vogelzug« steht mehr zu diesem Thema.

Wandmalerei unterscheidet sich von Tafelmalerei dadurch, daß sie ortsgebunden ist. Außer den Wänden eines Gebäudes können auch seine Decken und Gewölbe bemalt werden. Wandmalereien können auf den noch feuchten Putz (al fresco) oder auf den bereits getrockneten Putz (al secco) aufgetragen werden. Auch Sgraffito ist eine Technik der Wandmalerei. Sie wird hauptsächlich zum Fassadenschmuck angewendet. Weiteres hierzu findet man bei den Stichwörtern »Fresko«, »Sgraffito« und »Tafelmalerei«.

Wankelmotor ist beim Stichwort »Drehkolbenmotor« erklärt.

Wanzen bilden eine Ordnung der Schnabelkerfe. Sie sind käferähnliche, geflügelte oder flügellose Insekten, die stechende und saugende Mundwerkzeuge haben und die sich als Schmarotzer von Pflanzensäften sowie Tier- und Menschenblut ernähren. Zu den Landwanzen gehören Baum-, Feuer-, Hauswanzen und Wasserläufer. Für den Menschen ist die schlecht riechende, lichtscheue Bettwanze, eine Art Hauswanze, am unangenehmsten. Sie lebt in schmutzigen Wohnungen, in Ritzen, hinter Bildern und Tapeten versteckt. Ihr Stich ruft nicht nur quälenden Juckreiz hervor, sondern kann auch gefährliche Krankheiten, wie die Pest, übertragen. Zu den unter Wasser lebenden Wasserwanzen gehören Rückenschwimmer, Stabwanzen und Wasserskorpione. Die beiden letzten haben ein Atemrohr, die Rückenschwimmer eine Atemöffnung am Hinterende. Über den Wasserläufer wird bei diesem Stichwort berichtet.

Wapiti heißt der größte Edelhirsch, der etwa 2,30 m lang und 1,70 m hoch wird. In Nordamerika, wo er am häufigsten vorkommt, wird er auch Elk oder Kanadischer Hirsch genannt, in Asien Sibirischer Wapiti oder Altaiwapiti. Wapiti ist ein indianisches Wort.

Wappen sind Abzeichen, die von Personen oder Gemeinschaften als unverwechselbare Kennzeichen geführt werden. Die Wörter Wappen und Waffen bedeuteten ursprünglich

In fast allen Stadt- und Familienwappen findet man Tiere.

dasselbe. Im Mittelalter war der gewappnete, d. h. mit Waffen versehene, Ritter in seiner Rüstung für Freund und Feind nicht zu erkennen. Daher wurde es bei den Rittern Sitte, auf dem Schild oder Helm ein Zeichen anzubringen, an dem man sie erkennen konnte, z. B. eine schwarze Rose oder einen goldenen Raben. Diese Zeichen gal-

Warä

ten bald für das ganze adlige Geschlecht. Die Form von Schild und Helm wurde beibehalten. Später legten sich auch hohe Geistliche, Bürger und Zünfte Wappen zu, Städte, Länder und Staaten führten Wappen als Hoheitszeichen. Auf Siegelringen ist heute noch oft ein altes Familienwappen eingraviert. Beliebte Wappenzeichen waren Löwe, Bär, Adler, Drache, Greif, Rose, Lilie, Kreuz, Stern und Schlüssel. Wappenkunde nennt man auch Heraldik. Unter diesem Stichwort ist Weiteres hierzu erzählt.

Waräger waren ein schwedischer Normannenstamm. Unter Rurik gründeten sie das Russische Reich. (Siehe auch Stichwörter »Normannen«, »Rurik« und »Rußland«)

Warane bilden eine Familie räuberischer Rieseneidechsen. Sie haben eine lange, tiefgespaltene Zunge und einen sehr langen Schwanz. Warane leben in Südasien, im indo-australischen Raum und in Nordafrika, wo sie als Nil-Warane dem Gelege der Krokodile nachstellen. Die Komodo-Warane auf der kleinen Insel Komodo in der Sundasee werden über 3 m lang und sind die größten lebenden Echsen.

Warmblüter werden Menschen, Säugetiere und Vögel genannt, weil ihre Körpertemperatur von der Außentemperatur unabhängig ist und, außer im Krankheitsfall, weitgehend gleichbleibt. Die Durchschnittstemperatur von Menschen und Säugetieren liegt bei 36–37 Grad, die von Vögeln bei 42–44 Grad. Tiere, deren Körpertemperatur mit der Außentemperatur wechselt, sind bei dem Stichwort »Kaltblüter« beschrieben.

Warmblut nennt man bei Pferden alle Vollblut- und Halbblutrassen. Über das Kaltblut ist beim Stichwort »Pferd« mehr berichtet.

Warna (Varna), die größte bulgarische Hafenstadt, liegt am Schwarzen Meer. Sie hat rund 200 000 Einwohner und ist ein bedeutender Handels- und Kriegshafen. Nördlich von Warna befindet sich das bekannte Seebad »Goldstrand«.

Warschau (polnisch Warszawa) ist die Hauptstadt der Republik Polen. Die beiderseits der Weichsel liegende Stadt hat 1,4 Millionen Einwohner. Im Jahre 1596 verlegte der polnische König seine Residenz von Krakau nach Warschau, das sich dadurch zur bedeutendsten Stadt Polens entwickelte. Heute bildet Warschau mit der Universität, den verschiedenen Hochschulen, Bibliotheken, Museen und Theatern das kulturelle und mit seiner vielseitigen Industrie auch das wirtschaftliche Zentrum des Landes. Im Zweiten Weltkrieg ließ Himmler 1943 das Warschauer Getto vollständig zerstören. 1944 wurde die schöne alte Stadt auf Befehl Hitlers zum größten Teil dem Erdboden gleichgemacht. Seit 1950 wurden die wichtigsten der zerstörten alten Bauwerke allmählich historisch getreu wieder aufgebaut.

Warschauer Pakt wird der 1955 in Warschau zwischen den meisten europäischen Staaten des Ostblocks geschlossene Freundschafts- und

Beistandsvertrag genannt. Zu den Ostblockstaaten gehörten Bulgarien, Polen, Rumänien, die Tschechoslowakei und Ungarn. Die Deutsche Demokratische Republik (DDR) trat dem Pakt 1956 bei. Als Militärbündnis bildet der Warschauer Pakt die Grundlage für die Stationierung sowjetischer Truppen in den genannten Staaten.

Wartburg heißt eine Burg bei Eisenach in Thüringen in der heutigen DDR. Ihre ältesten Teile stammen aus dem 11. Jahrhundert. Auf der Wartburg lebte 1221 bis 1227 die heilige Elisabeth, die gegen den Willen ihres Gemahls die Armen versorgte. Außerdem fand Martin Luther, als er geächtet wurde, auf der Wartburg von 1521 bis 1522 Zuflucht. Während seines dortigen Aufenthalts übersetzte er das Neue Testament in die deutsche Sprache.

Warzen sind höchstens erbsengroße, zerklüftete Hautwucherungen, die hauptsächlich an Händen und Füßen sowie im Gesicht auftreten. Sie können von einem Virus erzeugt und daher ansteckend sein. Im allgemeinen sind Warzen harmlos, wenn auch lästig und häßlich. Manchmal erscheinen und verschwinden sie gleichsam »über Nacht«.

Waschbär hat man einen kleinen Bären genannt, der beim Stichwort »Bären« beschrieben ist.

Washington [uóschingtn] wurde die Hauptstadt der USA nach George Washington, dem ersten Präsidenten des Staats, genannt. Die 1790 gegründete und planmäßig angelegte Stadt zählt heute rund 750 000 Einwohner (mit Vororten 2,8 Millionen). Sie liegt am unteren Potomac in einer waldreichen Umgebung und hat wenig Industrie. Es gibt in Washington keine Wolkenkratzer, da durch Gesetz kein Gebäude höher sein darf als der 169 m hohe Washington-Obelisk. Im Weißen Haus hat der Präsident seinen Sitz, im Kapitol tagt der Kongreß, und im Pentagon ist das Verteidigungsministerium untergebracht.

Washington heißt auch ein nordwestlicher, am Pazifischen Ozean und an der Grenze zu Kanada gelegener Bundesstaat der USA. Er ist 176 617 qkm groß und hat rund 3,4 Millionen Einwohner. Die Hauptstadt heißt Olympia. Die größte Stadt, der wichtigste Hafen und das bedeutendste Industriezentrum ist Seattle. Am mehrfach gestauten Columbia, dem Hauptfluß des Gebiets, liegen Kraftwerke, die die beachtliche Aluminiumindustrie mit Energie versorgen. An Bodenschätzen werden Kohle sowie Eisenerz und Buntmetalle abgebaut. Durch den Waldreichtum des Landes hat sich vor allem die Holz- und Papierindustrie stark entwickelt.

Washington, George [uóschingtn], ein bedeutender General und Staatsmann, lebte von 1732 bis 1799. Als Oberbefehlshaber im amerikanischen Unabhängigkeitskrieg befreite er 13 ehemalige britische Kolonien, die sich verbündet hatten, von ihrem früheren Mutterland. Daher wird George Washington als »Vater der Vereinigten Staaten« verehrt. 1789 wurde er zum

Wasser
Ohne Wasser gibt es kein Leben

Im Laufe der Jahrmillionen andauernden Entstehung unserer Erde war diese eine unendlich lange Zeit in dicke Wolkenmassen gehüllt. Die Gase und Wasserdämpfe, die aus den Erdrissen drangen, stiegen auf und bildeten die Wolken, die, wenn sie zu schwer wurden, als Wassertropfen zur Erde zurückfielen. Zunächst verdampfte dieser Regen sofort, und der Kreislauf wiederholte sich immer aufs neue, aber einmal war die Erde so weit abgekühlt, daß die herabfallende Feuchtigkeit sich auf der Erde in flachen Becken sammelte. Viele Millionen Jahre regnete es, und das Wasser sammelte sich in den Meeren, die heute 41% der Erdoberfläche bedecken.

Wasser ist eine farb-, geruch- und geschmacklose Flüssigkeit. Bei 100 Grad Celsius geht Wasser in Wasserdampf über, bei 0 Grad Celsius erstarrt es zu Eis.

Alle Meere unserer Erde beinhalten zusammen 97,2% der gesamten Wassermenge, die sich auf der Erde befindet. Das natürliche Wasser ist niemals rein, denn es enthält gelöste oder aufgeschwemmte Verunreinigungen. Im Meerwasser zum Beispiel haben sich große Mengen von Salz und Mineralien gelöst.

Infolge der Sonnenbestrahlung entsteht auf der Oberfläche der Meere eine Hitze, die Wasser verdunsten läßt. 334 000 Kubikkilometer Wasser steigen so jährlich als Dunst auf und fallen in Form von Regen wieder zur Erde zurück. Auf die Meeresoberfläche entfallen davon wiederum 300 000 Kubikkilometer. 34 000 Kubikkilometer Regenwasser strömen in den Flüssen zum Meer. Dieser Kreislauf von der Verdunstung bis zum erneuten Regen ist für das Leben auf der Erde entscheidend. Ohne Wasser gäbe es kein Leben.

Nicht nur, daß ohne Wasser kein Lebewesen existieren könnte, das Leben selbst bildete sich einst im und aus dem Wasser. Pflanzen bestehen

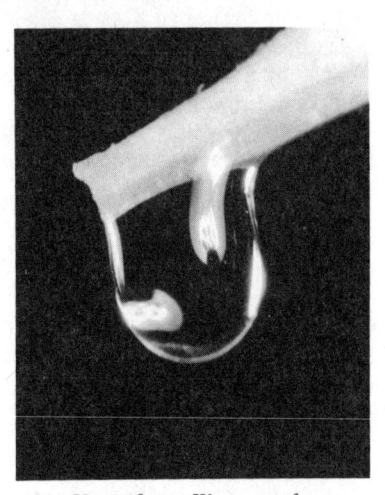

Vergrößerter Wassertropfen

zu 95% aus Wasser, die höheren Tiere und der Mensch zu 60 bis 70%. Das Wasser ist ein Nährstoff, es regelt aber auch durch Verdunstung die Körpertemperatur der Lebewesen. Wasser existiert nicht nur als Regen. In der Atmosphäre bildet es Wolken, und in der Luft können wir es als Luftfeuchtigkeit messen.

Bei 4 Grad Celsius hat Wasser seine größte Dichte, ist also am schwersten; bei höheren und tieferen Temperaturen dehnt es sich aus, wird also leichter. Deshalb ist das warme Badewasser an der Oberfläche immer am wärmsten. Bei Wasser, das kälter als 4 Grad Celsius ist, drehen sich die Verhältnisse um: das kälteste Wasser liegt an der Oberfläche (Eis, z. B. Eisberge, schwimmt). Deshalb gefriert Wasser auch zuerst an der Oberfläche und bleibt darunter flüssig, was sehr wichtig für das Überleben der Fische im Winter ist.

Wasser kann Wärme aufnehmen und speichern. Beim Verdunsten verbraucht es Wärme, während es beim Gefrieren Wärme abgibt.

Wasser, die chemische Verbindung von Wasserstoff und Sauerstoff (chemische Formel: H_2O), ist auch das am meisten gebrauchte Lösungsmittel. Es wurde außerdem zum Maßstab von Wärmegraden (Thermometer), von Wärmemengen (Kalorien) und von Gewichten (Liter).

Der tägliche Wasserbedarf eines erwachsenen Menschen beträgt 2,5 bis 3,5 Liter. Unter extremen Bedingungen, zum Beispiel bei Arbeit in der Wüste, ohne zu trinken, verdurstet der Mensch schon nach 36 Stunden.

Da die Menschen durch die Umweltverschmutzung auch das Wasser verunreinigt haben, muß das Trinkwasser gefiltert, gereinigt und mit chemischen Zusätzen keimfrei gemacht werden. Auch vielen Wasserpflanzen und -tieren ist damit der Lebensraum zerstört worden. Zahlreiche Flüsse, Seen und sogar Meere sind bereits so verunreinigt, daß das Leben darin ständig zurückgeht oder schon völlig abgestorben ist.

• • •

Wasserball spielen kann man nur als guter Schwimmer, denn das dem Handball ähnliche Kampfspiel findet in tiefem Wasser statt. Die Spieler dürfen sich nur schwimmend fortbewegen. Ziel des Spiels ist, mit dem hohlen Lederball in das 3 m breite und 90 cm hohe gegnerische Tor zu treffen. Der Ball darf nur mit einer Hand gefangen und geworfen werden. Lediglich der Torwart kann beide Hände benutzen. Beide Mannschaften bestehen aus sieben Mann, die Spieldauer beträgt zweimal zwölf Minuten. Das Spielfeld ist 20–30 m lang und 10–20 m breit. Der Schiedsrichter leitet das Spiel vom Trockenen aus.

Wasserbock hat man eine in Afrika lebende, hirschähnliche Antilope genannt.

Wasserbomben werden zur Bekämpfung getauchter Unterseeboote hauptsächlich von U-Boot-

Wass

Jägern als Unterwassersprengkörper abgefeuert.

Wasserfälle entstehen, wenn Ströme, Flüsse oder Bäche ein plötzliches, steiles Gefälle überwinden müssen. Die herabstürzenden, im Sonnenlicht funkelnden und von unten wieder aufstäubenden Wassermassen bilden ein gewaltiges, fesselndes Schauspiel. Oft ist das Donnern und Tosen von Wasserfällen mehr als 50 km weit zu hören. Die Kraft des niederstürzenden Wassers wird häufig zur Energiegewinnung genutzt. Mit 820 m Fallhöhe ist der Angel Fall in Venezuela der höchste Wasserfall der Erde. Am mächtigsten sind die bis zu 120 m hohen Victoriafälle des Sambesi im Süden Afrikas, am bekanntesten die 48,2 und 59,9 m hohen Niagarafälle in Nordamerika. Daneben nimmt sich der Rheinfall bei Schaffhausen mit seinen 24 m Fallhöhe sehr bescheiden aus. Bei den Stichwörtern »Niagarafälle« und »Victoriafälle« steht noch mehr über diese beiden Wasserfälle.

Wasserflöhe bilden eine Ordnung der Blattfußkrebse. Die linsengroßen, niederen Krebstierchen leben oft in großen Mengen in Seen und Teichen und sind als Nahrung für Süßwasserfische sehr wichtig. Ihre kleinen Körper sind von einer durchsichtigen, zweiklappigen Schale bedeckt. Wasserflöhe atmen mit ihren blattförmigen, mit Kiemen versehenen Beinpaaren. Wegen ihrer ruckartigen Schwimmbewegungen hat man sie Wasserflöhe genannt.

Wasserflugzeuge können auf dem Wasser niedergehen, »wassern«, wie man statt »landen« sagt. Heute haben sich die Wasserflugzeuge zu Flugbooten entwickelt, deren Rumpf einem Bootskörper gleicht.

Wasserhaushalt nennt man bei Menschen und Tieren das Gleichgewicht zwischen der Aufnahme und der Abgabe von Wasser. Beim erwachsenen Menschen beträgt der Anteil des Wassers am Körpergewicht etwa 60%. Daher braucht er täglich 2,5–3,5 Liter Wasser, die er mit dem Mund aufnimmt, hauptsächlich direkt als Flüssigkeit, zum Teil aber auch beim Stoffwechsel durch Oxydation von Wasserstoff zu Wasser. Die Abgabe von Wasser erfolgt durch Urin, Schweiß, Kot und Atem.

Wasserheilkunde (Hydrotherapie) wird eine Behandlung mit Wasser genannt, durch welche die Heilung von bestimmten Krankheiten oder eine Verbesserung des allgemeinen Gesundheitszustands erreicht werden soll. Die Anwendung von kaltem, warmem oder heißem Wasser in Form von Bädern, Duschen, Güssen, Packungen, feuchten Abreibungen und Wassertreten wirkt sich vor allem auf den Blutkreislauf günstig aus. Die Kneippkur ist ein auf der Behandlung mit Wasser und anderen Maßnahmen aufgebautes Heilverfahren, über das beim Stichwort »Kneipp« ausführlicher berichtet ist.

Wasserkopf oder Gehirnwassersucht heißt eine im Kindesalter entstehende, krankhafte Wasseransammlung im Kopf. Sie treibt die Schädelknochen auseinander, so daß sie sich nicht zusammenschließen können. Die Gehirnwassersucht führt manchmal zu Schädigungen, doch ist die Aussicht auf Befreiung von diesem Übel heutzutage sehr viel günstiger als früher.

Wasserkraftwerke sind beim Stichwort »Kraftwerk« erklärt.

Wasserkünste oder Wasserspiele sind kunstvolle Anlagen mit Springbrunnen, Wasserfällen und Kaskaden. Seit der Renaissance, besonders im Barock, wurden die Schloßparks sehr oft mit Wasserkünsten ausgestattet. Berühmte Beispiele sind die Wasserspiele der Villa d'Este in Tivoli bei Rom, ferner ähnliche Anlagen in den Schloßparks von Versailles, Nymphenburg, Schleißheim und Sanssouci sowie die Kaskaden von Schloß Wilhelmshöhe bei Kassel. Lustige und überraschende Wasserspiele gibt es im Park von Schloß Hellbrunn bei Salzburg. Wer sie bewundert, muß aufpassen, nicht unversehens selbst naß zu werden.

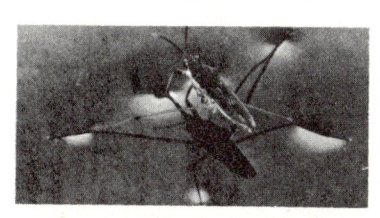

Wasserläufer

Wasserläufer heißen zwei ganz verschiedene Tiere. Unter den Vögeln wird eine Gattung der Watvögel mit langen Beinen und langem Schnabel, z. B. der Rotschenkel, so genannt. Aber auch eine zu den Landwanzen gehörende Wanze trägt diesen Namen. Sie kann auf der Oberfläche von Teichen und Tümpeln dahingleiten, ohne einzusinken, weil ihre Fußenden mit fettigen Härchen besetzt sind.

Wasserlinse hat man eine kleine, auf ruhigen Gewässern oft in großen Massen schwimmende Pflanze genannt. Ihre linsengroßen grünen Sproßglieder sehen aus wie Blättchen und enthalten Schwimmluft. Für Fische, Wasservögel und Geflügel bildet diese Wasserpflanze eine willkommene Nahrung, daher nennt man sie auch Entengrün oder Entengrütze.

Wassermann heißt ein Sternbild des südlichen Himmels, das man bei uns im Herbst am Firmament sehen kann. Es ist das 11. Zeichen des Tierkreises, über den unter dem Stichwort »Tierkreis« berichtet wird. Auch ein Märchenwesen, das als eine Art Wassergeist im Wasser lebt, nennt man Wassermann oder Nöck bzw. Neck.

Wassermesser oder Wasserzähler wird ein Meßgerät genannt, das die Menge des durch eine Leitung fließenden Wassers mißt.

Wasserpest ist eine Tauchpflanze, die im Süßwasser wächst. Sie hält sich mit Haftwurzeln am Grund fest. An den bis 3 m langen, verzweigten, dünnen Stengeln sind je drei Blättchen im Quirl angeordnet. Die aus Amerika stammende Pflanze ist lästig, weil sie Teiche und Gräben überwuchert. Als Aquariumpflanze ist sie jedoch beliebt, da sie das Wasser mit Sauerstoff anreichert.

Wasserpfeifen stammen aus dem

Wass

Orient. Es sind Tabakspfeifen, bei denen der Rauch durch ein Wassergefäß geleitet und dadurch abgekühlt wird. Manchmal haben Wasserpfeifen mehrere Mundstücke, so daß ein paar Personen gleichzeitig miteinander rauchen können. Am bekanntesten ist die mit einem langen Schlauch versehene Nargileh.

Wasserpflanzen oder Hydrophyten sind Schwimmpflanzen und auch Tauchpflanzen. Schwimmpflanzen legen ihre oft sehr breiten Blätter oder ihre mit Luft gefüllten Sproßglieder auf die Oberfläche des Wassers. Ihre Blüten, die von Insekten bestäubt werden, heben sie darüber hinaus. Zu den Schwimmpflanzen gehören z. B. Seerose, Froschbiß und Wasserlinse. Während sie sich nur in Wassertiefen bis zu 4 m halten, gibt es Tauchpflanzen auch in tieferen Gewässern. Sie leben ganz und gar unter Wasser. Manche von ihnen heben ihre Blüten ebenfalls aus dem Wasser heraus, andere blühen sogar im Wasser. Die Blätter von Tauchpflanzen sind fast immer schmal, oft fein gefiedert oder zerschlitzt. Zu den Tauchpflanzen gehören z. B. Wasserpest, Tausendblatt und Hornblatt. Sowohl bei den Schwimm- als auch bei den Tauchpflanzen gibt es wurzelnde Arten, wie Seerose und Wasserpest, und schwebende, wie Wasserlinse und Hornblatt.

Wasserräder wandeln die geradlinige Bewegung strömenden Wassers in eine Drehbewegung um. Diese einfachste Wasserkraftmaschine erfand der Mensch schon im Altertum. Es ist noch gar nicht so lange her, daß bei uns Mühlen und Sägewerke durch Wasserräder angetrieben wurden. Wasserräder sind mit Schaufeln versehen, auf welche die Bewegungsenergie bzw. das Gewicht des Wassers einwirkt. Oberschlächtig ist ein Wasserrad, wenn ihm das Wasser von oben zugeführt wird. Ein unterschlächtiges Rad taucht dagegen in fließendes Wasser ein. Unsere modernen Wasserturbinen, die ungeheure elektrische Energien erzeugen, beruhen ebenfalls auf dem Prinzip des Wasserrads. Sie sind beim Stichwort »Turbine« beschrieben.

Wasserscheide nennt man die natürliche Trennung verschiedener Stromsysteme. Sie wird zumeist durch den Kamm eines Höhenzugs bewirkt. Eine bedeutende Wasserscheide im Zentralkamm der Alpen bildet das 1507 m hohe Reschenscheideck, das den Inn und die Etsch voneinander trennt. Dadurch werden die Einzugsgebiete der Donau und des Po klar voneinander geschieden. Nördlich des Reschenscheidecks fließt das Wasser über die Donau ins Schwarze Meer, südlich davon über den Po in die Adria.

Wasserskier sind kurz und breit. Sie werden meist aus Kunststoff hergestellt. Der Wasserskifahrer steht ohne Bindungen in pantoffelartigen Hüllen auf den Skiern und läßt sich an einem langen Seil von einem Motorboot ins Schlepp nehmen. Wasserskifahren verlangt Körperbeherrschung und Mut, da hierbei große Geschwindigkeiten erreicht

VERERBUNG

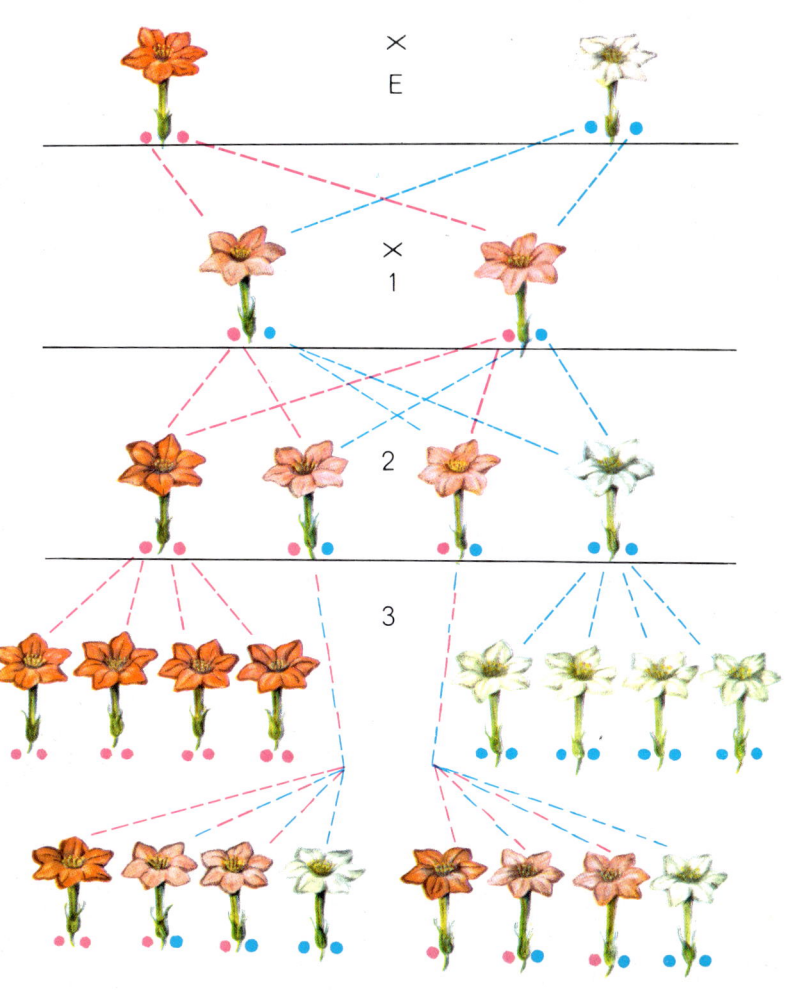

Kreuzt man eine rot blühende Art der Wunderblume mit einer weiß blühenden, entwickelt sich eine nur rosa blühende Tochtergeneration. Kreuzt man die rosa Mischlinge untereinander, wachsen rot, rosa und weiß blühende Pflanzen im durchschnittlichen Zahlenverhältnis 1 (rot) : 2 (rosa) : 1 (weiß). Werden die roten Blüten nur mit roten gekreuzt, die weißen nur mit weißen, entwickeln sich jeweils reinrot oder reinweiß blühende Pflanzen. Die rosa Blüten, untereinander gekreuzt, spalten sich weiter auf. Rote Punkte: Erbanlage rot; blaue Punkte: Erbanlage weiß.

VULKANE

Durch dieses »Fenster« kann man in die Tiefe eines Kratertunnels blicken.

Unter ohrenbetäubendem Lärm werden Lava und Gesteinsbrocken wie Geschosse aus der Krater herausgeschleudert.

Die Lavaflüsse stauen sich an den Hängen und geben dem Vulkan dadurch ein kegelförmiges Aussehen.

Die Temperatur eines Lavastroms beträgt 1000 bis 1300 Grad Celsius.

In der Dunkelheit bietet der ausbrechende Vulkan ein großartiges Schauspiel.

MODERNE WELTWUNDER

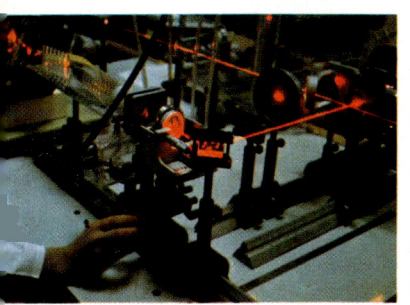

Der enggebündelte Laserstrahl kann große Wärmemengen in kurzer Zeit auf kleinste Flächen befördern. Mit Laserstrahlen können selbst durch härteste Werkstoffe feinste Löcher gebohrt werden.

Je mehr Menschen auf der Erde leben, desto schwieriger wird es, sie zu ernähren. Das Meer liefert die Eiweißnahrung der Zukunft. In Japan gibt es bereits große Seetangfelder.

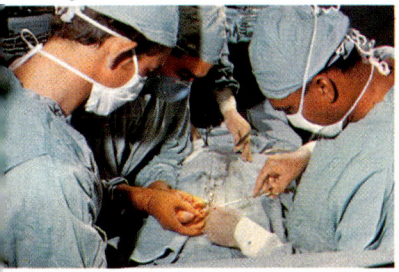

Eine »Plastikpumpe« kann heute bereits die Funktion des menschlichen Herzmuskels übernehmen.

Diese bewegliche Unterwasserstation ist eine druckfeste Plastikkugel, die eine Rundsicht ermöglicht. In ihr gehen Meeresbiologen bis zu 185 Meter Tiefe vor Anker.

Das Radioteleskop ist heute ebenso revolutionierend für die Astronomie wie vor 350 Jahren die Erfindung des Fernrohrs. Es fängt Radiowellen aus dem Weltall auf.

600 000mal besser als das menschliche Auge ist die Sicht durch das derzeit größte Teleskop im Observatorium auf dem Mount Palomar bei San Francisco.

WETTER

Im Frühling und im Herbst ändert sich die Wetterlage ständig. Kalt- und Warmluftmassen wechseln einander schnell ab, heftige Winde entstehen.

Sturm zieht auf.

Nebel bildet sich vor allem in der Nähe von Gewässern.

Ein Regenbogen zeigt sich nur wenn die Sonne auf eine Regenwand scheint.

Ein Blitz schlägt ein.

In unseren Breitengraden fallen die Niederschläge in Winter als Schnee.

werden. Vor allem muß man sehr gut schwimmen können, wenn man diesen Sport betreiben will.

Wasserspeier haben die Aufgabe, das auf den Dächern von Gebäuden herablaufende, in Rinnen gesammelte Regenwasser so weit fortzuschleudern, daß es nicht an den Mauern hinunterfließen und sie durchnässen kann. Den Wasserspeiern an griechischen Tempeln gab man häufig die Form eines Löwenkopfs. Eine große Vielfalt an Formen zeigen die Wasserspeier an gotischen Kirchen. Neben Tier- und Menschenfratzen findet man dort Fabelwesen, z. B. Drachen.

Wasserspinnen leben im Wasser von Teichen, Tümpeln und Moorgräben, obwohl sie luftatmende Tiere sind. Die Luft holen sie sich an der Wasseroberfläche und speichern sie als Atemhülle an ihrem behaarten Hinterleib, der dadurch silbrig glänzt. Auch ihr feingesponnenes, glockenartiges, nach unten geöffnetes Nest füllen sie mit Luft. Dort vertilgen sie ihre Nahrung, die aus Insektenlarven und Wasserasseln besteht, und dort entwickeln sich auch ihre Jungen aus den abgelegten Eiern. Das Nest bauen sie zwischen Wasserpflanzen, an denen sie es mit Haltetauen befestigen.

Wasserstoff (Hydrogenium) heißt ein chemisches Element mit dem Zeichen H. Als leichtestes Element mit dem einfachsten Atombau hat es im »Periodensystem« die Ordnungszahl 1. Wasserstoff ist ein farbloses, geruchloses und geschmacksfreies Gas, dessen Schmelzpunkt bzw. Festpunkt bei −259,3 Grad und dessen Siedepunkt bei −252,8 Grad Celsius liegt. Wasserstoff verbindet sich mit Sauerstoff zu Wasser, wobei er unter sehr heißer metallblauer Flammenerscheinung verbrennt. Von allen Elementen ist der Wasserstoff im Weltall am stärksten verbreitet, doch kommt er auf der Erde nur in den höchsten Schichten der Atmosphäre rein vor. Gebunden ist er dagegen im Wasser, in allen Säuren und Kohlenwasserstoffen enthalten und kann daher durch elektrolytische oder chemische Spaltung daraus gewonnen werden. Wasserstoff wird in großen Mengen bei der Hydrierung verwendet, einem Verfahren, durch das Kohle und Rohöl in Treibstoff, Heiz-, Schmier- und Leuchtöl überführt werden. Er findet vielfache Verwendung in der Technik, auch zum autogenen Schweißen braucht man ihn. Der Wasserstoff hat vier Isotope, das heißt, er kommt in vier Formen vor, die chemisch völlig gleich sind, sich aber durch verschiedenes Atomgewicht (Kernmasse) und hinsichtlich ihrer radioaktiven Zerfallsvorgänge voneinander unterscheiden. Die bekanntesten Wasserstoffisotope sind Deuterium und Tritium (Triterium). Deuterium bildet mit Sauerstoff zusammen das »schwere Wasser«, das in Kernreaktoren als Bremssubstanz verwendet wird.

Wasserstoffbomben (H-Bomben) gehören zu den Atomwaffen, deren Sprengkraft auf der Umwandlung von Atomkernen beruht. Sowohl durch Kernspaltung als auch durch

Kernverschmelzung (Fusion) werden gewaltige Energien frei, die sich in einer Kettenreaktion ins Ungeheure vervielfachen. Die Atombombe explodiert durch Kernspaltung, die noch weit gefährlichere Wasserstoffbombe dagegen durch Kernverschmelzung. Hierbei vereinigen sich Wasserstoffkerne mit Kernen des Wasserstoffisotops Deuterium zu Heliumkernen. Leider ist es bisher nicht gelungen, die Kernfusion zu friedlichen Zwecken zu nutzen, wie das bei der Kernspaltung im Kernreaktor schon der Fall ist.

Wasserstraßen bilden natürliche oder künstlich angelegte Verkehrswege für die Schiffahrt. Flüsse und Seen, die als Glieder eines Verkehrswegs befahren werden, sind für die Binnenschiffahrt natürliche Wasserstraßen. Auch die Seeschiffahrt kennt natürliche Wasserstraßen. Sie liegen zwischen Festländern oder Inseln, z. B. die Straße von Gibraltar oder die Malakkastraße. Man nennt sie auch Meerengen. Kanäle dagegen sind künstlich angelegte Wasserstraßen, z. B. der Suez- oder der Panamakanal. Eine Verbindung natürlicher und künstlicher Wasserstraßen ist z. B. der Rhein-Main-Donau-Großschiffahrtsweg, der unter diesem Stichwort zu finden ist.

Wasserturbinen werden zum Antrieb von Stromerzeugern, z. B. in Wasserkraftwerken, verwendet. Es sind Kraftmaschinen mit einem sich drehenden Laufrad.

Wasserversorgung bezeichnet die Deckung des Wasserbedarfs in Industrie, Gewerbebetrieben und Wohnstätten. Der Wasserverbrauch ist auf der ganzen Erde im Steigen begriffen. Diesem steigenden Verbrauch steht nur eine bestenfalls gleichbleibende Menge an Regen-, Oberflächen-, Grund- und Quellwasser gegenüber. Am problematischsten ist die Trinkwasserversorgung. Während hierfür früher genug Quell- und Grundwasser zur Verfügung stand, müssen heute viele große Städte, besonders in Industriegebieten, ihren Bedarf dem Oberflächenwasser, also den Flüssen, Seen und Talsperren, entnehmen. Natürlich wird das Wasser gründlich gereinigt und geschmacklich aufbereitet, trotzdem schmeckt es nie so gut wie Quellwasser. Dieses faßt man in Sikkerkammern, aus denen man es durch Leitungen dem Verteilungsnetz zuführt. Grundwasser wird durch Bohrungen erschlossen und aus Brunnen entnommen. In regenarmen südlichen Gebieten wird das Regenwasser noch heute wie in alten Zeiten in Zisternen aufgefangen.
Sind sie sauber und kühl gehalten, schmeckt das Wasser erstaunlich gut. Neuerdings versucht man zunehmend, entsalztes Meerwasser dem Verbrauch zuzuführen. Die Wasserversorgung, die die Grundlage jeder menschlichen Siedlung bildet, wird durch die Umweltverschmutzung gefährdet.

Wasserwaage nennt man ein einfaches Gerät zum Ermitteln der Waagerechten (Horizontalen) und der Senkrechten (Vertikalen). Es besteht aus einer quaderförmigen

Holz-, Metall- oder Kunststoffschiene, in die zwei Glasröhrchen eingelassen sind, das eine zum Messen der Waagerechten auf der Oberseite, das andere zum Messen der Senkrechten auf einer Querseite. Diese Glasröhrchen waren früher mit Wasser gefüllt, heute füllt man sie mit Alkohol. Auf der Flüssigkeit schwimmt eine kleine Luftblase. Ist diese genau zwischen zwei Strichen sichtbar, so befindet sich die Wasserwaage in der Waagerechten bzw. Senkrechten. Bei Abweichungen verschiebt sich die Luftblase. Wasserwaagen werden von Handwerkern, besonders Maurern, benutzt.

Wasserzeichen sind in Papier befindliche Zeichen, wie Buchstaben oder Muster, die nur sichtbar werden, wenn man das Papier gegen das Licht hält. Ursprünglich waren Wasserzeichen die Markenzeichen von Papiermühlen, heute sollen sie vor allem die Fälschung von Banknoten, Wertpapieren und Briefmarken erschweren.

Waterproof [uóhterpruhf] heißt im Englischen wasserdicht. Die Handelsbezeichnung Waterproof gibt man z. B. wassergeschützten Regenmänteln oder Uhren.

Watt oder die Watten nennt man den mit Sand und Schlick bedeckten Meeresboden zwischen der deutschen und niederländischen Nordseeküste und den vorgelagerten Friesischen Inseln. Bei Flut wird das Watt vom Wattenmeer überspült, bei Ebbe liegt es ganz oder teilweise trocken. Das Watt ist von sich verästelnden Prielen (meist auch bei Ebbe wasserführenden Rinnen) durchzogen. Das Watt ist reich an Muscheln, Krebsen, Würmern, Schnecken, See- und Strandvögeln.

Watt, James [uót], war ein britischer Ingenieur, der von 1736 bis 1819 lebte. 1778 baute er die erste brauchbare Dampfmaschine. Er wurde dadurch zum Begründer des technischen Zeitalters. Näheres hierüber steht beim Stichwort »Dampfmaschine«.

Watt (abgekürzt W) hat man, James Watt zu Ehren, die Einheit der elektrischen Leistung genannt. 1 W (Watt) = 1 V (Volt) × 1 A (Ampere). 1kW (Kilowatt) = 1000 W = 1,36 PS bzw. 1 PS = 735 W. Wattsekunde (Ws) und Kilowattstunde (kWh) sind Einheiten der elektrischen Arbeit. 1 kWh = 859,4 kcal (Kilokalorien). Am elektrischen Zähler wird abgelesen, wieviel Kilowatt an Strom in einem Haushalt in Licht, Wärme, Schall, Bewegung usw. umgewandelt worden sind. Eine Glühbirne, auf der 100 W steht, verbraucht z. B. bei zehnstündiger Brenndauer 1000 W = 1 kWh. Mit 1 kWh könnte man durch einen Tauchsieder 860 Liter Wasser um 1 Grad erwärmen.

Watteau, Jean Antoine [wattóh], hieß ein berühmter französischer Maler, der von 1684 bis 1721 lebte. Seine mit zarten Farben und vielen Grau- und Goldtönen gemalten Bilder drücken Anmut und Lebensfreude aus.

Watussi ist der Name eines hamitischen Volks, das im ostafrikanischen Seengebiet, besonders in den Staa-

Watv

ten Burundi und Rwanda, lebt. Die Bantu sprechenden Watussi beherrschten als Oberschicht die von ihnen unterworfenen Stämme.

Watvögel bilden eine sehr artenreiche Ordnung der Vögel, die sich an Meeresstränden und Seeufern sowie in Sumpfgebieten aufhalten. Viele von ihnen sind mit einem langen Schnabel, einem langen Hals und mit langen Beinen ausgestattet. Auch die Möwen gehören zu den Watvögeln. Bei den Stichwörtern »Austernfischer«, »Bekassine«, »Brachvogel«, »Kiebitz«, »Kranich«, »Möwen«, »Regenpfeifer« und »Schnepfen« ist mehr über die Watvögel zu erfahren.

Watzmann heißt ein 2713 m hoher Berg in den Berchtesgadener Alpen. An seinem Fuß liegt der Königssee. Die Watzmann-Ostwand fällt 1800 m steil ab.

Weben nennt man die Verarbeitung von mindestens zwei Fadengruppen, die im rechten Winkel zueinander stehen. Der Faden, der in der Längsrichtung verläuft, wird »Kette« genannt; der Faden, der die Kette im rechten Winkel trifft, heißt »Schuß«. Es gibt auch dreidimensionale (räumliche) Gewebe: die Florgewebe (Samt, Plüsch, Teppiche). Die verschiedenen Arten, wie sich Kette und Schuß verflechten, nennt man Bindungen. Es gibt drei Grundarten, die Leinen-, die Köper- und die Atlasbindung. Weben ist eigentlich nur eine beschleunigte Flecht- oder Stopfarbeit. Webarbeiten wurden schon vor fast 5000 Jahren angefertigt. Das Weben von Stoffen gehörte früher zur Winterarbeit der Bauern. Auch in den Fabriken wurde es an-

Heute sind die Webereien voll technisiert.

Bauern beim Spinnen und Weben

fangs nur mit einfachen Handwebstühlen durchgeführt. Als Ende des 18. Jahrhunderts die mechanischen Webstühle erfunden und aufgestellt wurden, betrachteten die Weber sie zunächst als ihren Feind. Ihre Unzufriedenheit führte zu Demonstrationen, Tumulten und Unruhen, die sich rasch ausbreiteten.

Weber, Carl Maria von, lebte von 1786 bis 1826. Er war der bedeutendste deutsche Komponist der Frühromantik. Mit seiner vielgespielten, volkstümlichen Oper ›Der Freischütz‹ errang er Weltruhm. Weber komponierte auch Werke für Klavier, Klarinette, Fagott und Horn sowie Lieder und Chöre.

Weberameise hat man eine auf Ceylon lebende tropische Ameise aus guten Gründen genannt. Bei der Herstellung ihres Nestes aus zusammengesponnenen Blättern benutzt sie nämlich ihre eigenen, mit Spinndrüsen ausgestatteten Larven nicht nur als Spinnrocken, sondern auch als Weberschiffchen.

Weberknecht (Schneider, Kanker) ist eine Spinne, die im Gegensatz zu den echten Spinnen keine Spinndrüsen besitzt. Auf acht sehr langen und zerbrechlichen Beinen stelzt der Weberknecht umher. An alten Baumstämmen, an Mauern und Zimmerwänden macht er nachts Jagd auf Milben und kleine Insekten.

Webervögel bilden eine gesellig lebende Singvogelfamilie, die hauptsächlich im tropischen Afrika, Asien und Australien lebt. Aus Grashalmen und Blattrippen weben die Männchen an Zweigspitzen hängende, kunstvolle, beutelförmige Nester. Meistens sind die Nester oben geschlossen und mit einer Einschlupfröhre versehen.

Wechsel wird ein auf ein Fälligkeitsdatum ausgestellter Schuldschein genannt, der in der Zwischenzeit als Wertpapier weitergegeben werden kann. Jeder, der einen Wechsel als Zahlungsmittel weitergibt, muß seinen Namen auf das Papier setzen. Dadurch haftet er für die angegebene Summe. Wechsel müssen in bestimmten, gesetzlich vorgeschriebenen Formen ausgestellt sein, damit sie gültig sind. Es gibt ein Wechselgesetz, das in den meisten europäischen Staaten gilt.

Wechsel nennt der Jäger auch die vom Wild regelmäßig begangenen kleinen Pfade.

Wechseljahre (Klimakterium) nennt man einen Lebensabschnitt bei Frauen im Alter von 45 bis 55 Jahren. In diesem Zeitraum erlischt die Tätigkeit ihrer Keimdrüsen und es kommt zum Aufhören der Menstruation, der monatlichen Regel, zur Menopause. Bei vielen Frauen ist diese Übergangszeit mit körperlichen Beschwerden, wie Herzklopfen, Hitzewallungen, Schweißausbrüchen sowie Schwindelanfällen, und seelischen Störungen, wie Nervosität und Depressionen, verbunden. Durch medikamentöse Behandlung können diese unangenehmen Begleiterscheinungen erheblich gemindert werden. Die Mehrzahl der Frauen überwindet die Wechseljahre jedoch beschwerdefrei und ohne Minderung der Leistungs- und

Wech

Liebesfähigkeit. Bei den Männern gibt es keine ausgesprochenen Wechseljahre, da ihre Keimdrüsen bis ins hohe Alter weiterarbeiten können.

Wechselstrom ist elektrischer Strom, der im Gegensatz zum Gleichstrom seine Richtung und Stärke in schneller Folge periodisch wechselt. Eine Periode ist der Zeitraum, in dem der Strom einmal hin und her pendelt. Die Zahl der Perioden pro Sekunde nennt man Frequenz und mißt sie in Hertz (Hz). Bei einer Frequenz von 50 Hz ändert der Strom also 100mal in der Sekunde seine Richtung, denn er läuft 50mal hin und 50mal her. Die meisten Kraftwerke erzeugen Wechselstrom, der sich ohne große Verluste verbreiten und leicht umformen läßt. Durch Verkettung von drei Wechselströmen, die jeweils um eine Drittelperiode gegeneinander verschoben sind, entsteht Drehstrom.

Weddellmeer heißt eine rund 8 Millionen qkm große Bucht des Südatlantiks, die tief in den antarktischen Kontinent hineingreift. Eine 300 km lange, bis 75 m hohe und senkrecht abfallende Eismauer trennt sie vom Festland. Im Weddellmeer, das von dem britischen Walfänger James Weddell 1823 entdeckt wurde, leben viele Wale, Robben, Pinguine und Seevögel.

Wedekind, Frank, ein deutscher Dramatiker und Satiriker, lebte von 1864 bis 1918. Er schrieb in der Münchener satirischen Zeitschrift ›Simplicissimus‹ und trat bei den »Elf Scharfrichtern«, einem berühmten Kabarett der Jahrhundertwende, als Kabarettsänger auf. In all seinen Schriften stellt er die – seiner Meinung nach – lebensfeindliche Moral seiner Zeitgenossen bloß. Berühmt sind seine Tragödien, in denen die triebhafte Lulu im Mittelpunkt steht: ›Erdgeist‹ und ›Büchse der Pandora‹. Viele Balladen und Chansons sind sozialkritische, sarkastische Angriffe auf ein sattes Bürgertum.

Wega hat man den hellsten Stern im Sternbild Leier genannt. Er ist 28 Lichtjahre von der Erde entfernt.

Spitzwegerich   Mittlerer   Großer
*   Wegerich   Wegerich*

Wegerich wächst als Unkraut an Wegrändern und auf Wiesen. Aus der Blattrosette erheben sich an langen Stielen die ährenartigen Blütenstände, die vom Wind bestäubt werden und daher weder Duft noch Honig haben. Es gibt den Spitzwegerich, den Großen und den Mittleren Wegerich.

Wegschnecken gehören zu den Nacktschnecken, weil sie kein Gehäuse haben. Die bis zu 15 cm langen und 2 cm breiten Weichtiere treten nach Regen besonders häufig auf. Nachts fressen sie an Gemüsepflanzen und Erdbeeren. Die weitverbreiteten Wegschnecken gibt es von hellem Rot über Braun bis zu tiefem Schwarz.

Wegwarte heißt eine bescheiden an Wegen auf hartem Boden wachsende Korbblütlerpflanze. Ihre zarten himmelblauen Blüten stehen auf den bis meterhohen, sperrigen Ästen mit den wenigen kleinen und meist verstaubten Blättern. Aus der fleischigen, tief in die Erde gesenkten, bitteren Pfahlwurzel wird nach Rösten ein Kaffeezusatz (Zichorie) hergestellt. Die aus den Wurzeln getriebene, bananenförmige Blattsprosse wird im Winter als Chicoréegemüse oder -salat gegessen.

Wehr nennt man einen kleinen Staudamm, durch den man die Wassermenge, den Wasserstand und die Gefällhöhe fließenden Wassers regulieren kann. Es gibt feste und bewegliche Wehre.

Wehrdienstverweigerung ist beim Stichwort »Kriegsdienstverweigerung« erklärt.

Wehrpflicht wird die gesetzliche Verpflichtung zum militärischen Dienst in der Bundeswehr genannt. (Siehe Stichwort »Bundeswehr«)

Weichen ermöglichen einem Schienenfahrzeug, von einem Gleis auf ein anderes überzuwechseln, ohne die Fahrt unterbrechen zu müssen. Bei der Eisenbahn werden alle Weichen mechanisch oder elektromotorisch von Stellwerken aus gesteuert. Die Stellung einer Weiche wird durch bestimmte Zeichen auf der Weichenlaterne angezeigt. Bei Straßenbahnen stellt der Fahrer selbst die Weichen.

Weichsel (polnisch Wisla) heißt der größte Strom Polens. Er entspringt im Jablunkagebirge der Westbeskiden, fließt durch Krakau, Warschau und Thorn und mündet nach 1068 km in einem weitverzweigten Delta in die Ostsee. Der Hauptarm ergießt sich in die Danziger Bucht, die beiden Mündungsarme Nogat und Elbinger Weichsel fließen ins Frische Haff. Die Weichsel ist nur für kleinere Schiffe befahrbar. Durch den Kanal zur Netze besteht über die Warthe eine Verbindung zur Oder.

Weichselkirschen sind kultivierte Sauerkirschen, die, zu Marmelade oder Kompott verarbeitet, einen würzigeren Geschmack haben als Süßkirschen, die beim Stichwort »Kirschen« beschrieben sind.

Weichtiere (Mollusken) haben einen weichen, wenig gegliederten, meist schleimigen Körper und leben in 128 000 Arten als Land-, Süßwasser- und Meeresbewohner. Sie bilden einen Stamm wirbelloser Tiere mit den Klassen der Muscheln, der Schnecken und der Kopffüßer, die unter diesen Stichwörtern beschrieben sind.

Salweide   Korbweide

Weiden nennt man eine artenreiche Familie schnellwüchsiger Sträucher und Bäume mit schmalen Blättern und Blütenkätzchen. Sie wachsen gern an Bachrändern oder anderen feuchten Stellen. Bekannte Arten sind die niedrige Sal- oder Palm-

Weid

weide, deren mit Kätzchen geschmückte Zweige am Palmsonntag in katholischen Kirchen geweiht werden, ferner die bis zu 12 m hohe Bruchweide, die bis zu 30 m hohe Silberweide, die Trauerweide mit ihren hängenden Zweigen und die Korbweide, deren biegsame Ruten zu feinen Flechtarbeiten verwendet werden. Auch die Triebe anderer Weidenarten sind zugleich zäh und elastisch und dienen als Material für gröbere Korbwaren sowie Faschinen. Zur Befestigung von Ufern und Dämmen pflanzt man gern Weiden an.

Weiden oder Viehweiden sind Wiesen, die nicht gemäht, sondern vom Vieh abgeweidet (abgegrast) werden.

Weidenröschen gehören zur Gattung der Nachtkerzengewächse. Die bis meterhohen Stauden mit den schmalen, weidenblattähnlichen Blättern haben lange Ähren mit leuchtendrosaroten Blüten. Man findet das Weidenröschen in lichten Wäldern, an Schuttplätzen und vor allem an Kahlschlägen.

Weihen werden hochbeinige Taggreifvögel genannt, die auf allen Erdteilen verbreitet sind. Sie haben lange Flügel, einen langen Schwanz und strahlig um die Augen stehende Gesichtsfedern (Schleier). Bei uns gibt es Korn-, Wiesen-, Rohr- und Gabelweihen. Die Gabelweihen sind unter dem Stichwort »Milan« beschrieben.

Weihnachten ist das Fest zur Erinnerung an Christi Geburt, wie sie im Neuen Testament geschildert wird. Seit dem 4. Jahrhundert wird es am 25. Dezember gefeiert. Es ist bei uns Sitte geworden, den Vorabend, den Heiligen Abend, in der Familie mit dem Anzünden der Kerzen am geschmückten Tannenbaum und mit der Bescherung von Geschenken festlich zu begehen, vielleicht auch an der mitternächtlichen Christmesse teilzunehmen. Schon die Germanen feierten die Wintersonnenwende, die Wiederkehr von Licht und Wärme, den nahenden Frühling.

Weihrauch wurde schon in ältesten Zeiten wegen seines intensiven Dufts bei Gottesdiensten und heiligen Handlungen verbrannt. Ursprünglich bestand er nur aus dem Harz des in Arabien und Ostafrika wachsenden Weihrauchbaums. Heute ist der für rituelle Zwecke verwendete Weihrauch eine Mischung verschiedener Harze und Kräuter.

Weimarer Republik nannte man das Deutsche Reich von 1919 bis 1933. Durch die Revolution von 1918 wurde in Deutschland die Monarchie gestürzt und die Republik ausgerufen. Auf der Nationalversammlung in Weimar entstand die neue Reichsverfassung, die am 11. 8. 1919 in Kraft trat. Diese Verfassung machte das Deutsche Reich zur parlamentarischen Demokratie. Staatsoberhaupt war der Reichspräsident, als oberstes Verwaltungsorgan fungierte die Reichsregierung unter dem Vorsitz des Reichskanzlers, die gesetzgebende Gewalt lag beim Reichstag. Die deutschen Länder waren im Reichsrat vertreten. Die

Wein

Weimarer Republik bekannte sich nachdrücklich zu den Grundsätzen des Rechtsstaats. Der Nationalsozialismus hob 1933 die Weimarer Republik zwar nicht formell, jedoch praktisch auf, besonders die rechtsstaatlichen Garantien.

Wein entsteht durch alkoholische Gärung aus Traubensaft. Nach der Weinlese werden die Trauben in Mühlen zerquetscht und danach in Keltern ausgepreßt. Den Rückstand (Stiele sowie Schalen und Kerne der Beeren) nennt man Trester oder Treber. Den gewonnenen Traubensaft, den Most, läßt man in großen Fässern gären, wobei Hefepilze den Traubenzucker in Alkohol und Kohlensäure spalten. Ist die Gärung beendet, schäumt der Most nicht mehr, weil keine weitere Kohlensäure abgespalten wird. Nun füllt man den Wein mehrfach um, filtert ihn und behandelt ihn je nachdem durch Schwefeln, Zuckern oder andere Verfahren weiter. Den fertigen Wein zieht man auf Flaschen, und jede Flasche beklebt man mit einem Etikett, auf dem die Herkunft des Weins, sein Jahrgang und manches andere, wie Traubensorte, Wachstum, Lage, besondere Vorzüge (z. B. Auslese, Spätlese, Naturwein), angegeben sind. Rotwein gewinnt man, indem man zerquetschte rote oder blaue Trauben vor dem Keltern fünf bis zehn Tage stehenläßt. Der sich bereits entwickelnde Alkohol löst die Farbstoffe, zum Teil auch die Gerbstoffe aus den Schalen, so daß der herausgepreßte Most rot ist. Außer Weißwein und Rotwein wird auch Schaumwein aus Trauben hergestellt. Schaumweine (Champagner und Sekt) sind vorgegoren, sie gären aber unter Zuckerzusatz in der Flasche fertig. Eine Schaumweinflasche muß besonders fest verschlossen sein, um dem Druck der Kohlensäure standzuhalten. Da die Kohlensäure nicht entweichen kann, schäumt der Sekt beim Einschenken und perlt auch noch im Glas. Wein hat 8–16% Alkohol. Obstweine werden aus Johannisbeer-, Stachelbeer-, Apfel- oder anderm Obstmost zubereitet.

Weinlese: die Träger leeren ihre vollen Bütten.

Weinbaugebiete in Deutschland sind der Rheingau, die Rheinpfalz, Rheinhessen, das Nahe-, Mosel-, Saar- und Ruwergebiet, Baden, Württemberg und Unterfranken. Der Menge nach ist Frankreich in Europa und in der Welt führend, aber auch in Italien, Spanien und Portugal wird sehr viel Wein hergestellt. Zu den Spitzenqualitäten gehören französische, deutsche, schweizerische und italienische Weine. In Übersee wird hauptsächlich in Argentinien, Chile und in den USA Wein angebaut.

Wein

Weinbergschnecke

Weinbergschnecken gehören zu den Schnirkelschnecken. Sie leben in Weinbergen, Gärten und Laubwäldern. Zum Winterschlaf ziehen sie sich in ihr Gehäuse zurück, das sie mit einem Kalkdeckel verschließen. In Kräuterbutter zubereitet, gelten Weinbergschnecken als Delikatesse. Um die natürlichen Bestände der Weinbergschnecke vor den Feinkostjägern zu schützen, werden diese Tiere in besonderen Schneckengärten nur für den Bedarf der Speisekarte gezüchtet und regelrecht gemästet. (Siehe dazu Stichwort »Schnirkelschnecken«)

Weinbrand ist die Bezeichnung für deutschen Trinkbranntwein, der durch Destillation aus Traubenweinen gewonnen wird. Je länger ein Weinbrand in seinem Eichenfaß lagert, desto besser wird seine Qualität. Der Name Cognac ist französischem Edelbranntwein aus dem Gebiet um die Stadt Cognac vorbehalten und darf für deutsche Erzeugnisse nicht verwendet werden.

Weinstein ist eine Kalziumverbindung, die sich als grauweiße Kruste beim Gären von jungem Wein an den Fässern bildet.

Weinstock oder Rebstock heißt eine rankende Kletterpflanze, aus deren Früchten der Wein hergestellt wird. Die uralte Kulturpflanze stammt aus dem Vorderen Orient und wurde schon im 4. Jahrtausend v. Chr. in Mesopotamien und Ägypten angebaut. Die Römer brachten den Weinstock nach Mitteleuropa. Die Äste des Weinstocks nennt man Reben. Sie sind so schwach, daß sie durch Stöcke, Spaliere, Drähte oder Lauben gestützt werden müssen, um dem Gewicht der reifen Trauben standzuhalten. Das Weinlaub, fünflappige, herzförmige Blätter, ist sehr schön, die fein duftenden, in Rispen stehenden Blüten sind unscheinbar. Die reifen gelben, grünen, roten oder blauen Beeren werden als frisches Obst gegessen, zu Rosinen getrocknet oder zu Traubensaft verarbeitet. Aus den meisten Trauben stellt man Wein her. Da aus den Samen der Früchte, den kleinen Kernen, keine edlen Sorten entstehen, wird der Weinstock durch Ableger oder Stecklinge vermehrt. Die Winzer, die Weinbauern, pflanzen die wärmebedürftigen Weinstöcke an Sonnenhängen und haben mit der Pflege des Weinbergs, dem Weinbau, sehr viel Arbeit. Hauptschädlinge des Weinstocks sind Mehltau, Reblaus und Traubenwickler, über die man bei diesen Stichwörtern nachlesen kann. (Siehe auch die Stichwörter »Rosinen«, »Wein« und »Weinbaugebiete«)

Weißblech nennt man Eisenblech, das zum Schutz gegen Rost mit Zinn überzogen wurde. Aus Weißblech werden Konservendosen hergestellt.

Weißdorn (Hagedorn) gehört zu den

Rosengewächsen. Die Sträucher oder kleinen Bäume haben dornige Zweige, kleine, drei- bis fünflappige Blätter, nicht angenehm riechende weiße Blüten und kleine, mehlige Beeren. Der Weißdorn wächst wild an Waldrändern und in Hecken. Verwandt mit ihm ist der Rotdorn mit seinen gefüllten rosaroten Blüten. Er läßt sich gut zu Hecken und Kugelbäumen schneiden.

Weiße Rose nannte sich eine Widerstandsgruppe gegen den Nationalsozialismus, die aus Studenten, Künstlern und Gelehrten bestand. 1943 wurden bei einer Flugblattverteilung in der Münchener Universität die Geschwister Hans und Sophie Scholl zusammen mit einigen ihrer Gesinnungsgenossen verhaftet und vier Tage später hingerichtet.

Weißes Haus (englisch White House) wird der 1792 in Washington erbaute Amts- und Wohnsitz des Präsidenten der Vereinigten Staaten von Amerika genannt.

Weiße Zwerge sind Sterne, über die beim Stichwort »Sterne« berichtet ist.

Weißlinge bilden eine Familie der Tagfalter. Ihre Flügel sind weiß wie beim Kohlweißling, weiß-schwarz wie beim Baumweißling, gelb wie beim Zitronenfalter oder orange wie beim Aurorafalter. Der Baumweißling, dessen Raupen man an Laubbäumen findet, und der Kohlweißling, von dem unter diesem Stichwort erzählt ist, sind Schädlinge.

Weißrussische Sozialistische Sowjetrepublik heißt die westlichste, an Polen grenzende Unionsrepublik der UdSSR mit Minsk als Hauptstadt. Das 207 600 qkm große Gebiet wird von rund 10 Millionen Menschen bewohnt, von denen 81% Weißrussen, die übrigen Russen, Ukrainer, Polen u. a. sind. In dem an Wäldern, Seen und Sümpfen reichen Land lebt die Bevölkerung hauptsächlich durch Anbau von Roggen, Hafer und Kartoffeln. Auch Schweine- und Rinderzucht spielen eine Rolle.

Weizen verlangt besseren Boden und milderes Klima als Roggen. Die Bundesrepublik Deutschland muß zusätzlich zur eigenen Produktion Weizen einführen, während die USA, Kanada, Argentinien, Australien und Frankreich Weizen ausführen können. Weizen wird zu Mehl, Grieß, Nudeln und Stärke verarbeitet. Aus Weizenmehl bäckt man Kuchen und Weißbrot, außerdem braucht man es zum Kochen. Das Weizenstroh dient nicht nur als Streu im Stall, sondern ist, kleingehäckselt, auch ein ausgezeichnetes Viehfutter. Der Weizen stammt wahrscheinlich aus Vorderasien und wird schon seit Jahrtausenden angepflanzt.

Welfen heißt ein ursprünglich aus Schwaben kommendes Fürstengeschlecht, das bis ins 11. Jahrhundert die Könige von Burgund und Herzöge von Kärnten stellte. Welf IV. wurde 1070 Herzog von Bayern, 1137 fiel dem Geschlecht auch das Herzogtum Sachsen zu. Der mächtige Welfe Heinrich der Löwe, der 1158 München gründete, verlor 1180 nach seinem Streit mit Kaiser Barbarossa beide Herzogtümer. Seit

Well

1235 waren die Welfen Herzöge von Braunschweig, seit 1692 Kurfürsten, ab 1814 Könige von Hannover, von 1714 bis 1837 zugleich Könige von England. Nach dem Krieg 1866 wurde das Königreich Hannover eine preußische Provinz.

Wellblech wird für Bauzwecke, hauptsächlich zur Dachdeckung, aber auch zum Bau von Garagen und Baracken, verwendet. Durch eingewalzte Wellen ist das Blech versteift.
Welle heißt ein Maschinenteil, der Drehbewegungen überträgt. Beim Stichwort »Kurbelwelle« ist eine solche Welle beschrieben.

Wellen
Die Welt der Schwingungen

Wer Musik hören will, braucht nur das Radio einzuschalten oder eine Schallplatte abzuspielen. Wer einen Film sehen möchte, kann sich mit einem Fernsehapparat bewegte Bilder ins Haus zaubern.

Wie ist es möglich, daß ein Empfangsgerät buchstäblich aus der Luft heraus Musik hörbar und Bilder sehbar macht, die ein Rundfunk- oder Fernsehsender über große Gebiete und Entfernungen hinweg unhörbar und unsichtbar ausstrahlt? Wie kommt es, daß die Rillen der Schallplatte beim Abspielen Töne erzeugen?

Das alles geschieht durch Schwingungen, die wir nicht hören, sehen und spüren können: durch Wellen.

Unsichtbare und sichtbare Wellen breiten sich durch einen Energiestoß im Raum aus. Die angestoßenen Teilchen bewegen sich nur wenig um einen festen Standpunkt, ähnlich den Halmen im Getreidefeld, über das ein böiger Wind streicht. Deutliche, ringförmige Wellen kann man beobachten, wenn ein Stein in ruhiges Wasser fällt: Die abgebremste Bewegungsenergie des Steins hebt zunächst die in unmittelbarer Nähe liegenden Wasserteilchen in die Höhe (Wellenberg); beim Absinken ins Wellental wird die Energie immer weiter nach außen transportiert, ohne daß der Stoff, in diesem Fall das Wasser, mitbewegt wird. Mit wachsendem Abstand vom Zentrum verteilt sich die Energie auf einen immer größeren Bereich, die Welle wird gedämpft.

Die Radiowellen bewegen sich genauso schnell wie das Licht. Auf dem nächsten von der Erde aus mit bloßem Auge sichtbaren Fixstern, dem Sirius, könnte man heute ein vor neun Jahren auf der Erde ausgestrahltes Radiogramm empfangen. Der Sirius ist also neun Lichtjahre von uns entfernt.

Treffen Wellen auf ein festes Hin-

Well

dernis, so werden sie von ihm zurückgeworfen (reflektiert). Das ist nicht nur bei Wasserwellen so, sondern auch bei Schallwellen. Das Echo ist ein Beweis dafür.

Verläuft die Schwingungsrichtung einer Welle quer zur Fortpflanzungsrichtung, etwa wie bei einem schwingenden Seil oder bei der Wasserwelle, dann haben wir es mit einer Quer- oder Transversalwelle zu tun; sind dagegen Teilchen und Fortpflanzungsrichtung gleich, z. B. bei den Schallwellen, so spricht man von Längs- oder Longitudinalwellen. Bei ihnen wird die Energie fortlaufend verdichtet und verdünnt.

Die Grundform der Welle ist sinusförmig (harmonische Schwingung); jede andere Wellenform läßt sich darauf zurückführen. Typische Kennwerte sind die Amplitude, also die Höhe des größten Ausschlags von der Ruhelage oder Mittellinie aus, die Wellenlänge, die mit dem griechischen Buchstaben Lambda (λ) bezeichnet wird und den Abstand zwischen zwei aufeinanderfolgenden Wellenbergen oder Wellentälern darstellt, weiter die Ausbreitungsgeschwindigkeit, mit c bezeichnet, die gleich der Fortpflanzungsgeschwindigkeit des Anstoßes ist, und die Frequenz (f) als die Zahl der Schwingungen, die in der Sekunde an einem bestimmten Punkt vorbeiziehen. Die Frequenz mißt man in Hertz (Hz) bzw. in kHz, MHz, GHz (Kilohertz, Megahertz, Gigahertz). Die Phase, auf die man öfter stößt, kennzeichnet den zeitlichen oder örtlichen Abstand vom Amplitudenwert Null. Zwischen den genannten Werten bestehen feste Zusammenhänge: Je höher die Wellenlänge, desto höher die Frequenz und umgekehrt. Die Ausbreitungsgeschwindigkeit (c) ist gleich dem Produkt aus Wellenlänge und Frequenz ($c = \lambda \cdot f$).

Zu den Wellen gehören die akustischen Wellen (Schallwellen) mit dem anschließenden Ultraschallbereich, außerdem die zahllosen elektromagnetischen Wellen, die durch Schwingungen elektrischer und magnetischer Felder entstehen und keinen Träger für ihre Ausbreitung benötigen.

Schallwellen, die in der Luft eine Ausbreitungsgeschwindigkeit von 333 m pro Sekunde, die sogenannte Schallgeschwindigkeit, haben, beginnen, bei einer Frequenz um 16 Hz als tiefster Ton hörbar zu werden. Der höchste hörbare Ton liegt für junge Menschen bei 20 kHz und sinkt mit zunehmendem Alter bis unter 15 kHz ab. Daran schließt sich der Ultraschallbereich an, der zum Teil noch von Tieren gehört und vielfach elektrisch erzeugt wird, so beim Echolot zur Ortung unter Wasser, zum Reinigen, Mischen, Entkeimen, zur Massage und in der Materialprüftechnik.

Bei den elektromagnetischen Wellen mit der unvorstellbar hohen Ausbreitungsgeschwindigkeit von rund 300 000 Kilometer pro Sekunde, der sogenannten Lichtgeschwindigkeit, besteht ein lückenloses Spektrum, das mit den technischen Wechselströmen und ihren Frequenzen von

Well

unter 50 Hz bis 20 kHz und entsprechenden Wellenlängen von über 6 bis 15 km beginnt. Anschließend folgen Radio- oder Hochfrequenzwellen, die von den Langwellen (um 1 km Wellenlänge) über Mittel-, Kurz- und Ultrakurzwelle (Wellenlängen im Meterbereich) bis zu den Radarwellen reichen, deren Wellenlänge nur noch im Zentimeterband liegt.

Die Millimeterwellen werden gerade erst für die technische Nutzung erschlossen.

Die große Gruppe der optisch erzeugten Wellen, die danach folgt, beginnt mit der Infrarot- und Wärmestrahlung (0,1 mm bis 0,8 µm Wellenlänge), leitet über in den recht schmalen Bereich des sichtbaren Lichts, dessen Wellenlänge von 0,8 bis 0,4 µm reicht, und setzt sich dann über die ultraviolette (UV-)Strahlung bis zur durchdringenden Röntgenstrahlung (10 nm bis 10 pm) fort. Den Abschluß bilden die harte Gamma-(γ-)Strahlung sowie die kosmische Strahlung mit Wellenlängen bis unter 0,1 pm, die sogar Atome zu spalten vermag.

Siehe auch die Stichwörter »Kurzwellen«, »Langwellen«, »Schwingung«, »Strahlen« und »Ultrakurzwellen«.

• • •

Wellensittiche stammen aus der australischen Grassteppe. Es sind kleine Papageien, die bei uns als beliebte Stubenvögel in Käfigen gehalten werden. Männchen können lernen, nachzusprechen und nachzusingen, wenn man sie allein aufzieht. Wellensittiche gibt es in grünlichen und bläulichen Farbtönen, die oft mit Gelb oder Weiß gemischt sind.

Wellington [u-éllingtn] heißt die Hauptstadt von Neuseeland. Die rund 137 000 Einwohner zählende Stadt liegt auf der Nordinsel an der Cookstraße.

Wellington, Arthur, Herzog von [uéllingtn], war ein britischer Feldmarschall und Staatsmann, der von 1769 bis 1852 lebte. Er vertrat Großbritannien auf dem Wiener Kongreß und siegte 1815 bei Waterloo (Belle-Alliance) zusammen mit dem preußischen Feldherrn Blücher über den von der Insel Elba zurückgekehrten Napoleon.

Wellpappe ist eine dünne, gewellte Pappe, die als besonders schonendes Packmaterial verwendet wird.

Welpen nennt man junge Hunde, Füchse oder Wölfe, die noch nicht der Muttermilch entwöhnt sind. (Abbildung auf Seite 111)

Wels oder Waller heißt der einzige europäische Knochenfisch aus der Familie der Welse. Er wird bis zu 3 m lang und bis zu 6 Zentner schwer. Damit ist er unser größter einheimischer Süßwasserfisch. Der Wels hat an seinem breiten Maul sechs Bartfäden. Er lebt auf dem Grund ruhiger, tiefer Gewässer und macht als Raubfisch nachts Jagd auf kleine Fische, Krebse und Frösche. Der Wels ist ein guter Speisefisch. Im Nil lebt der Zitterwels, der elektrische Schläge von 220 Volt Spannung aus-

15 Welpen auf einmal hat diese Bernhardinermutter zur Welt gebracht.

teilt. In Südamerika gibt es den Kielwels, der mit Hilfe seiner Flossen über Land wandern kann, um sich ein anderes Gewässer zu suchen. Allerdings ist das nur dadurch möglich, daß er zusätzlich Luftatmungsorgane besitzt.

Welser war der Name eines reichen augsburgischen Patriziergeschlechts, das seit dem 15. Jahrhundert Welthandel trieb. Von den Welsern lieh sich Kaiser Karl V. große Summen, um seine Kaiserwahl zu finanzieren. Als Gegenleistung verpfändete er ihnen 1528 die spanische Kolonie Venezuela in Südamerika, die aber 1556 wieder an die spanische Krone zurückfiel.

Weltall (Kosmos, Universum) nennt man die Gesamtheit alles Seienden, das heißt, den Weltraum mit allen darin enthaltenen Himmelskörpern einschließlich unserer Erde und ihre Anordnung in diesem Raum. Den Bau des Weltalls, seine Entstehung und Entwicklung erforscht die Kosmologie. Die Masse im Weltall ist größtenteils aus kleinen Systemen, wie z. B. unser Sonnensystem, zu Gruppen von Milchstraßensystemen (Galaxien) vereint. Astronomische Beobachtungen haben ergeben, daß sich das Weltall seit seinem Anbeginn auszudehnen scheint. Dadurch entfernen sich die Sternsysteme immer weiter voneinander. Das Alter des Weltalls wird mit 8 bis 13 Milliarden Jahren, die Größe in seinem Durchmesser mit 13 Milliarden Lichtjahren angegeben. Als gekrümmt ist der Weltraum nach der Relativitätstheorie unbegrenzt, aber als endlich zu verstehen. Sie definiert die Welt als vierdimensionales Raum-Zeit-Kontinuum (ein in vier Ausdehnungen zusammengefügtes Raumzeitganzes), das durch drei Raumkoordinaten und eine Zeitkoordinate bestimmt wird.

Weltanschauung ist etwas anderes als Weltbild. Die Weltanschauung eines Menschen ist die Auffassung, die er vom Wesen und Sinn der Welt und des menschlichen Lebens hat, während sein Weltbild auf seinem Wissen von der Welt und der Stel-

Welt

lung des Menschen in ihr beruht. Ein Weltbild ist also zeitgebunden, weil es vom Wissensstand einer Zeit abhängt. Eine Weltanschauung ist dagegen nur persönlich gebunden. Auch philosophische Systeme und Ideologien vertreten Weltanschauungen.

Weltausstellungen sind internationale Ausstellungen, an denen sich die meisten Länder der Welt beteiligen. In Ausstellungspavillons zeigen sie ihre wirtschaftlichen, technischen und kulturellen Leistungen. Die erste Weltausstellung war 1851 in London. Seitdem werden die Ausstellungen in unregelmäßigen Abständen in verschiedenen Städten veranstaltet.

Weltbild ist bei den Stichwörtern »Weltanschauung« und »Weltsystem« erläutert.

Weltergewicht wird eine Gewichtsklasse der Schwerathletik genannt, die bei den einzelnen Disziplinen allerdings etwas verschieden ist. Beim Boxen geht sie bis 67 kg, beim Judo bis 70 kg und beim Ringen bis 74 kg.

Weltkriege
Erster Weltkrieg 1914–1918
Zweiter Weltkrieg 1939–1945

Die beiden großen europäischen Kriege Anfang und Mitte des 20. Jahrhunderts wurden *Erster* und *Zweiter Weltkrieg* genannt, da die meisten Großstaaten der Erde an ihnen beteiligt waren und die ganze Welt durch sie in Mitleidenschaft gezogen wurde.

Der Erste Weltkrieg (1914–1918) wurde ausgelöst durch die Ermordung des österreichischen Thronfolgers in Sarajewo am 28. 6. 1914. Die tieferen Ursachen lagen jedoch in machtpolitischen Gegensätzen europäischer Staaten. Frankreich konnte den Verlust von Elsaß-Lothringen an Deutschland nach der Niederlage von 1870/71 nicht verwinden; Großbritannien empfand die deutsche Flotten- und Kolonialpolitik als Bedrohung; die Politik Rußlands auf dem Balkan entfernte sich mehr und mehr von den Interessen Österreich-Ungarns.

Dem Vierbund der Mittelmächte (Deutschland, Österreich-Ungarn, Türkei und Bulgarien) stand die Entente (Rußland, Frankreich, Großbritannien) gegenüber, zu der später Japan, Italien, die USA und 21 kleinere Staaten hinzukamen. Nach anfänglichen Erfolgen der

Erster Weltkrieg: Ein Zeppelinkreuzer wird durch das Scheinwerferlicht eines Torpedobootzerstörers aufgespürt.

Welt

Im Ersten Weltkrieg wurden auch schon Motorflugzeuge eingesetzt.

Mittelmächte im Westen kam es an dieser Front zu jahrelangen, zähen Schützengrabenkriegen. Im Osten waren deutsche Truppen gegen die russischen siegreich. Wegen der bolschewistischen Revolution schied Rußland 1917 aus der Entente aus, und die neuentstandene Sowjetunion schloß im März 1918 mit den Mittelmächten Frieden. Durch den im April 1917 erfolgten Kriegseintritt der USA gewann die Entente zunehmend an Überlegenheit. In Deutschland und Österreich-Ungarn war die Widerstandskraft an der Front und in der Heimat infolge des Mangels an Kriegsmaterial, der unzureichenden Ernährung der Soldaten und des Hungers der Zivilbevölkerung bald gebrochen. In beiden Ländern kam es nach Unruhen und Meutereien zur Revolution und zur Abdankung der Monarchen. Im November 1918 baten die Mittelmächte um Waffenstillstand, im Juni 1919 diktierten die Alliierten den Friedensvertrag von Versailles.

Während des Ersten Weltkriegs waren 71 Millionen Menschen mobilisiert, die Zahl der Gefallenen und Vermißten betrug etwa 10 Millionen, die Zahl der Verwundeten über 20 Millionen. Als neue Waffen kamen Tanks (Panzerwagen), Unterseeboote, Flugzeuge und Giftgas zum Einsatz.

Der Zweite Weltkrieg dauerte von 1939 bis 1945. Die Gründe, die zu

Nach dem Kriege mußte das Deutsche Reich abrüsten. Zu Tausenden häuften sich die Kanonen auf den Schrottplätzen.

Welt

seinem Ausbruch führten, lagen vor allem in Hitlers Machthunger und seinem Expansionsdrang, den die beiden anderen Mächte der »Achse Berlin-Rom-Tokio«, Italien und Japan, teilten. Nach der von Hitler betriebenen Wiederaufrüstung Deutschlands verschärfte sich die Spannung in Europa durch die Angliederung Österreichs und die Besetzung des Sudetenlands im März bzw. Oktober 1938 sowie durch den Einmarsch in die Tschechoslowakei im März 1939. Als deutsche Truppen nach einem Nichtangriffspakt Hitlers mit der Sowjetunion am 1. 9. 1939 in Polen einmarschierten, erklärten Großbritannien und Frankreich Großdeutschland den Krieg. Auf die Unterwerfung und Besetzung Westpolens durch die deutsche Wehrmacht folgte im Frühjahr 1940 die Besetzung Dänemarks und Norwegens. Den Feldzug gegen Frankreich eröffnete Hitler am 10. 5. 1940 mit dem Einmarsch in die neutralen Staaten Holland und Belgien. In einer Großoffensive wurde Frankreich bezwungen und zu drei Vierteln besetzt. Schon Ende Juni unterzeichnete es den Waffenstillstandsvertrag. Gegen Großbritannien begann ein See- und Luftkrieg, der trotz großer Zerstörungen auf der Insel aber keine wesentlichen Erfolge brachte. Inzwischen mußte sich die Deutsche Wehrmacht an den Kämpfen Italiens, das in den Krieg eingetreten war, in Afrika und am Mittelmeer beteiligen. Durch die Eroberung und Besetzung von Jugoslawien und Griechenland dehnten sich die

Zweiter Weltkrieg: Kampfflugzeuge

Fronten immer mehr aus. Als Hitler am 22. 6. 1941 auch noch den Krieg gegen die Sowjetunion begann, war der Kriegsschauplatz wahrhaft ins riesige gewachsen. An einer Front, die von Leningrad bis zum Kaukasus reichte, standen deutsche Soldaten in schweren Kämpfen der Roten Armee gegenüber. Nach anfänglich großen Erfolgen der Deutschen kam es im Winter 1942/43 zur Katastrophe von *Stalingrad*, von der unter diesem Stichwort erzählt ist. Sie brachte die Wende im Zweiten Weltkrieg. In der Zwischenzeit waren auch die Vereinigten Staaten von Amerika, die bisher Großbritannien und die Sowjetunion mit Flugzeugen, Panzern, Lastwagen und Nahrungsmitteln versorgt hatten, aktiv in

Pausenlos wurden Raketen wie früher Kanonenkugeln abgeschossen.

Welt

den Krieg eingetreten. Den Anlaß dazu gab die Vernichtung eines Teils der amerikanischen Flotte in Pearl Harbor auf Hawaii durch die japanische Luftwaffe am 7. 12. 1941. Daraufhin erklärten die beiden anderen Achsenmächte, Deutschland und Italien, den USA den Krieg. Seit Ende 1941 beherrschten die alliierten Flugzeuge zunehmend den Luftraum. Mit ihrer 1942 beginnenden Luftoffensive zerstörten sie durch Spreng- und Brandbomben das Verkehrsnetz, die meisten Rüstungsbetriebe und viele Städte in Deutschland. Italien, in dem westalliierte Streitkräfte von Afrika aus landeten, kapitulierte im September 1943 und erklärte sogar kurz darauf Deutschland den Krieg. An allen Fronten waren die deutschen Truppen bedrängt und seit 1944 auf dem Rückzug. Besiegelt wurde die deutsche Niederlage durch die sogenannte Invasion, die Landung britischer und amerikanischer Streitkräfte an der französischen Kanalküste im Juni 1944. Sie drangen von Westen, die Russen von Osten her immer weiter auf deutschem Gebiet vor und trafen sich schließlich im April 1945 an der Elbe. Den Schlußstrich in diesem Krieg setzten die Russen mit der Eroberung von Berlin, wo Hitler kurz zuvor Selbstmord begangen hatte. Am 8. 5. 1945 mußte Deutschland bedingungslos kapitulieren. Die amerikanischen, englischen, französischen und sowjetischen Truppen besetzten ganz Deutschland und Österreich. Ein Friedensvertrag wurde mit Deutschland bisher nicht geschlossen. Japan, das im Zweiten Weltkrieg die Philippinen, Hinterindien und die Sundainseln erobert hatte, kapitulierte im August 1945 nach dem Abwurf von Atombomben auf Hiroshima und Nagasaki.

Während des Zweiten Weltkriegs waren 100 Millionen Menschen mobilisiert, die Zahl der Gefallenen und Vermißten betrug etwa 16 Millionen. Die Verluste der Zivilbevölkerung durch Kriegshandlungen und

Verwüstung, Grauen und Schrecken in allen Teilen der Erde, am Ende: 15 Millionen tote oder vermißte Soldaten, 30 Millionen Tote in der Zivilbevölkerung.

Welt

Massenvernichtungen werden auf 30 Millionen geschätzt. Als neue Waffen kamen Kampfflugzeuge (Jäger, Bomber und Stukas), die sogenannten Vergeltungswaffen V_1 und V_2 (Raketen), Ortungsgeräte (Radar) sowie die Atombombe zum Einsatz.

• • •

Weltraum nennt man den Raum außerhalb unserer irdischen Atmosphäre, besonders im Zusammenhang mit der Raumfahrt. Der Weltraum, der unsere Erde einbezieht, ist beim Stichwort »Weltall« erläutert.
Weltraumfahrt ist unter dem Stichwort »Raumfahrt« beschrieben.
Weltrekord bedeutet die auf der ganzen Erde unübertroffene Höchstleistung in einer Sportart, z. B. im Weitsprung. Die Bestleistung innerhalb eines Landes wird als Landesrekord bezeichnet. Beide müssen nach den Bestimmungen des internationalen bzw. nationalen Sportverbands anerkannt werden.
Weltsprachen sind Sprachen, die auch in Ländern, in denen sie nicht als Landessprache gesprochen werden, in Schulen gelehrt und als Fremdsprache beherrscht werden sollten. Zweifellos ist Englisch zur Zeit die führende Weltsprache. Es hat Französisch, das früher die Welt- und Diplomatensprache war, aus dieser Stellung verdrängt.
Weltsystem nennt man die Vorstellung, die sich berühmte Astronomen von unserm Planetensystem gemacht haben. Man unterscheidet ein geozentrisches und ein heliozentrisches Weltsystem. Bei den Stichwörtern »Heliozentrisch«, »Kopernikus« und »Ptolemäus« ist mehr darüber berichtet.

Weltwunder der Antike sind unter dem Stichwort »Sieben Weltwunder« beschrieben, Weltwunder der heutigen Zeit bei der Farbtafel »Moderne Weltwunder« Seite 96/97.
Weltzeituhr wird eine Uhr genannt, die die Ortszeiten verschiedener Städte der Erde gleichzeitig anzeigt. Das Zifferblatt einer solchen Uhr besteht aus drei Ringen. Auf dem äußeren, feststehenden Ring sind die Orte, wie New York oder Tokio, markiert. Der mittlere, bewegliche Ring ist in 24 Stunden eingeteilt und dreht sich nach links. Auf dem inneren, wiederum feststehenden Ring sind wie bei jeder anderen Uhr 60 Minuten angegeben, die man mit Hilfe eines sich nach rechts drehenden Zeigers ablesen kann. Mittels einer Weltzeituhr läßt sich feststellen, daß es beispielsweise in New York 14 Uhr mittags und gleichzeitig in Tokio 4 Uhr morgens ist.
Wendekreise sind zwei in 23 Grad 27 Minuten nördlicher bzw. südlicher Breite parallel zum Äquator verlaufende, gedachte Kreise. Am Tage der Sonnenwende, für alle Orte auf dem nördlichen Wendekreis des Krebses am 22. 6., für die auf dem südlichen Wendekreis des Steinbocks am 23. 12., steht die Sonne um 12 Uhr im Zenit. Zwischen den beiden Wendekreisen liegen die Tropen.

Werbung
Verführung oder Information?

Der eine nennt es Verführung, der andere Information. Beide sprechen von der Werbung, und beide haben recht.

Werbung, früher auch Reklame genannt, spielt in der Wirtschaft und im öffentlichen Leben eine große Rolle. Durch Anzeigen (Inserate, Annoncen) in der Presse, durch den Werbefunk, das Werbefernsehen, durch Plakate, Prospekte, Kataloge, Werbebriefe, Schaufensterauslagen und vieles andere mehr versucht die Werbung, die Menschen als Verbraucher von Waren oder Dienstleistungen zu beeinflussen.

Unternehmen der Wirtschaft, Kirchen, Verbände, aber letztlich auch der Mann, dem der Hund weggelaufen ist und der deshalb Zettel an Bäumen anbringt, sie alle sind Werbungtreibende. Werbeberater und Werbeagenturen bezeichnet man als Werbungsmittler, wenn sie den Werbeträgern (Zeitung, Funk, Fernsehen usw.) Werbeaufträge vermitteln. Früher gab es nur »Annoncenexpeditionen«, die Anzeigen entgegennahmen und an die Verlage weitergaben. Heute gestalten ihre Nachfolger, die Werbeagenturen, komplette Werbekampagnen.

Wenn wir beim Frühstück das Radio einschalten, hören wir Werbung. Schlagen wir die Tageszeitung oder eine Illustrierte auf, sehen wir Werbung. Auf dem Weg zum Bus begegnet uns die Werbung als Großplakat oder Autoaufschrift. Wenn wir abends vor acht vor dem Fernsehapparat sitzen: wieder Werbung. Wo wir auch sitzen, stehen oder gehen, die Werbung ist stets mit uns: als Funk- oder Fernseh-»Spot«, wie die Werbeleute sagen, als Inserat, Plakat oder Leuchtschrift.

Einprägsame Werbesprüche nennt man Slogans. Die Überschriften von Anzeigen oder Plakaten heißen Schlagzeilen.

Werbung soll verkaufen helfen. Deshalb geben Unternehmen Jahr für Jahr große Summen für Werbung aus. Allein in der Bundesrepublik Deutschland waren es 1973 fast fünf Milliarden DM bei Rundfunk, Fern-

Litfaßsäule

Werb

sehen und Anzeigen (überregional). Es gibt viele Formen und Möglichkeiten, eine Ware, eine Idee »an den Mann zu bringen«.
Früher reichte es aus, wenn der Kaufmann an der Ecke mit weißer Farbe in großen Lettern an sein Schaufenster schrieb: »Heute frische Bananen«. Damals waren Bananen rar, und bis zum Abend waren sie verkauft. Der Kaufmann hatte erfolgreich geworben.
Heute müssen die Unternehmen zusammen mit Werbeberatern und Werbeagenturen ausgeklügelte Strategien entwickeln, um das gleiche Ziel zu erreichen. Das Warenangebot ist unübersichtlich geworden; viele Firmen stehen miteinander im Wettbewerb. Sie stellen ähnliche Produkte her und müssen diese verkaufen. Also treiben sie Werbung.
Wie wird Werbung gemacht und wie wirkt sie? Ein Hersteller will ein neues Produkt auf den Markt bringen, d. h. der Verbraucher soll es beim Kaufmann an der Ecke kaufen. Zunächst befragen Marktforscher eine bestimmte, zuvor genau festgelegte Personenanzahl, ob das geplante Produkt die Erwartungen der späteren Käufer erfüllt. Dafür sind Produktnutzen, Preis, Verpackung, Qualität und Name wichtig. Die Untersuchungsergebnisse entscheiden über die Produktausstattung wie Geschmack, Verpackung, Farbe, Markenname und vor allem über die künftige Werbeaussage zum Produkt. Dann legt das Unternehmen die Werbe- und Verkaufsstrategie, mit der das Produkt in den Markt eingeführt werden soll, fest.
In der Werbeabteilung großer Unternehmen oder mit Hilfe von Werbeagenturen wird nun die Werbekampagne entwickelt. Daran arbeiten Konzeptionsfachleute, die aufgrund von Marktforschung, Verbraucherpsychologie und Marketingwissen festlegen, was für eine erfolgreiche Werbung getan werden muß. Anhand der Werbekonzeption gestalten Texter und Grafiker die Werbemittel. Mediafachkräfte legen fest, wie man mit dem zur Verfügung stehenden Werbeetat die meisten Verbraucher des Produkts erreicht. Dabei wendet man sich an genau festgelegte Zielgruppen, z. B. Hausfrauen, Autofahrer, Kanarienvogelbesitzer usw. Wichtig sind auch die sogenannten Produktioner, die dafür sorgen, daß die Werbemittel richtig und bestmöglich wiedergegeben werden. Die Werbeträger tragen die Werbebotschaft über Anzeige, Fernseh- oder Funkspot und Plakat an die möglichen Käufer heran.
Bevor die Publikumswerbung einsetzt, muß allerdings darauf geachtet werden, daß das neue Produkt auch bei dem entsprechenden Kaufort (Einzelhändler, Supermarkt, Kaufhaus) erhältlich ist. Darum muß der Hersteller des Produktes zunächst einmal den Händler umwerben, damit dieser das Produkt ins Verkaufssortiment aufnimmt.
Neue Produkte werden oft in sogenannten Testmärkten (z. B. in einer Großstadt wie Berlin) auf ihre Verkaufschancen erprobt.

Werf

Durch die Werbung, sei sie sachlich informativ oder gefühlsbetont, werden die Menschen mit dem neuen Produkt bekanntgemacht. Fühlt sich der Umworbene angesprochen und glaubt er, daß er es kaufen und besitzen möchte, so hat die Werbung ihren hauptsächlichen Zweck erfüllt. Was jetzt folgt, bezeichnet man als die »Macht des mündigen Verbrauchers«. Stellt nämlich der Käufer oder die Käuferin fest, daß die Ware die durch die Werbung erweckten Erwartungen, den Verbrauchernutzen, nicht erfüllt, wird er das Produkt nie wieder kaufen. Dadurch wird der Hersteller gezwungen, das Produkt aus den Regalen des Handels zu nehmen, es zu verbessern, oder es nicht mehr herzustellen. Werbung kann also nur wirken, wenn sie im Dienst des Menschen, zum Nutzen des Verbrauchers gemacht wird.

Werbung soll Aufmerksamkeit wekken. Daß das geht, hat ein amerikanisches Magazin bewiesen. Die Leute von ›Time‹ haben an die großen amerikanischen Agenturen einen Brief geschrieben: »... laden wir Sie ein, eine vierfarbige Anzeige zu einem Thema nach Ihrer Wahl zu gestalten. Die besten Motive wählen wir aus und veröffentlichen sie – kostenlos – zusammen mit einem Porträt der Agentur...«

Damit hatten die amerikanischen Agenturen eine Aufgabe, die ihnen wirklich Spaß machte, mit der sie sich zwar keinen Cent, aber viel Ruhm verdienen konnten.

Die Öffentlichkeit staunte, als sie in ›Time‹ dann so ungewohnter Werbung begegnete: Da war plötzlich ein Foto von einer Ruine in den Slums von New York zu sehen, ein verfallenes Gebäude, das erste Stockwerk stand gerade noch, die rohen Ziegelsteine schauten heraus, der Putz war schon abgefallen, und häßliche Risse zogen sich über die Hauswand. »Mit 1 Dollar können Sie hier einen Spielplatz bauen«, stand in großen Buchstaben unter der Fotografie, und weiter unten stand kleiner geschrieben: »Wir brauchen 25 000 Mitbürger, die uns einen Dollar schicken. Dann wird dieser Spielplatz Wirklichkeit.«

Diese Anzeige hatte unerwarteten Erfolg: nicht nur 25 000, sondern 48 000 Amerikaner hatten diese Anzeige beim Wort genommen und entsprechend gehandelt. Das Geld reichte jetzt sogar für zwei neue Kinderspielplätze.

Aus den Werbeeinnahmen bestreiten Rundfunk- und Fernsehsender neue Produktionen, und die Illustrierte am Zeitungskiosk, die wir Woche für Woche für 2,– DM kaufen, würde ohne Inserate etwa 8,– DM kosten. Werbung ist zu einem bedeutenden Wirtschaftsfaktor geworden.

• • •

Werft wird ein Industrieunternehmen für den Bau und die Ausbesserung von Schiffen genannt. Bei den Stichwörtern »Dock«, »Helling« und »Stapellauf« steht mehr darüber.

119

Werg

Werg entsteht als Abfallprodukt bei der Bearbeitung von Flachs und Hanf. Man verwendet Werg als Abdichtungs-, Polster- und Putzmaterial.

Werkstoffprüfung oder auch Materialprüfung nennt man bei Werkstoffen und Fertigteilen die Überprüfung, ob ihre Eigenschaften sowohl den über sie gemachten Angaben als auch den an sie gestellten Anforderungen entsprechen. In chemischen, physikalischen und mechanischen Untersuchungen wird ein Material unter verschiedenen Beanspruchungen und bei hohen sowie tiefen Temperaturen auf seine Druck-, Zug-, Biege-, Knick- und Verdrehungsfestigkeit getestet, ferner ob es z. B. wasserdicht, wasserlöslich, feuer-, säure- und reißfest, lichtdurchlässig, wärmeisolierend, schalldämmend, unzerbrechlich, rostfrei und anderes mehr ist. Überprüft werden hauptsächlich Baumaterialien (Beton, Ziegelsteine, Bauplatten), aber auch Kunststoffe, Treibriemen, Sicherheitsglas, Schmiermittel, Autoreifen usw.

Werkstudenten verdienen sich ihren Lebensunterhalt während des Studiums ganz oder teilweise selbst. Nach dem Ersten und Zweiten Weltkrieg, als es kaum Studienbeihilfen gab, waren die Werkstudenten sehr zahlreich.

Werkunterricht soll bei Schülern Interesse und Verständnis für handwerkliche Arbeit wecken. An vielen Volks- und höheren Schulen ist der Werkunterricht, oft in Verbindung mit Kunsterziehung, ein offizielles Unterrichtsfach. Im Werkunterricht kann man lernen, Dinge aus Holz, Metall, Gips, Ton, Stoff, Leder usw. selbst herzustellen.

Werkzeug braucht man in jedem Haushalt, hauptsächlich für kleinere Reparaturen. Die nötigsten Werkzeuge sind Hammer, Kneif- und Flachzange, Bohrer, Schraubenzieher, Feile, Stemmeisen, Schraubenschlüssel, Beil, Spachtel, Scheren, Metall- und Holzsäge (Fuchsschwanz).

Werkzeugmacher nennt sich ein Beruf aus der Gruppe der Maschinenbauer. Wie in jedem andern Handwerk werden die Lehrlinge zu Gesellen und Meistern ausgebildet.

Wermut, ein auf dürrem Boden wachsender Korbblütler, gehört zu den Heilkräutern. Die Pflanze hat filzige silbergraue Blätter, gelbe Blütenköpfchen und verbreitet einen fast unangenehm starken Geruch. Sie enthält in allen ihren Teilen Bitterstoffe, die Magen- und Darmheilmitteln zugesetzt und zum Würzen von Wein verwendet werden.

Wermutwein ist ein Wein, dem Würzkräuter, vorwiegend Wermutkraut, beigesetzt werden. Er muß zu 75% aus Wein bestehen.

Werra heißt der Hauptquellfluß der Weser, der im Thüringer Wald entspringt. Die Werra vereinigt sich bei Hannoversch-Münden mit der Fulda zur Weser.

Wertpapiere sind Urkunden, die ein privates Recht verbriefen, das an den Besitz dieser Urkunden gebunden ist. Zu den Wertpapieren gehören z. B. Banknoten, Schecks, Wechsel,

Aktien, Anleihen, Pfandbriefe und Schuldverschreibungen.

Weser heißt ein deutscher Fluß, der bei Hannoversch-Münden aus der Vereinigung von Werra und Fulda entsteht. Von dort aus fließt die Weser durch das Weserbergland, erreicht nach der Porta Westfalica bei Minden die Norddeutsche Tiefebene und mündet nach 477 km in über 11 km Breite bei Bremerhaven in die Nordsee. Bis Bremen ist die Weser für Seeschiffe befahrbar. Durch den Mittellandkanal ist sie mit dem Rhein und der Elbe verbunden.

Wesir nennt man in islamischen Ländern einen Minister. In der Türkei war der Wesir früher ein hoher Würdenträger.

Wespen gehören zu den Hautflüglern. Im allgemeinen Sprachgebrauch bezeichnet man jedoch als Wespen nur die Faltenwespen, eine Familie der Stechwespen. Sie sind gelb-schwarz gezeichnet und haben durch eine Einschnürung am Beginn des Hinterleibs eine »Wespentaille«. Man hat sie Faltenwespen genannt, weil sie ihre Flügel in der Ruhe längs einfalten. Wie alle Stechwespen haben sie einen Giftstachel, mit dem sie sich wehren und ihre Beute erlegen können, sowie kauende Mundwerkzeuge. Sie ernähren sich von Obst und süßen Säften, seltener von Fleisch und anderen Insekten, womit sie jedoch ihre Larven füttern. Man unterscheidet die einzelnlebenden, Lehmnester bauenden Lehmwespen von den in Gesellschaft lebenden Papierwespen, die ihr Nest aus feinzerkautem Holz papierartig dünn herstellen. Zu den Papierwespen gehören als größte Wespenart die Hornissen. Ein Wespenstaat besteht im Gegensatz zum Bienenstaat nur einen Sommer lang. Die wenigen den Winter überlebenden Weibchen gründen im Frühling neue Staaten. (Siehe auch die Stichwörter »Hautflügler« und »Hornisse«)

Westerwald heißt ein Teil des Rheinischen Schiefergebirges. Das rechtsrheinische Mittelgebirge liegt zwischen Lahn und Sieg und besteht aus meist waldarmen, windigen und regenreichen Hochflächen. Im Fuchskauten steigt es bis 657 m an.

Westeuropa umfaßt geographisch Großbritannien, Irland, Frankreich und die Beneluxstaaten. Politisch versteht man unter Westeuropa das europäische Gebiet westlich des Eisernen Vorhangs.

Westeuropäische Union nennt man einen Pakt, der unter dem Begriff »WEU« beschrieben ist.

Westfälischer Friede werden die 1648 in Münster und Osnabrück geschlossenen Verträge genannt, die den Dreißigjährigen Krieg beendeten. Vertragspartner waren Kaiser und Reich, Frankreich, Schweden und deren Verbündete. Die wichtigsten Bestimmungen auf konfessionellem Gebiet waren die Wiederherstellung des Augsburger Religionsfriedens und die Anerkennung der Reformierten. Auch entscheidende Gebietsveränderungen fanden statt: Der habsburgische Besitz im Elsaß fiel damals an Frankreich, Vorpommern und einige Ostseeinseln wurden schwedisch, Bayern be-

West

hielt die Oberpfalz, die Schweiz und die Vereinigten Niederlande schieden aus dem Reichsverband aus. Innenpolitisch wurde die Macht des Kaisers geschwächt, die Selbständigkeit der Landesherren dagegen vergrößert. Sie erhielten volle Souveränität und das Recht, Bündnisse untereinander und mit auswärtigen Mächten, außer gegen Kaiser und Reich, zu schließen. Im Reichstag bekamen neben Kurfürsten und Fürsten auch die Reichsstädte Sitz und Stimme. In dieser Form bestand der Deutsche Reichstag bis 1803. (Siehe auch die Stichwörter »Augsburger Religionsfriede« und »Dreißigjähriger Krieg«)

Westfalen bildet den nordöstlichen Teil des deutschen Bundeslands Nordrhein-Westfalen, das unter diesem Stichwort beschrieben ist.

Westfriesische Inseln, siehe Stichwort »Friesische Inseln«.

Westgoten waren ein Teilvolk der Goten. Bei den Stichwörtern »Goten« und »Völkerwanderung« ist von ihnen berichtet.

Westindische Inseln oder Westindien heißen die Inselgruppen, die zwischen Nord- und Südamerika liegen und zu Mittelamerika gerechnet werden. Zu Westindien gehören die Bahamas, die Großen Antillen mit den Hauptinseln Kuba, Haiti, Jamaika und Puerto Rico sowie die Kleinen Antillen, die man in die östliche Gruppe der »Inseln über dem Wind« und die südliche der »Inseln unter dem Wind« eingeteilt hat. Den Namen »Westindien« erhielten diese Inselgruppen, weil Kolumbus, der den westlichen Seeweg nach Indien suchte, am 12. 10. 1492 die Bahama-Insel Guanahani (auch San Salvador oder Watlingsinsel genannt) und danach Cuba sowie Haiti entdeckte. So erklären sich auch die Bezeichnung »Indianer«, die Kolumbus den Ureinwohnern Amerikas gab, sowie der Name »Ostindien« für Indien. Angaben über die Westindischen Inseln sind unter den Stichwörtern »Antigua«, »Antillen«, »Bahama-Inseln«, »Barbados«, »Cuba«, »Curaçao«, »Dominikanische Republik«, »Guadeloupe«, »Haiti«, »Jamaika«, »Martinique«, »Puerto Rico« und »Trinidad« zu finden.

Westmächte nannte man im Ersten Weltkrieg Frankreich und Großbritannien. Seit 1945 nennt man die USA und ihre Verbündeten Westmächte.

Westminsterabtei (Westminster Abbey) heißt die berühmte, seit 1245 im gotischen Stil erbaute Krönungskirche und Grabstätte der englischen Könige und Königinnen. Sie befindet sich in Westminster, einem südwestlichen Stadtteil Londons, nahe der Themse beim Parlamentsgebäude. Auch bedeutende englische Staatsmänner und Künstler sind in der Westminsterabtei beigesetzt oder erhielten dort Gedenktafeln. Das letzte festliche Ereignis in dieser Kirche war die Trauung von Prinzessin Anne im November 1973.

Westpakistan führt nach der Trennung von Ostpakistan den Namen Pakistan.

Weströmisches Reich ist unter dem

Stichwort »Römisches Reich« beschrieben.

West Virginia [uéßt wördschíhnjä], ein Bundesstaat im Osten der USA, südöstlich des mittleren Ohio, umfaßt ein Gebiet von 62 629 qkm und hat 1,75 Millionen Einwohner. Die Hauptstadt heißt Charleston. West Virginia wird die »Schweiz Amerikas« genannt.

Wetter ist der jeweilige Zustand der untersten Schicht der unsere Erde umgebenden Lufthülle, der Troposphäre (siehe Stichwort »Atmosphäre«). Regengüsse oder Dürre, Gewitter, Hagelschlag und Stürme haben nicht nur unseren Urahnen in der Vorzeit Angst, Schrecken und Schaden an Leib und Leben gebracht. Der Einfluß des Wetters auf unser heutiges modernes Leben ist nicht weniger bedeutend. Bei Nebel zum Beispiel erhöhen sich die Unfallquoten auf den Straßen drastisch. Ein Kälteeinbruch zur Zeit der Obstbaumblüte verringert die kommende Ernte, wenn sie nicht sogar gänzlich vernichtet wird. Ein Tornado über Nordamerika verursacht in wenigen Minuten ungeheure Sachschäden, oft werden auch zahlreiche Menschen dabei verletzt oder getötet. Schon seit 200 Jahren beobachten wir Menschen die Wettererscheinungen regelmäßig. Seit dem Jahre 1643 wird mit dem Barometer der Luftdruck gemessen, und seit 1876 gibt es in Deutschland täglich Wetterkarten.

Zuerst war die Wettervorhersage eine Volkskunst für Wahrsager. Später zog man aus sorgfältigen Beobachtungen bestimmte Erfahrungsregeln im Wetterablauf. Besonders die Bauern waren durch ihre naturgebundene Lebensweise gute Wetterkenner. Heute ist die Wetterkunde eine eigene Wissenschaft, die Meteorologie. Der Deutsche Wetterdienst ist eine staatliche Institution, die täglich die unbedingt nötigen Wettermeldungen für den Luftverkehr, die Schiffahrt, die Landwirtschaft, aber auch für das Gesundheitswesen und die gesamte Industrie herausgibt. Darüber hinaus tauscht der Deutsche Wetterdienst mit vielen Staaten der Erde Wettermeldungen und Wetterkarten aus.

Wie entsteht das Wetter? Der Motor des Wetterkreislaufs ist die Sonnenwärme. Zu den Wetterelementen gehören also vor allem die Sonnenstrahlung, dann die Temperatur, der Luftdruck und die Luftfeuchtigkeit, die Bewölkung, der Niederschlag und die Sicht. Durch die Sonnenwärme verdampft das Wasser, es bilden sich Wolken; wenn diese abkühlen, kommt es zu Niederschlag in verschiedenen Formen (Regen, Hagel, Schnee). Die Sonnenstrahlung erwärmt auch die Luft. Sie steigt auf, und durch die nachströmende kühlere Luft wird ein Luftstrom erzeugt, den wir Wind nennen.

Wenn im Wetterbericht von der Wetterlage die Rede ist, verstehen wir darunter die räumliche Zusammenfassung des Wetters in einem bestimmten Gebiet. Den Wetterablauf während mehrerer Tage bezeichnet man als Witterung, und mit

dem Begriff Klima ist der Wetterablauf in einem Gebiet während mehrerer Jahrzehnte gemeint.
Seit wir das Wetter nicht nur von der Erde aus beobachten müssen, ist es in der Wetterkunde zu revolutionären Fortschritten gekommen. Wettersatelliten melden uns den Standort eines jeden Orkans, seine Geschwindigkeit und auch die Richtung, in die er sich bewegt. Ob wir Menschen einmal den Verlauf des Wetters künstlich werden beeinflussen können? Die Prognosen und erste Versuche deuten darauf hin. Ob wir uns aber damit wirklich einen Dienst erweisen und nicht das Gleichgewicht der Natur endgültig durcheinanderbringen werden, ist noch die Frage.
Verschiedene Wetterlagen zeigt die Farbtafel »Wetter« Seite 96/97.

Wetterkunde oder Meteorologie, siehe Stichwort »Wetter«.

Wetterleuchten wird der Lichtschein eines fernen Gewitters genannt, dessen Donner wegen der großen Entfernung nicht zu hören ist. Nur abends oder nachts kann man Wetterleuchten beobachten.

Wettersteingebirge heißt eine Gruppe der Bayerisch-Nordtiroler Kalkalpen zwischen dem Fernpaß und dem Seefelder Sattel. Die Zugspitze ist mit 2963 m die höchste Erhebung des Wettersteingebirges und der Bundesrepublik Deutschland.

WEU (Westeuropäische Union) heißt die Gemeinschaft Großbritanniens, Frankreichs, der Beneluxstaaten, Italiens und der Bundesrepublik Deutschland. Sie ist in die NATO eingegliedert und hat ihren Sitz in London.

Whisky [uíßki] ist ein Branntwein, der aus Gerste, Roggen oder Mais gebrannt wird. Der Whisky stammt aus Schottland und hat als »Scotch« einen typischen Rauchgeschmack. Heute stellt man ihn auch in Irland, England und in den USA her. Whisky soll einige Jahre in Eichenfässern lagern. Er wird pur, mit Sodawasser, Wasser oder Eiswürfeln (»on the rocks«) getrunken.

Wicken bilden eine artenreiche Gattung der Schmetterlingsblütler. Die meist kletternden Pflanzen haben paarig gefiederte Blätter. Ihre Samen stecken in Hülsen. Wicken sind häufig vorkommende Unkräuter, sie werden aber als Futterpflanzen oder Gründünger angebaut. Die Blüten der Gartenwicke haben zarte Pastellfarben und verströmen einen lieblichen Duft.

Wickler (Blattwickler, Blattroller) sind kleine Schmetterlinge, deren Raupen die schädliche Gewohnheit haben, Blätter mit Gespinstfasern zu einem Unterschlupf zusammenzuwickeln und sie teilweise auch aufzufressen. Eichenwickler z. B. fressen nicht selten ganze Bäume kahl. Der »Wurm« in Äpfeln und Birnen ist die mit winzigen Füßen versehene Raupe des Apfelwicklers. Weitere Schädlinge sind die Traubenwickler (siehe dieses Stichwort).

Widder nennt man das männliche Schaf, den Schafbock. Auch ein Sternbild am nördlichen Himmel heißt Widder (siehe dazu Abbildung Band 1, Seite 61).

Widerstand setzt jede elektrische Leitung dem durchfließenden Strom entgegen. Dieser Widerstand ist abhängig vom Material des Leiters, seinem Querschnitt und seiner Länge. Die Einheit des Widerstands hat man nach dem deutschen Physiker Ohm benannt. 1 Ohm (Zeichen: Ω) ist der Widerstand, den eine Quecksilbersäule von 1 qmm Querschnitt und 106,3 cm Länge bei 0° Celsius dem Strom entgegensetzt.

Widerstand gegen die Staatsgewalt wird mit Freiheitsstrafe geahndet. Man versteht darunter Auflehnung, Drohungen oder Tätlichkeiten gegenüber einem Vollstreckungsbeamten, z. B. einem Polizisten oder Gerichtsvollzieher, der sein Amt rechtmäßig ausübt.

Widerstandsbewegung ist die Bezeichnung für den organisierten Widerstand größerer oder kleinerer Gruppen gegen eine Diktatur oder Besatzungsmacht. Im nationalsozialistisch regierten Deutschen Reich gab es Widerstandsbewegungen in der Heimat und in den besetzten Gebieten. In der Heimat lehnten sich Angehörige der politisch verfolgten Linken (Sozialdemokraten, Kommunisten, Gewerkschaften) und Liberalen auf, ferner Christen, Militär, Adel, Studenten, Künstler und Intellektuelle. Unter Einsatz ihres Lebens versuchten sie, dem Nationalsozialismus und dem Krieg ein Ende zu machen, das deutsche Volk und die Menschenwürde zu retten. Die meisten von ihnen mußten langjährige, grauenvolle Haft in Konzentrationslagern ertragen, viele wurden umgebracht. In den von der Deutschen Wehrmacht besetzten Gebieten gehörten die Widerstandskämpfer der einheimischen Bevölkerung an, der sich auch Deutsche anschlossen. Sie wurden zum Teil von den Alliierten unterstützt. Sie führten ihren Befreiungskampf als Saboteure oder Partisanen und im offenen Aufstand in Frankreich, Belgien, Holland, Dänemark, Norwegen, Polen, in der Sowjetunion, in Jugoslawien, Italien und in Griechenland. Weiteres hierzu steht bei den Stichwörtern »Weiße Rose« und »Zwanzigster Juli«.

Wiedehopf heißt ein amsel- bis taubengroßer rötlichgrauer Zugvogel, der sich gern auf Viehweiden und an Waldrändern aufhält. Er hat einen langen, leichtgebogenen Schnabel und eine auffällige schwarz-weiße Bebänderung der Flügel. Am auffälligsten aber ist sein orangeroter, mit schwarzen Spitzen versehener Federschopf, den er wie einen Indianerkopfputz aufstellen kann. Der Wiedehopf brütet in Höhlen, vor allem von Bäumen. Das Weibchen schützt seine Jungen vor Nesträubern durch eine übelriechende Ausscheidung.

Wiederbelebungsversuche werden angewandt, um die Atmung und die Herztätigkeit eines Menschen wieder in Gang zu setzen. Man spritzt Kreislaufmittel ein oder wendet Herzmassage und künstliche Atmung an.

Wiederkäuer im engeren Sinne bilden eine Unterordnung der Paarhufer, zu der Rinder, Hirsche, Ziegen,

Wied

Gemsen, Schafe, Giraffen und Antilopen gehören. Sie haben einen vierteiligen Magen, der es ihnen ermöglicht, ihre nährstoffarme Nahrung besonders gut auszunutzen. Die fast unzerkaut verschlungene Nahrung gelangt zunächst über den Netzmagen in den sehr großen Pansen. Ein Wiederkäuer kann lange grasen, bis sein Pansen voll ist. Dann kommt der in ihm gelagerte, leicht vorverdaute Futterbrei in kleinen Portionen ins Maul zurück, wo das Gefressene nochmals, aber gründlich gekaut und eingespeichelt wird. Nun wandert der Speisebrei in den Blättermagen und von dort in den Labmagen. Hier wird er mit Verdauungssäften, dem Lab, durchsetzt. Der Labmagen ist der eigentliche Magen, Pansen, Netz- und Blättermagen sind Erweiterungen der Speiseröhre. Zum Wiederkäuen legt sich das Tier bequem hin, bei Rindern dauert dieser Vorgang 6–7 Stunden.

Wiedertäufer bildeten während der Reformationszeit eine protestantische Sekte, die sich von der Schweiz aus über Mitteleuropa verbreitete. Sie lehnten die Kindertaufe ab und nahmen bei Erwachsenen eine nochmalige Taufe, die Wiedertaufe, vor. Luther bekämpfte die Wiedertäufer als »Schwarmgeister«.

Wiedervereinigung nennt man die 1945 im Potsdamer Abkommen zugesagte spätere Wiedervereinigung des in vier Besatzungszonen aufgeteilten Deutschland. Durch die Gründung der Bundesrepublik Deutschland und der Deutschen Demokratischen Republik (1949) sowie den Anschluß dieser beiden Staaten an den westlichen bzw. östlichen Machtblock ist die Wiedervereinigung in weite Ferne gerückt. In dem 1973 zwischen den beiden deutschen Staaten geschlossenen Staatsvertrag wird, ohne den Willen zur Wiedervereinigung aufzugeben, die Selbständigkeit beider Staaten anerkannt.

Wien ist die Hauptstadt von Österreich und mit 414 qkm das kleinste österreichische Bundesland. Die rund 1,7 Millionen Einwohner zählende Stadt liegt an der Einmündung der Wien in die Donau, am Fuß des Wienerwalds, dem nordöstlichsten Ausläufer der Ostalpen. Aus alten Befestigungswällen entstand in der Mitte des 19. Jahrhunderts der großzügig angelegte Ring, eine Prachtstraße mit Monumentalbauten. Dort befinden sich die Neue Universität, das Rathaus, das Parlamentsgebäude, verschiedene Museen, das Burgtheater, die Neue Hofburg und die Staatsoper inmitten von Parks und Volksgärten, die mit Brunnen und Denkmälern geschmückt sind. Vom Ring eingeschlossen ist die Altstadt mit mittelalterlichen Kirchen und Barockpalästen. Ihren Mittelpunkt bildet der gotische Stephansdom, das Wahrzeichen von Wien. In der Altstadt liegt auch die Alte Hofburg mit der Spanischen Hofreitschule, in der man die Künste der weißen Lipizzanerhengste bewundern kann. Die neueren Stadtviertel gehen im Westen und Nordwesten in Weinberge und kleine Weindörfer über, von denen Sievering, Grinzing und Nußdorf die bekanntesten sind. Weltbekannt ist auch der an der Donau gelegene Prater, ein Vergnügungspark mit Riesenrad. Als Residenz der Habsburger, als Mittelpunkt des österreichisch-ungarischen Kaiserreichs war Wien nicht nur eine politisch wichtige Stadt, nicht nur das vermittelnde Element zum Balkan hin, sondern vor allem auch ein Zentrum der Kultur, ganz besonders der Musik. Hier lebten und komponierten Haydn, Mozart, Beethoven, Schubert und Brahms. Hier schrieben auch Johann Strauß Vater und Sohn ihre Walzer. Die Wiener Philharmoniker und Symphoniker gehören noch immer zu den bedeutendsten Orchestern der Welt. Auch das Theater in Wien hatte von jeher Weltrang. Heute ist Wien der Sitz des Bundespräsidenten, der Bundesregierung und des Parlaments, außerdem Behördensitz des Bundeslands Niederösterreich. Wien ist das Wirtschaftszentrum Österreichs und hat eine bedeutende Maschinen-, Textil-, Mode- und Lederindustrie.

Wiener Klassik ist beim Stichwort »Klassik« zu finden.

Wiener Kongreß war eine Versammlung europäischer Herrscher und Staatsmänner, die 1814/15 in Wien stattfand. Das Ziel der Zusammenkunft war, nach dem Sieg über Napoleon I. die Ländergrenzen in Europa, die sich unter der Herrschaft Napoleons stark verschoben hatten, neu festzusetzen. Als große Gegenspieler standen sich der französische Außenminister Talleyrand, der russische Zar Alexander I. und der österreichische Staatskanzler Metternich gegenüber. Die wichtigsten Ergebnisse des Wiener Kongresses waren, daß aus dem Deutschen Reich der Deutsche Bund, ein bis 1866 bestehender loser Staatenbund, wurde, daß Preußen, obwohl Österreich im Deutschen Bund eine Vormachtstellung innehatte, durch große Gebietsgewinne an Macht bedeutend zunahm und daß es Frankreich gelang, seine Stellung in Europa nicht nur zu behalten, sondern sogar noch zu festigen, was nur der geschickten Politik Talleyrands zuzuschreiben war. Während des Kongresses fanden so viele Bälle statt, daß man sagte: »Der Kongreß tanzt!«

Wienerwald heißt ein bewaldetes Mittelgebirge südwestlich von Wien, das von dem nordöstlichsten Ausläufer der Ostalpen gebildet wird. Im Schöpfl steigt der Wienerwald bis zu 893 m an. Vom Kahlenberg aus hat man einen schönen Blick auf Wien.

Wiesbaden, die Hauptstadt des Landes Hessen, liegt zwischen dem Südhang des Taunus und dem Rhein. Die Stadt hat 252 000 Einwohner. Sie ist wegen ihrer Thermalquellen ein alter, angesehener Bade- und Kurort. In Wiesbaden gibt es Sektkellereien, aber auch Zement- und Kunststoffwerke. Außerdem ist dort der Sitz des Bundeskriminalamts sowie des Statistischen Bundesamts.

Wiesel sind kleine, flinke Raubtiere mit kurzen Beinen. Unter den Stichwörtern »Marder« und »Hermelin« sind sie beschrieben.

Wigwam nannten die Algonkin-Indianer ihr Kuppelzelt. Heute bezeichnet man alle indianischen Wohnformen, ob es nun Hütten oder Zelte sind, als Wigwams.

Wikinger findet man beim Stichwort »Normannen«.

Wilde, Oscar [u-aild], ein in Irland geborener Schriftsteller, lebte von 1854 bis 1900. Er war ein geistreicher Außenseiter der Gesellschaft, und gerade deshalb wurde er von seinen Zeitgenossen ebenso geliebt wie verachtet. Er schrieb Märchen, den Roman ›Das Bildnis des Dorian Gray‹, die Erzählung ›Das Gespenst von Canterville‹ und viele gesellschaftskritische Lustspiele, in denen er die englische Gesellschaft zur Zielscheibe seines Witzes machte.

Wilde Jagd wird im Volksglauben eine Geisterschar genannt, die nachts, begleitet von Hundegebell und dem Klang von Jagdhörnern, wie ein Sturm durch die Lüfte braust. Ihr Anführer zu Pferde ist der Wilde Jäger. Die Wilde Jagd treibt vor allem in den sogenannten Rauhnächten zwischen dem 25. 12. und dem 6. 1. ihren Spuk.

Wilder, Thornton [u-ailder], ist ein amerikanischer Erzähler und Dramatiker; er wurde 1897 geboren und war 1930–37 Universitätslehrer in Chicago. Berühmt wurde er durch seinen Roman ›Die Brücke von San Luis Rey‹ und durch die erdachten Briefe und Dokumente ›Die Iden des März‹. Außerdem schrieb er viele Theaterstücke. In dem Stück ›Unsere kleine Stadt‹ verzichtet Wilder auf Bühnenbild und Requisiten und erweckt gerade deshalb beim Zuschauer genaue Vorstellungen, die sich in dessen Phantasie einstellen. Das Theaterstück ›Wir sind noch einmal davongekommen‹ machte auf das deutsche Publikum nach dem Zweiten Weltkrieg besonderen Eindruck. Thornton Wilder erhielt 1957 den Friedenspreis des Deutschen Buchhandels.

Wildschweine nennt der Jäger wegen ihres dunklen, borstigen Haarkleids auch Schwarzwild. Er bezeichnet das männliche Schwein als Keiler, das weibliche als Bache, das im zweiten Jahr stehende junge Schwein als Überläufer und das gelbgestreifte Junge als Frischling. Wildschweine leben in Rotten. Sie bevorzugen dichte Wälder, wo sie sich von Eicheln und Bucheckern ernähren. Bei den Bauern sind sie nicht beliebt, weil sie auf Äckern durch Wühlen erheblichen Schaden anrichten. Das Wildschwein ist die Stammform unseres Hausschweins.

Wilhelm der Eroberer, Herzog der Normandie, erhob Ansprüche auf die englische Königskrone, landete im Jahre 1066 mit seinem Normannenheer in England und schlug die Angelsachsen bei Hastings. Er machte sich als Wilhelm I. zum englischen König und führte eine strenge Lehnsordnung ein.

Wilhelmshaven liegt zwischen dem Jadebusen und der Nordsee. Hier war früher der größte deutsche Kriegshafen. Heute ist der hervorragende Naturhafen ein wichtiger Ölumschlagplatz, von dem eine Pipeline ins Ruhrgebiet führt. Die Stadt

Wilna (litauisch Vilnius) heißt die an der Wilija liegende Hauptstadt der Litauischen Sozialistischen Sowjetrepublik. Sie hat 400 000 Einwohner und bildet das Wirtschafts- und Kulturzentrum Litauens. Die Stadt ist reich an schönen alten Bauten.

hat etwa 105 000 Einwohner und besitzt eine vielseitige Industrie, verschiedene Hochschulen sowie Museen.

Wimbledon [u-ímbldn] ist ein Villenvorort von London, in dem alljährlich Tennisturniere auf Rasenplätzen ausgetragen werden.

Wimpel sind dreieckige, längere oder kürzere Flaggen, die auf Schiffen als Signalzeichen gesetzt werden. Auch Sportvereine haben Wimpel mit ihrem Vereinsabzeichen.

Wimpertierchen bilden die höchstentwickelte Klasse der Urtiere (Protozoen). Es sind mikroskopisch kleine, einzellige Lebewesen, die sich mit Hilfe ihrer Wimpern fortbewegen. Zu den Wimpertierchen gehören die Glocken-, Pantoffel- und Trompetentierchen, die beim Stichwort »Aufgußtierchen« abgebildet sind. (Siehe auch Stichwörter »Pantoffeltierchen« und »Protozoen«)

Wind nennt man alle atmosphärischen Luftströmungen vom leichten Luftzug bis zum schweren Orkan. Erwärmte Luft dehnt sich aus, wird leichter und steigt. Da kalte, schwere Luft nachdrängt, entsteht eine Luftströmung. Wind weht also im allgemeinen vom Kalten ins Warme, von einem Gebiet hohen Luftdrucks in ein Gebiet niedrigen Drucks. Wegen der Reibung am Erdboden sind Bodenwinde langsamer und sanfter als Höhenwinde. Es gibt auf der Erde einige durch Tempcraturunterschiede bedingte, regelmäßig wiederkehrende Windsysteme. So weht z. B. der Wind im Gebirge tags bergauf (Aufwind) und nachts bergab (Fallwind). An den Küsten zieht der Wind am Tage vom Meer zum Land und in der Nacht vom Land zum Meer. Eine jahreszeitlich bedingte Luftströmung ist der Monsun Südostasiens, der im Sommer als warmer, feuchter Südwestwind vom Indischen Ozean zum asiatischen Kontinent und im Winter als kalter, trockener Nordostwind vom Kontinent zum Meer weht. Gleichmäßige Luftströmungen sind die zwischen den beiden Wendekreisen und dem Äquator wehenden Passate, die unter diesem Stichwort näher beschrieben sind. Von anderen Windarten ist bei folgenden Stichwörtern erzählt: »Blizzard«, »Bora«, »Brise«, »Flaute«, »Föhn«, »Hurrikan«, »Mistral«, »Orkan«, »Schirokko«, »Sturm«, »Taifun«, »Tornado«, »Windhose« und »Wirbelsturm«. Auch bei den Stichwörtern »Windmesser« und »Windstärken« steht Interessantes zu diesem Thema. Die Kraft des Winds wird von Segelflugzeugen, Segelschiffen, Windmühlen und Windkraftanlagen genutzt.

Windblütler sind Pflanzen, deren Bestäubung vom Wind übernommen wird und nicht von Insekten. Die männlichen Blütenstände haben oft die Form von hängenden Kätzchen und sind besonders reich an Pollen. Die weiblichen Blüten sind meistens

Wind

unscheinbar, ohne lebhafte Farben, ohne Duft und ohne Nektar. Zu den Windblütlern gehören alle Nadelbäume, die Mehrzahl unserer einheimischen Laubbäume, wie Eiche, Buche, Ulme, Pappel, Birke, Haselnuß, ferner alle Gräser samt den Getreidearten und einige Kräuter.

Windbruch entsteht, wenn ein starker Sturm in einen Nadelwald einbricht. Während die flach wurzelnden Fichten zumeist mit ihrem ganzen Wurzelballen aus dem Boden gerissen werden und wie gefällt daliegen, zerbrechen die Kiefern und zersplittern manchmal sogar in viele kleine Stücke. Laubbäume, deren Wurzeln tiefer in die Erde reichen, sind weniger gefährdet.

Winde nennt man ein Gerät zum Heben, Senken und Heranziehen von Lasten. Die einfachste Winde ist die Seilwinde, bei der ein Seil oder eine Kette mit der daranhängenden Last, z. B. einem Schiffsanker, über eine Trommel aufgewunden bzw. hinabgelassen wird. Ursprünglich bediente man sie mit der Hand, heute wird sie auch elektrisch angetrieben. Bei der Zahnstangenwinde kurbelt man eine gezahnte Hubstange durch Zahnradübersetzung auf- bzw. abwärts. Eine bekannte Zahnstangenwinde ist der Wagenheber. Das Heben oder Senken der hydraulischen Winde wird durch eine eingepumpte oder abgelassene Flüssigkeit, heute meistens Öl, hervorgerufen. Diese wirkt auf einen Tragkolben ein.

Winden sind Pflanzen, die an den Stengeln und Stämmen anderer Pflanzen hinaufklettern. Sie drehen nach links, haben pfeilförmige Blätter und Trichterblüten. Die weißen oder rosafarbenen Blüten der Akkerwinde, eines äußerst widerstandsfähigen Unkrauts, verbreiten einen zarten Duft und schließen sich am Abend oder bei trübem Wetter. Die reinweißen Blüten der Zaunwinde öffnen sich nur abends und werden von Schwärmern besucht. Verschiedene aus dem Mittelmeergebiet und Amerika stammende Zierwinden haben gelbe, leuchtendblaue oder purpurfarbene Blüten.

Windhose (Trombe) wird ein Wirbelsturm besonderer Art genannt. Aus einer Gewitterwolke hängt eine fast senkrechte, rüsselartige, rasch kreisende Luftsäule bis in Bodennähe herab und reißt Staub, Sand oder Wasser, aber auch Tiere, Menschen, Dächer und Bäume in die Höhe. Windhosen haben einen Durchmesser von 20–400 m und sind bis zu 1000 m hoch. Sie wandern mit den Gewitterwolken mit und können furchtbare Zerstörungen anrichten. Auf See nennt man sie Wasserhosen. Im südlichen Nordamerika werden Windhosen als Tornados bezeichnet. (Siehe Abbildung beim Stichwort »Sturm«)

Windhuk (amtlich Windhoek) heißt die Hauptstadt von Südwestafrika. Die 1655 m über dem Meer liegende Stadt hat 72 000 Einwohner, von denen etwa die Hälfte Weiße sind.

Windhunde gehören zu den schnellsten Tieren der Erde. Mit 25 m/s erreichen sie eine Stundengeschwindigkeit von 90 km. Die hochbeinigen, überschlanken Hunde werden als Jagdhunde zum Hetzen verwendet. Windhundrassen sind der kleine Whippet, den man auch Windspiel nennt, der große Greyhound, der langhaarige Afghane und der russische Barsoi. (Siehe Abbildung Windhund, Farbtafel »Hunde« Band 5)

Windkanal nennt man eine Anlage, in der Flugzeug- oder Automodelle bzw. Teile von ihnen auf ihr Verhalten bei großen Geschwindigkeiten untersucht werden. Physikalisch kommt es auf dasselbe heraus, ob man die zu überprüfenden Gegenstände oder die sie umgebende Luft bewegt. Infolgedessen hat man sich dazu entschlossen, die im Versuchsraum, dem Windkanal, fest aufgestellten Modelle gleichmäßigen und wirbelfreien Luftströmen von hohen Geschwindigkeiten auszusetzen. Durch starke Gebläse können im Windkanal sogar Überschallgeschwindigkeiten erreicht werden.

Nicht nur Fahrzeuge, sondern auch Bauwerke können im Windkanal getestet werden. Die Ergebnisse werden zusammen mit den neuesten Erkenntnissen der Meteorologie, Schwingungstechnik, Werkstoffkunde und Statik bei der Konstruktion berücksichtigt. Auf ein durch seine moderne Konstruktion besonders auffallendes Gebäude, wie z. B. das BMW-Verwaltungshochhaus in München, kann der Wind einen großen Einfluß im Schwingungsverhalten ausüben.

Ein Modell des Münchner BMW-Verwaltungsgebäudes (Größenverhältnis 1:200) wird im Windkanal getestet.

Modell von oben. Zur Verdeutlichung der Luftströme werden ihnen Staub- oder Farbpartikel beigegeben.

Windkraftanlagen fangen die natürliche Kraft des Winds mit Flügeln oder Rädern auf und setzen sie in mechanische oder elektrische Energie um. Die älteste Form einer Windkraftanlage ist die Windmühle, die ein Mahlwerk betreibt. Auch durch Wind angetriebene Pumpen zur Förderung von Grundwasser sind schon lange bekannt. Moderne Windkraftwerke zur Wasserversorgung oder Stromerzeugung arbeiten mit Turbinen. Natürlich kann man Windkraftwerke nur in windreichen Gebieten anlegen.

Windmesser (Anemometer) ist ein Gerät zur Messung der Windgeschwindigkeit. Es besteht aus einem drehbaren Schalenkreuz. An den vier Armen dieses Kreuzes befindet

Wind

sich jeweils eine hohle Halbkugel. Die Geschwindigkeit des Windes kann man in m/s oder km/h auf einer Skala ablesen. Die Richtung des Windes wird durch eine Windfahne oder einen Windsack angezeigt.

Windmühlen sind bei den Stichwörtern »Mühlen« und »Windkraftanlagen« beschrieben.

Windpocken, auch Feucht-, Schaf-, Spitzblattern oder Wasserpocken genannt, heißt eine im allgemeinen harmlose, aber sehr ansteckende, meistens mit Fieber verbundene Kinderkrankheit, deren Erreger ein Virus ist. Die Zeit von der Ansteckung bis zum Ausbruch der Krankheit, die sogenannte Inkubationszeit, beträgt zwei bis drei Wochen. Dann zeigen sich, hauptsächlich am Rumpf, bis erbsengroße rote Flecke. Diese verwandeln sich in Bläschen, die nach vier bis acht Tagen eintrocknen. Der dabei entstehende Schorf fällt nach etwa 14 Tagen ab. Sehr unangenehm ist der durch die Bläschen verursachte Juckreiz.

Windröschen sind Frühlingsblumen, die zur Art der Anemonen gehören und unter diesem Stichwort beschrieben sind.

Windrose nennt man eine Scheibe, von der man die Himmelsrichtungen ablesen kann. Sie ist entweder kreisrund mit einer Einteilung in 4, 8, 16, 32 oder 64 Striche, oder sie hat die Form eines Sterns mit 4, 8 oder 16 Zacken. Bei 4 Strichen bzw. Zacken sind die Hauptrichtungen Nord (N), Ost (O), Süd (S) und West (W), bei 8 Strichen bzw. Zacken außerdem Nordost (NO), Südost (SO), Südwest (SW) und Nordwest (NW) angegeben. Bei 16 Strichen bzw. Zakken kommen Nordnordost (NNO), Ostnordost (ONO), Ostsüdost (OSO), Südsüdost (SSO), Südsüdwest (SSW), Westsüdwest (WSW), Westnordwest (WNW) und Nordnordwest (NNW) dazu. Windrosen findet man im Kompaß und anderen Instrumenten, die bei der See- und Luftfahrt gebraucht werden. Auch auf Architekturzeichnungen sieht man häufig eine Windrose. Sie ermöglicht es, die Lage eines Hauses zu erkennen. Beim Stichwort »Kompaß« ist eine Windrose abgebildet.

Windskala heißt die Einteilung in Windstärken, die unter diesem Stichwort beschrieben sind.

Windspiel ist ein kleiner Windhund, den man unter dem Stichwort »Windhunde« findet.

Windstärken teilt man in der Wetterkunde nach der Beaufortskala (Windskala) ein. Sie umfaßt von 0 (Windstille) bis 12 (Orkan) alle Windstärken.

Stärke	Bezeichnung	Wirkung	Geschwindigkeit (m/s)
0	Windstille	Rauch steigt senkrecht	0,0–0,2
1	Leiser Luftzug	Rauch leicht schräg	0,3–1,5
2	Leichte Brise	Wind fühlbar	1,6–3,3
3	Schwache Brise	Blätter leicht bewegt	3,4–5,4
4	Mäßige Brise	Zweige leicht bewegt	5,5–7,9
5	Frische Brise	Äste leicht bewegt	8,0–10,7
6	Starker Wind	Äste stark bewegt	10,8–13,8

7	Steifer Wind	Stämme stark bewegt	13,9–17,1
8	Stürmischer Wind	Zweige brechen ab	17,2–20,7
9	Sturm	Dachziegel fallen	20,8–24,4
10	Schwerer Sturm	Bäume brechen ab	24,5–28,4
11	Orkanartiger Sturm	Dächer zerbrechen	28,5–32,6
12	Orkan	Mauern zerbrechen	über 32,7

Inzwischen ist die Windskala bis Stufe 17 (mehr als 56 m/s) erweitert. **Windstille** (Kalme) ist beim Stichwort »Flaute« beschrieben.

Winkel entstehen, wenn zwei in einer Ebene liegende Geraden, die verschiedene Richtungen haben, sich schneiden. Der Punkt, in dem sie sich treffen, heißt Scheitel des Winkels. Die beiden einen Winkel bildenden Geraden nennt man Schenkel des Winkels. Die Größe eines Winkels mißt man in Bogengraden und geht dabei von dem in 360 Grade eingeteilten Kreis aus. 1 Grad (1°) ist der 360ste Teil des Kreisumfangs. 1° wird in 60 Minuten (60') eingeteilt, 1' hat 60 Sekunden (60''). Beim rechten Winkel stehen die beiden Schenkel senkrecht aufeinander, er mißt 90°. Außer dem rechten Winkel gibt es noch den spitzen Winkel (kleiner als 90°), den stumpfen Winkel (größer als 90°, kleiner als 180°), den gestreckten Winkel (180°), den überstumpfen Winkel (größer als 180°, kleiner als 360°) und den Vollwinkel (360°). Komplementwinkel nennt man einen Winkel, der einen gegebenen Winkel zu 90° ergänzt. Er hat mit dem Winkel, den er ergänzt, ebenfalls den Scheitelpunkt und einen Schenkel gemeinsam. Die beiden anderen Schenkel bilden zusammen einen rechten Winkel. Nebenwinkel wird ein Winkel genannt, der einen gegebenen Winkel zu 180° ergänzt. Er hat mit dem Winkel, den er ergänzt, ebenfalls den Scheitelpunkt und einen Schenkel gemeinsam. Die beiden anderen Schenkel bilden jedoch zusammen eine Gerade. Als Scheitelwinkel bezeichnet man zwei Winkel, die den Scheitel gemeinsam haben und deren Schenkel paarweise zwei Geraden bilden. Scheitelwinkel entstehen beim Schnitt zweier Geraden.

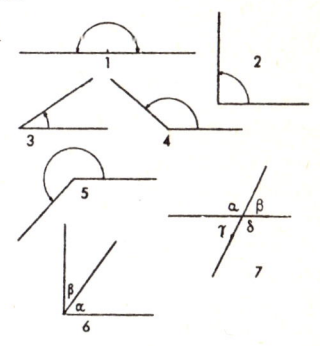

1. *Gestreckter Winkel,*
2. *Rechter Winkel,*
3. *Spitzer Winkel,*
4. *Stumpfer Winkel,*
5. *Überstumpfer Winkel,*
6. *Komplementwinkel,*
7. *Nebenwinkel (z. B. α und β) und Scheitelwinkel (α und δ, β und γ)*

Winkelmesser braucht man, um die Größe von Winkeln zu messen. Das kleine Gerät aus Papier, Blech oder Kunststoff besteht meistens aus einem Halbkreisbogen, der in 180°

Winn

eingeteilt ist. Durch Anlegen des Winkelmesser-Mittelpunkts an den Scheitelpunkt des zu messenden Winkels kann die Winkelgröße abgelesen werden. Für Messungen im Gelände verwendet man den Theodolit.

Winnipeg heißt die Hauptstadt der kanadischen Provinz Manitoba. Mit ihrer vielseitigen Wirtschaft (Metallindustrie, Fleischwarenfabriken, Erdölraffinerien) sowie dem bedeutenden Weizen- und Pelzmarkt ist die etwa 540 000 Einwohner zählende Universitätsstadt ein wichtiger Verkehrsmittelpunkt in Südkanada. Winnipeg liegt am North Red River, der in den 24 530 qkm großen Winnipegsee mündet. Durch den Nelson River wird der Winnipegsee in die Hudsonbai entwässert.

Wintergetreide wird das im Herbst ausgesäte, winterfeste Getreide (Winterweizen, -roggen und -gerste) im Unterschied zu dem im Frühjahr ausgesäten Sommergetreide genannt. Bei Wintergetreide ist der Ertrag höher.

Winterschlaf halten einige Säugetiere, um die kalte Jahreszeit und den mit ihr verbundenen Nahrungsmangel besser zu überstehen. Daher richten sie sich im Herbst einen Unterschlupf ein oder suchen rechtzeitig einen bewährten Schlafplatz auf. Bei den Winterschläfern sind alle Lebensfunktionen herabgesetzt. Obwohl sie Warmblüter sind, sinkt ihre Körpertemperatur auf 5° oder sogar bis auf 0° herab. Die Zahl ihrer Herzschläge beträgt nur noch drei oder vier in der Minute, auch ihre Atmung ist entsprechend verlangsamt. Da sie in dieser Zeit ihre Fettreserven verbrauchen, verlieren sie bis zu 40 Prozent ihres Körpergewichts. Zu den Winterschläfern gehören viele Nagetiere, z. B. Siebenschläfer, Murmeltiere, Hamster und Haselmäuse, aber auch Insektenfresser, wie Igel, und Flattertiere, wie Fledermäuse. Beim Eichhörnchen, beim Dachs und beim Bären spricht man von Winterruhe, da diese Tiere den Schlaf oft unterbrechen, um zu fressen. In Winterstarre dagegen verfallen viele Kaltblüter, wie Frösche, Eidechsen und Schnecken, sowie verschiedene Insekten.

Wintersport ist bei den einzelnen Stichwörtern »Bob«, »Eishockey«, »Eislauf«, »Eisschießen«, »Eissegeln«, »Schlitten«, »Schlittschuhe«, »Skeleton« und »Skifahren« beschrieben.

Wirbel ist ein Wort mit verschiedenen Bedeutungen. Als Wirbel bezeichnet man die einzelnen Knochenstücke, die die biegsame Wirbelsäule bilden. Auch die spiralförmige Anordnung von Haaren auf der Kopfhaut oder von Tastlinien auf den Fingerspitzen nennt man Wirbel. Die gleiche spiralige Form findet man in bewegten Flüssigkeiten und Gasen, z. B. als Wasserwirbel in Flüssen und als Wirbelstürme in der Luft. Ein schneller Schlagwechsel auf Pauken und Trommeln wird ebenfalls Wirbel genannt. Schließlich heißen bei Saiteninstrumenten die runden Holzpflöckchen, um welche die Saiten gewickelt sind, auch Wirbel. Durch Drehen dieser Wirbel werden die Saiten gespannt und dadurch gestimmt.

Wirbelsäule oder Rückgrat nennt man bei Menschen und Wirbeltieren die biegsame Achse des Knochengerüsts. Beim Menschen besteht die Wirbelsäule aus 24 Wirbeln, und zwar aus sieben Hals-, zwölf Brust- und fünf Lendenwirbeln, außerdem aus dem Kreuzbein und dem Steißbein, die beide durch die Verschmelzung von je fünf Wirbeln entstanden sind. Durch einen Hohlraum innerhalb eines jeden Wirbels entsteht ein Kanal, in dem sich, gut geschützt, das Rückenmark befindet. Zwischen den Wirbeln liegen polsterartig die Bandscheiben. Die Wirbel sind durch Zwischenwirbelgelenke, Bänder und Muskeln elastisch und beweglich miteinander verbunden. Die Wirbelsäule ist bei den Halswirbeln nach vorn, bei den Brustwirbeln nach hinten und bei den Lendenwirbeln wieder nach vorn gewölbt. Durch diese S-Form wirkt sie wie eine Feder, die Belastungen und Stöße auffangen und abschwächen kann.

Wirbelstürme sind spiralig kreisende Stürme von großer Heftigkeit, die oft von schweren Regengüssen begleitet werden. In Westindien nennt man einen Wirbelsturm Hurrikan, im Pazifik, besonders im Chinesischen und Japanischen Meer, Taifun, im Arabischen Meer Zyklon und im Süden der USA Tornado. Wirbelstürme können Geschwindigkeiten über 300 km/h erreichen. Sie richten furchtbare Zerstörungen an und sind für die Schiffahrt ganz besonders gefährlich. Unter den Stichwörtern »Hurrikan«, »Taifun«, »Tornado«, »Windhose« und »Zyklon« ist mehr über sie zu finden.

Wirbeltiere haben als gemeinsames Merkmal ein symmetrisch gebautes inneres Skelett. Es besteht aus festem Knorpel oder aus Knochenmasse und gliedert sich in einen Kopf-, einen Rumpf- und einen Schwanzteil. Alle Wirbeltiere haben rotes Blut, ein Gehirn und hochentwickelte Sinnesorgane. Sie pflanzen sich nur geschlechtlich fort. Ihre paarig angeordneten Gliedmaßen sind nach der Art, in der sie sich fortbewegen, als Flossen, Flügel, Beine und Arme verschieden geformt. Die Verbindung zwischen den Gliedmaßen und der Wirbelsäule, der Achse des Skeletts, wird durch den Schulter- und Beckengürtel hergestellt. Wirbeltiere bilden den obersten Tierstamm, den man in sieben Klassen einteilt, und zwar in Schädellose, Rundmäuler, Fische, Lurche, Kriechtiere, Vögel und Säuger. Zur Klasse der Säuger gehört auch der Mensch.

Wirkstoffe bestehen aus lebensnotwendigen Stoffen, die bei allen Lebewesen schon in kleinsten Mengen wichtige Reaktionen auslösen und steuern. Zu den Wirkstoffen gehören Fermente, Hormone, Spurenelemente, Vitamine und Wuchsstoffe, die bei diesen Stichwörtern erklärt sind.

Wirsing ist beim Stichwort »Kohl« zu finden.

Wirtschaft
Umschlagplatz für Milliarden

Unter dem Begriff Wirtschaft faßt man alle Einrichtungen, die das Bedürfnis der Menschen nach Waren befriedigen, zusammen. Die vielen Millionen Käufe und Verkäufe, die täglich zwischen Personen und Firmen getätigt werden, bilden zusammen das Wirtschaftsleben. Jeder von uns ist daran beteiligt, ob er nun einen Kaugummi kauft, ein Geschäft führt oder eine Wohnung mietet. Bindeglied all dieser Vorgänge ist das Geld, mit dem für Güter und Dienstleistungen bezahlt wird.

Die Summe aller »Einzelwirtschaften« – von den Milliardengeschäften der Industriekonzerne bis zu den Einnahmen und Ausgaben der Privathaushalte – ergibt, auf das ganze Land bezogen, die »Volkswirtschaft«: das Wirtschaftsleben eines Staatsvolks. Weil die Zusammenhänge zwischen den vielen einzelnen Vorgängen und Zahlen sehr kompliziert sind, gibt es hierfür ein eigenes Studienfach, das ebenfalls »Volkswirtschaft« heißt. Im Gegensatz dazu steht die »Betriebswirtschaft«, die sich damit beschäftigt, ein Unternehmen so zu organisieren, daß von ihm möglichst viel Gewinn »erwirtschaftet« wird.

»Betriebswirte« beraten also eine Firma, wie sie am besten zu einem höchstmöglichen Gewinn kommen kann. Wie diese Firma nun mit der Entwicklung der anderen Einzelwirtschaften eines Landes zusammenhängt und wieviel das Land z. B. insgesamt in einem Jahr produziert – damit beschäftigen sich die »Volkswirte«. Zu ihrem Arbeitsgebiet gehört auch die Beziehung zwischen dem Geld, das in einem Staat erwirtschaftet wird, und dem Geld, das der Regierung dieses Staats zur Finanzierung öffentlicher Aufgaben zur Verfügung steht. Nur ein Beispiel: Wenn die (private) Wirtschaft floriert, kann sie auch dementsprechend mehr Steuern zahlen. Mit diesem Geld, das in den »Haushalt« der Regierung fließt, kann diese den Bau von Straßen und andere Gemeinschaftsaufgaben bezahlen. Umgekehrt ist der Staat auch »Kunde« der Privatwirtschaft, denn besagter Straßenbau wird bei einzelnen Unternehmen in Auftrag gegeben, die ihn ausführen und dafür aus den öffentlichen Haushalten bezahlt werden. Dies ist ein Teil des »Wirtschaftskreislaufs«, der zugleich ein Geldkreislauf ist: Jemand produziert etwas – dazu gehören auch Dienstleistungen, wie die Beförderung von Personen im Taxi – und nimmt dafür Geld ein. Dieses Geld gibt er wieder aus, beispielsweise für Kleidung oder andere Dinge des täglichen Bedarfs. Das Geld fließt also im Einnahmen-Ausgaben-Kreis der Wirtschaft ständig weiter, es ist sozusagen der Antriebsstoff des Wirtschaftslebens, vergleichbar mit dem Benzin für den Automotor.

Auch das Ausleihen von Geld gegen Gebühr (Zinsen), also eine Kreditgewährung oder -aufnahme, ist ein Wirtschaftsvorgang: Es gibt dabei einen Gebenden und einen Nehmenden, und für den Gebenden fällt ein Gewinn ab. Der Empfänger wiederum »investiert« das Geld, vielleicht in den Bau eines neuen Fabrikgebäudes, und schafft so die Grundlage für eine weitere Ausdehnung seines Unternehmens.

Ölgesellschaften und Versicherungsunternehmen, Kaufhäuser und Autofabriken, Fluggesellschaften und Lebensmittel-Filialketten – diese »Großen« sind in der Umgangssprache vor allem gemeint, wenn von »der Wirtschaft« die Rede ist. Sie haben dank ihrer Bedeutung als Umschlagplätze für Milliardensummen in der Praxis auch den größten Einfluß auf die wirtschaftlichen Entscheidungen des Staats. Dieser hingegen hat die Aufgabe, darüber zu wachen, daß die »Spielregeln« des Wirtschaftslebens eingehalten werden und daß die Giganten ihre Machtstellung nicht mißbrauchen. Diese Spielregeln tragen die Überschrift »Marktwirtschaft«. Bei der Marktwirtschaft richten sich in der Theorie die Produktion von Gütern und deren Preise nach dem Gesetz von Angebot und Nachfrage. Dabei treten mehrere konkurrierende Anbieter zum Wettbewerb um den Kunden an, und jeder von ihnen versucht, durch einen möglichst niedrigen Preis Erfolg zu haben.

Dieser Wettbewerb kann natürlich nicht funktionieren, wenn sich die »Anbieter« untereinander absprechen oder wenn es auf einem bestimmten Gebiet nur noch einen Großanbieter gibt, der die Preise nach Belieben festsetzen kann, weil er ja ein »Monopol« besitzt. Um solche verbotenen Absprachen zu verhindern und um Monopolbildungen kontrollieren zu können, wurde in der Bundesrepublik Deutschland eine Aufsichtsbehörde geschaffen, das Bundeskartellamt (ein Kartell ist eine Absprache zwischen verschiedenen Firmen mit dem Zweck, zum eigenen Vorteil einen echten Wettbewerb zu verhindern). Deshalb wird das Bundeskartellamt vielfach als das eigentliche Nervenzentrum unserer Gesamtwirtschaft angesehen.

• • •

Wischnu, Vishnu, heißt in Indien einer der hinduistischen Hauptgötter, der mit Brahma und Schiwa zu einer Dreiheit zusammengefaßt wird.

Wisconsin [uißkónßin] ist ein Bundesstaat der USA. Er liegt im Norden zwischen dem Mississippi, dem Michigansee und dem Oberen See (Lake Superior), ist 145 440 qkm groß und hat 4,4 Millionen Einwohner. Die Hauptstadt heißt Madison, die größte Stadt Milwaukee. Haupteinnahmequellen der Bevölkerung sind die Landwirtschaft (Anbau von Getreide, Kartoffeln und Tabak), die Viehzucht sowie der Bergbau (Eisen, Blei und Zink). Auch die Holz- und die Lederindustrie spielen eine große Rolle. Wisconsin heißt auch ein linker Nebenfluß des oberen Mississippi.

Wisent wird ein mächtiges Wildrind genannt, das früher in den Urwäldern von Mittel- und Osteuropa lebte. Heute findet man es nur noch im Kaukasus und in zoologischen Gärten und in Wildparks. Der mit dem nordamerikanischen Bison verwandte Wisent hat überhöhte Schultern, einen abfallenden Rücken, eine Mähne und einen Kinnbart.

Wismar liegt an der Ostsee zwischen Lübeck und Rostock, hat rund 60 000 Einwohner und ist ein wichtiger Hafen der DDR. Die ehemals sehr reiche Hansestadt ist wegen ihrer gotischen Backsteinkirchen berühmt.

Wismut heißt ein chemisches Element mit dem Zeichen Bi (nach lateinisch »bismutum«). Das seltene Metall mit silberweißem, leicht rötlichem Glanz ist sehr spröde. Es wird, da es einen niedrigen Schmelzpunkt besitzt, zur Herstellung von Sicherungsdrähten in elektrischen Leitungen gebraucht. Auch in der pharmazeutischen und kosmetischen Industrie verwendet man Wismut, z. B. als Röntgenkontrastmittel, Wundstreupulver sowie als Zusatz für Schminke.

Wissenschaft hat das Ziel, das gesamte vorhandene Wissen zu erfassen, nach einzelnen Gebieten zu ordnen und durch Forschung zu vermehren. Die alte Einteilung in Natur- und Geisteswissenschaften gilt noch immer. Zu den Naturwissenschaften gehören z. B. Physik, Chemie, Biologie, Botanik, Zoologie, Medizin, Geologie und Astronomie. Die Geisteswissenschaften umfassen u. a. Philologie, Geschichte, Psychologie, Kunst-, Rechts-, Staats- und Wirtschaftswissenschaften. Diesen sogenannten Realwissenschaften, die sich mit Wirklichem befassen, stehen Mathematik und Logik, die sich nur mit Gedachtem beschäftigen, als Idealwissenschaften gegenüber. Eine Sonderstellung nehmen wegen ihres Inhalts die Theologie und die Philosophie ein. Die Grenzen zwischen den einzelnen Wissensbereichen sind heute oft fließend, beispielsweise zwischen Physik und Chemie, die früher streng voneinander getrennt waren. Auch kommt es zur Bildung neuer Wissenschaften, da die Methoden eines Gebiets auf ein anderes übertragen werden, wie das z. B. bei der Kybernetik oder der Quantenbiologie der Fall ist.

Wittelsbacher nennen sich die Angehörigen eines deutschen Fürstengeschlechts. In Bayern regieren die Wittelsbacher seit 1180 als Herzöge, seit 1623 als Kurfürsten und von 1806 bis 1918 als Könige.

Wittenberg, eine rund 50 000 Einwohner zählende Stadt an der mittleren Elbe, liegt in der DDR. In Wittenberg begann die Reformation, als Luther 1517 seine 95 Thesen an die Tür der dortigen Schloßkirche anschlug.

Wladiwostok ist die größte sowjetische Hafenstadt am Japanischen Meer. Die 1861 gegründete, modern erbaute Stadt hat heute 472 000 Einwohner, eine Universität, Werften, Mühlen, Erdölraffinerien, Maschinen-, Tabak- und Konservenfabriken. Außerdem befindet sich dort die Endstation der Transsibirischen Eisenbahn. Der bedeutende Kriegs- und Handelshafen liegt sehr günstig in einer Naturbucht.

Woche wird ein regelmäßig wiederkehrender Zeitraum von sieben Tagen genannt. Konstantin der Große führte diese Zeiteinteilung, die schon die Babylonier im Altertum besaßen, 321 n.Chr. im Römischen Reich ein. Die Wochentage nannten die Römer nach den damals bekannten Planeten, die Götternamen trugen, sowie nach der Sonne und dem Mond. Von den Germanen wurden sie entsprechend umbenannt. Montag kommt von Mond, Dienstag vom Kriegsgott Tiu. Mittwoch hieß ursprünglich Wodanstag nach Wotan. Donnerstag leitet sich vom Wettergott Donar und Freitag von der Liebesgöttin Freia ab. In dem Namen Samstag, der früher Satertag hieß, verbirgt sich der römische Gott Saturn. Sonntag ist der Tag der Sonne. (Siehe auch Stichwort »Zeitmessung«)

Wochenbett oder Kindbett nennt man den sechs bis acht Wochen dauernden Zeitraum nach der Entbindung, in dem eine Mutter, die Wöchnerin, der Schonung bedarf, um sich von der Geburt ihres Kindes zu erholen.

Wochenbettfieber (Kindbettfieber) ist eine bei der Entbindung durch In-

Wodk

fektion hervorgerufene, mit hohem Fieber auftretende, schwere Erkrankung der Wöchnerin. Unsaubere Instrumente oder Hände sind die Ursache dieser früher meist tödlichen Erkrankung. Heute kann man sie erfolgreich mit Antibiotika bekämpfen. (Siehe auch Stichwort »Semmelweis«)

Wodka kommt aus dem Russischen und heißt Wässerchen. Ganz so harmlos ist der aus Getreide oder Kartoffeln hergestellte Trinkbranntwein jedoch nicht. Sein Alkoholgehalt beträgt bis zu 85 Prozent. Der besonders in Rußland sehr beliebte wasserhelle Schnaps hat wenig typischen Eigengeschmack.

Wölfe gab es früher in ganz Europa, heute findet man sie fast nur noch in Ost- und Südosteuropa. Die ursprünglich in Steppen lebenden Tiere wurden von den Menschen in Waldgebiete verdrängt. Der Wolf ist ein Raubtier, das auf Wild und Vieh Jagd macht. Er sieht einem hochbeinigen Schäferhund ähnlich, hat ein langhaariges gelbgraues Fell, ein starkes Gebiß, ein vorzügliches Gehör und einen feinen Geruchssinn.

10 000 Jahre dauerte es, bis der Mensch aus dem Wolf die über 400 Hunderassen gezüchtet hatte, die es heute gibt.

Im Sommer leben Wölfe in Paaren, im Winter in Rudeln. Der Wolf ist der Stammvater unserer Haushunde.

Wörishofen, Bad, liegt in Bayern, westlich von Landsberg am Lech. Der kleine Badeort hat 10 700 Einwohner und ist bekannt durch seine vom Pfarrer Kneipp gegründeten Wasserheilanstalten. (Siehe auch Stichwort »Kneipp«)

Wörterbuch oder Lexikon wird ein alphabetisch geordnetes Wörterverzeichnis genannt. Man unterscheidet Wörterbücher, die sich nur mit der Sprache befassen, von solchen, die über Wissensfragen Auskunft geben und die man Sachwörterbuch oder auch Konversationslexikon (Mehrzahl: Lexika) nennt. Ein Wörterbuch der deutschen Sprache führt z. B. alle im Sprachgebrauch verwendeten deutschen Wörter auf, meistens einschließlich der bekannteren Fremdwörter. Es gibt ihre Schreibweise, Betonung, Aussprache sowie Bedeutung an, außerdem weist es darauf hin, wie sie gebeugt werden und zu welchen Redensarten sie sich verbinden. Bei fremdsprachigen Wörterbüchern, z. B. Englisch-Deutsch, spielt neben der korrekten Übersetzung die Angabe der Aussprache eine noch wichtigere Rolle. Etymologische Wörterbücher erklären die Herkunft und Verwandtschaft von Wörtern, Fremdwörterbücher übersetzen und erklären Fremdwörter, und Synonym-Wörterbücher geben eine Auswahl sinnverwandter Wörter, wie beispielsweise sauber und rein. Spezialwörterbücher erfassen und erklären den Wortschatz eines bestimmten Gebiets, wie Technik, Medizin, Philosophie oder Soziologie. Konversationslexika sind allgemeinverständliche Sachwörterbücher, die oft mit Fotos, Zeichnungen und Karten ausgestattet sind.

Wörther See heißt der größte See im österreichischen Bundesland Kärnten. Er liegt westlich von Klagenfurt und ist wegen seiner hohen Wassertemperaturen ein beliebter Badesee. Bekannte Orte an seinem Ufer sind Pörtschach, Velden, Maria Wörth.

Wohlstandsgesellschaft ist ein Begriff des 20. Jahrhunderts. Wenn es in einem Staat kaum noch Hunger, Armut oder Arbeitslose gibt, spricht man von einer Wohlstandsgesellschaft. Die Voraussetzung für den allgemeinen Wohlstand ist eine hochindustrialisierte Wirtschaft.

Wolfram, ein chemisches Element, hat das Zeichen W. Das weißglänzende Metall ist ungewöhnlich hart und säurefest. Mit 3380 Grad besitzt es von allen Metallen den höchsten Schmelzpunkt. Durch Legierung mit Wolfram werden weichere Metalle gehärtet. So entsteht aus Eisen der hochwertige Edelstahl, den man auch Wolframstahl nennt. Die Glühdrähte in elektrischen Birnen, Heizöfen und Radioröhren, die Temperaturen über 2500 Grad aushalten müssen, werden fast ausschließlich aus dem hitzebeständigen Wolfram hergestellt. Mit Kohlenstoff verbindet sich Wolfram bei hohen Temperaturen zu diamanthartem Wolframkarbid. Die reichsten Vorkommen an Wolfram haben die Sowjetunion, China und die USA.

Wolfram von Eschenbach gilt als der bedeutendste Epiker des Mittelalters. Er wurde um 1170 im mittelfränkischen Eschenbach geboren und starb auch dort um 1220. Unter den höfischen Minnesängern nimmt er durch die leidenschaftliche Kraft seiner Darstellungen eine Sonderstellung ein. In seinem Epos ›Parzival‹ schildert er den Entwicklungsgang eines tumben Ritters zum Gralskönig, dem Sinnbild christlicher Ritterlichkeit. (Siehe auch Stichwort ›Parzival‹)

Wolfsburg heißt eine in Niedersachsen an der Aller gelegene Stadt mit 132 000 Einwohnern. Sie ist durch das Volkswagenwerk weltbekannt geworden.

Wolfsmilch (Euphorbia) ist der Name einer artenreichen Gattung von Pflanzen, die einen weißen, häufig giftigen Milchsaft und Scheinblüten besitzen. Zu den Wolfsmilchgewächsen gehören z. B. der Weihnachtsstern sowie der Christusdorn. Ein heimisches Unkraut ist die zierliche Zypressenwolfsmilch.

Wolfsmilchschwärmer heißt ein Schmetterling mit schön gezeichneten olivbraunen Vorder- und rosagrauen Hinterflügeln. Er gehört zu den Schwärmern, die unter diesem Stichwort beschrieben sind.

Wolfsspinnen bauen keine Fangnetze, sondern überfallen ihre Beute im Sprung. Das Weibchen verwahrt die Eier in einem Kokon, den es mit sich herumträgt. Beim Stichwort »Tarantel« ist von einer Wolfsspinne erzählt.

Wolga heißt der längste und wasser-

Wolg

reichste Strom Europas. Die Wolga entspringt nordwestlich von Moskau auf den Waldaihöhen und mündet nach 3530 km in einem 150 km breiten Delta bei Astrachan ins Kaspische Meer. Obwohl der Strom drei bis fünf Monate im Jahr mit Eis bedeckt ist, bildet er eine sehr wichtige Verkehrsader für den Personen- und Frachtverkehr in der Sowjetunion. Durch Kanäle bestehen Verbindungen von der Wolga zur Ostsee, zum Weißen und zum Schwarzen Meer. Von größter wirtschaftlicher Bedeutung sind die zahlreichen, zur Energiegewinnung angelegten Stauseen, von denen das Kuibyschewer Meer 5500 qkm, der Iwankowo-Stausee (Moskauer Meer) 327 qkm und der Rybinsker Stausee 4750 qkm groß sind (zum Vergleich: der Bodensee ist 539 qkm groß!). In der fischreichen Wolga gibt es Störe und Hausen, deren Rogen als Delikatesse verzehrt wird.

Wolgograd, eine sowjetische Stadt mit 852 000 Einwohnern, liegt an der unteren Wolga. Als Gebietshauptstadt besitzt Wolgograd mehrere Hochschulen, Theater und ein Planetarium. Von wirtschaftlicher Bedeutung sind der Holzmarkt, die Erdölraffinerien, Automobilfabriken, Traktorenwerke sowie die Eisen-, Stahl- und chemische Industrie. Wolgograd hieß bis 1961 Stalingrad und wurde im Zweiten Weltkrieg fast völlig zerstört. Über die damalige Kesselschlacht ist beim Stichwort »Stalingrad« berichtet.

Wolken entstehen, wenn sich der in der Luft enthaltene Wasserdampf durch Abkühlung unter den Taupunkt zu kleinsten Wassertröpfchen verflüssigt oder – bei tieferen Temperaturen – zu Eiskristallen verfestigt. In den verschiedenen Höhenlagen unserer Troposphäre bilden sich verschiedenartige Wolken. Über 6000 m gibt es faserige Feder-, feine Schäfchen- und durchsichtige Schleierwolken, die aus Eiskristallen bestehen.

In mittlerer Höhe, zwischen 2500 und 6000 m, finden sich grobe Schäfchen- und dichte Schleierwolken, die aus Wassertröpfchen, in ihren oberen Bereichen aber manch-

Schleierwolken 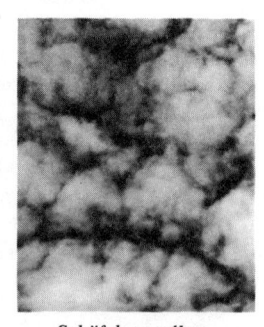   *Schäfchenwolken*    *Haufenwolken (Kumuli)*

Wolk

Schichtwolken

mal auch aus Eiskristallen gebildet sind.
Zu den tiefen Wolken unter 2500 m Höhe gehören die aus flachen Ballen oder Schollen gebildeten Schichtwolken, ferner dichte, ungeformte Wolkenschichten und tiefhängende Regenwolken.
Von besonderer Art sind die Kumuluswolken, einzelne, dick aufgetürmte Wolkenhaufen, die bis zu 3000 m ansteigen.
Ballen sie sich zu mächtigen, hohen und dräuenden Massen zusammen, so sind es Gewitterwolken. Die über der Troposphäre liegende Stratosphäre ist im allgemeinen wolkenfrei. (Siehe dazu die Stichwörter »Wetter« und »Atmosphäre«)
Wolkenkratzer ist die etwas ungenaue Übersetzung des amerikanischen Scherzausdrucks »skyscraper« für Hochhaus. Die ersten Wolkenkratzer entstanden in den USA. Da der Baugrund in den Großstädten immer knapper und teurer wurde, fing man an, in die Höhe zu bauen. Die Errichtung von Hochhäusern wurde erst durch Stahl- und Stahlbetonkonstruktionen ermöglicht. Eine weitere Voraussetzung für die Benutzung als Wohn- und Geschäftshäuser waren elektrisch betriebene Aufzüge.

Diese 1972 konstruierte Wolkenkratzer-Pyramide in San Francisco hat 47 Stockwerke. Darüber ragt noch ein spitzer Turm von 63 Meter Höhe empor.

Woll

Echte Wolle wird durch Scheren des Schaffells gewonnen.

Wolle nennt man tierische Haare, die sich zur Herstellung von Garn eignen, auch das Garn selbst und den aus Wollgarn gewebten Stoff. Nachdem die wolletragenden Tiere geschoren sind, wird die Wolle gereinigt und nach Längen sortiert. Lange Haare werden zu Kammgarn, kurze zu Streichgarn versponnen. Bei weitem die meiste Wolle kommt von Schafen, unter denen die Merinoschafe die beste Wolle liefern. Angorawolle, auch Mohair genannt, stammt von Angoraziegen und -kaninchen. Aus den weichen Flaumhaaren der Kamele spinnt man Kamelhaargarn, das besonders zu Stoff für Mäntel und Decken verarbeitet wird. Die südamerikanischen Alpakas und Lamas liefern ebenfalls eine hochwertige Wolle. Australien und Neuseeland sind die größten Wollproduzenten der Erde. Die Wollbörse von Sydney ist international führend.

Wollgras wächst in Sümpfen und Mooren und gehört zu den Sauergräsern. Seine Blüten sitzen in kleinen Ähren am dreikantigen Halm. Die Blütenhüllen bestehen aus vielen seidigen Fäden, die mit der Frucht als Wollbüschel abfallen.

Wollhandkrabben wurden 1912 aus China in die Allermündung eingeschleppt. Seitdem haben sie sich im nordeuropäischen Küsten- und Flußgebiet sehr stark ausgebreitet. Die zu den Zehnfußkrebsen gehörenden Wollhandkrabben mit ihren dichtbehaarten Scheren sind Schädlinge, die nicht nur Fische fressen, sondern auch Fischernetze und Uferbefestigungen zerstören. Als Jungtiere leben sie im Brackwasser von Flußmündungen, dann wandern sie bis zu 700 km im Süßwasser stromaufwärts und kehren nach mehreren Jahren zur Fortpflanzung ins Brackwasser zurück.

Wonnemond oder Wonnemonat ist

Baumwolle wird aus den watteähnlichen Blüten der Baumwollpflanze gewonnen.

eine Bezeichnung für den Monat Mai. Etymologisch, also der Herkunft nach, bedeutet Wonnemonat Weidemonat. Im Mai wird das Vieh auf die Weide getrieben, die im Althochdeutschen »winne« hieß.

Worms ist der Name einer am linken Rheinufer gelegenen, alten deutschen Stadt, die heute 76 600 Einwohner hat. Berühmt sind der romanische Dom und viele andere schöne Kirchen. In Worms spielt zum Teil die Nibelungensage. 1521 wurde auf dem Reichstag in Worms die Reichsacht über Martin Luther verhängt.

Wotan, ein germanischer Gott, ist beim Stichwort »Odin« zu finden.

Wrack nennt man ein durch Beschädigung unbrauchbar gewordenes Schiff oder die Reste eines gestrandeten Schiffs.

Wright, Frank Lloyd [ráit], war ein bedeutender amerikanischer Architekt, der von 1869 bis 1959 lebte. Seine Bauten beeinflußten in hohem Maße die Entwicklung der modernen Architektur.
Die Brüder Orville und Wilbur Wright, amerikanische Flugpioniere, führten 1903 den ersten Motorflug (mit einem Doppeldecker) aus.

Wucher wird die finanzielle Ausnutzung einer Notlage genannt. Schwarzmarktpreise sind beispielsweise Wucherpreise. Auch der Verkauf gehorteter Eintrittskarten für Veranstaltungen, z. B. für ein Fußballspiel, zu überhöhten Preisen ist Wucher. Übermäßig hohe Zinsen nennt man Wucherzinsen. Wucher ist strafbar.

Wuchsstoffe gehören zu den Wirkstoffen. Sie steuern bei Pflanzen das Wachstum und die Blütenbildung. Auch die Beziehungen von Wurzeln, Blättern und Blüten zueinander werden durch sie geregelt.

Wühlmäuse leben hauptsächlich in der Erde und richten durch Wurzelfraß oft beträchtlichen Schaden an. Diese auf der nördlichen Erdhalbkugel verbreiteten Nagetiere sind plump gebaut, sie besitzen eine stumpfe Schnauze sowie einen kurzen, behaarten Schwanz. Augen und Ohren sind bei ihnen unter dem dichten Pelz fast verborgen. Zu den Wühlmäusen gehören Erd-, Feld-, Scher- und Waldwühlmäuse, ferner Bisamratten und Lemminge, von denen unter diesen beiden Stichwörtern mehr erzählt ist.

Wünschelruten sollen dazu verhelfen, unterirdische Wasseradern, Erdöllager oder Mineralvorkommen zu finden und gesundheitsschädliche Erdstrahlen zu entdecken. Eine Wünschelrute besteht aus einer gegabelten Weiden- oder Haselnußgerte, manchmal auch aus Y-förmig gebogenem Draht. Der Rutengänger hält die beiden Enden der Wünschelrute mit seinen Händen in labilem Gleichgewicht fest. Kommt er über eine Stelle, unter der sich z. B. Wasser oder Erz befinden, soll die Rute nach unten ausschlagen. Wünschelruten bzw. die Erfolge von Rutengängern sind umstritten. Die Wissenschaft lehnt sie bisher ab. Doch kann nicht geleugnet werden, daß Funde mit Hilfe von Wünschelruten gemacht wurden. Rutengänger

Würg

sind für bestimmte, ortsgebundene Reize besonders empfindliche Menschen. Es ist nicht unmöglich, daß sie auf feinste radioaktive Strahlungen, magnetische Wellen, elektrische Ströme und anderes reagieren. Wieweit sie von der sie beflügelnden Erwartung beeinflußt werden, ist fraglich.

Wünschelrutengänger

Obwohl man Wünschelrutengänger oft als Scharlatane bezeichnet, werden sie zur Auffindung von Wasseradern herangezogen. Die Wissenschaft steht vor einem Rätsel.

Würger bilden eine Familie der Singvögel. Von hoher Warte aus stürzen sie sich auf ihre Beute, Insekten, Eidechsen, Frösche und junge Mäuse. Bei Nahrungsüberfluß spießen sie ihre Opfer an Dornen von Schlehen, Weißdorn oder Stacheldraht auf. Der größte von ihnen, der Raubwürger, ist ein Strichvogel, alle anderen, wie der Neuntöter, der Rotkopfwürger und der Schwarzstirnwürger, sind Zugvögel.

Württemberg, ein deutsches Land, war seit 1495 Herzogtum, wurde 1803 Kurfürstentum und 1805 Königreich. Seit 1871 war das Land als Königreich, von 1918 bis 1945 als Freistaat Teil des Deutschen Reichs. 1952 schloß es sich mit den Ländern Baden und Hohenzollern zu einem Land der Bundesrepublik Deutschland zusammen, das unter dem Stichwort »Baden-Württemberg« beschrieben ist.

Würzburg liegt inmitten von Weinbergen und bewaldeten Höhen am Main, überragt von der mächtigen Festung auf dem Marienberg. Die alte bayerische Universitätsstadt hat heute etwa 114 000 Einwohner, verschiedene Hoch- und Fachschulen, Museen und ein Theater. Wirtschaftlich wichtig sind die Maschinen-, Elektro- und Bekleidungsindustrie. Bedeutend ist der Handel mit den aus der Umgebung stammenden Frankenweinen. Vor den furchtbaren Zerstörungen im Zweiten Weltkrieg war Würzburg mit seinen Brücken, Kirchen, Palästen und Bürgerhäusern aus der Gotik, dem Barock und Rokoko eine der schönsten deutschen Städte. Inzwischen konnte das alte Stadtbild fast vollständig wiederhergestellt werden. Von den kirchlichen Bauten sind der Dom, die Neumünsterkirche, die

Augustinerkirche und das Käppele, eine Wallfahrtskirche auf dem Nikolausberg, die bekanntesten. Unter den weltlichen Bauten gilt die am Hofgarten gelegene, von Balthasar Neumann erbaute Residenz als der bedeutendste deutsche Barockbau. (Siehe Abbildung beim Stichwort »Schloß«.) Das Treppenhaus und der Kaisersaal wurden von dem venezianischen Maler Tiepolo ausgemalt. Auch das alte Rathaus, die alte Universität und das Juliusspital gehören zu den Sehenswürdigkeiten.

Wüsten nennt man Landschaften, die durch dauernde Kälte oder Trockenheit unfruchtbar sind. Kältewüsten, von Eis und Schnee bedeckte Gebiete, liegen um die Pole herum (Grönland, Antarktis) sowie in Hochgebirgen. Trockenwüsten findet man in regenarmen, subtropischen Zonen beiderseits des Äquators. Sie entstehen in Gebieten, in denen die Verdunstung größer ist als die Niederschlagsmenge. Zu den Trockenwüsten gehören die Salzwüsten, die es z. B. im nordamerikanischen Bundesstaat Utah, am Kaspischen und am Toten Meer gibt. Die anderen Trockenwüsten sind mit Sand, Kies, Steinen oder Felsen bedeckt. Es ist dort am Tage heiß und in der Nacht kalt. Ihre landschaftlichen Erscheinungsformen werden vom Sandwind geprägt, der mächtige Dünen anhäuft und wieder abträgt, der die Felsen abschleift und aushöhlt. Wenige Pflanzen nur, wie z. B. Agaven und Kakteen, die in ihren Stämmen und Blättern Wasser speichern, können dort jahrelang ohne Regen auskommen. Wüstentiere sind Kamel, Strauß, Antilope, Schakal, Wüstenfuchs, Springmaus und Hornviper. Der Mensch kann nur in Oasen wohnen, die auch Rastplätze für Karawanen und Durchgangsstationen für Zugvögel sind. Zu den großen Trockenwüsten auf der nördlichen Erdhalbkugel gehören die Sahara in Nordafrika sowie die beiden innerasiatischen Wüsten Gobi in der Mongolei und Takla Makan in Turkestan, ferner die Wüsten in Arabien, Syrien, im Iran, im Irak, in Indien, Kalifornien und Nevada. Auf der südlichen Halbkugel sind die Wüste Namib in Südafrika, die Atacamawüste in Südamerika und die Wüsten im Innern Australiens die größten. (Siehe auch die Stichwörter »Fata Morgana«, »Gobi«, »Große Salzseewüste«, »Oasen«, »Sahara« und »Tarimbekken«.)

Wulstlinge bilden eine Gattung der Lamellenpilze. Unter ihnen findet man einige tödliche Giftpilze, wie den Grünen und den Weißen Knollenblätterpilz, den Pantherpilz und den Fliegenpilz. Auch hervorragende Speisepilze, wie Kaiserling und Perlpilz, gehören zu den Wulstlingen. Als gemeinsames Kennzeichen haben alle Wulstlinge einen zu einer Knolle verdickten Stiel, der stets mit einer Manschette versehen ist.

Wundstarrkrampf findet man beim Stichwort »Tetanus« beschrieben.

Wurm ist die volkstümliche Bezeichnung für langgestreckte, symmetrisch gebaute, wirbellose Tiere.

Wurm

Man hat erkannt, daß uns nach einem Aussterben der Regenwürmer eine Ernährungskatastrophe bevorstehen würde. Das Erdreich wäre dann in kurzer Zeit hart und undurchlässig, so daß Pflanzen sich darin nicht entwickeln könnten.

Früher teilte man die Würmer in drei Stämme ein, nämlich in Plattwürmer (mit den drei Klassen Strudel-, Saug- und Bandwürmer), Schlauch- oder Hohlwürmer (mit der Klasse Fadenwürmer) und Ringelwürmer (mit den beiden Klassen Vielborster und Gürtelwürmer). Heute werden die Würmer in drei anders benannte Stämme eingeteilt: Zum Stamm der Würmer gehören die beiden Klassen der Plattwürmer und der Schnurwürmer, zum Stamm der Fadenwürmer die drei Klassen der Rundwürmer, der Rädertiere sowie der Pfeilwürmer und zum Stamm der Gliedertiere der Unterstamm der Ringelwürmer mit der Klasse der Borstenwürmer. Unter den Würmern gibt es viele Schmarotzer, die Menschen und Tieren gefährlich werden können. (Siehe die Stichwörter »Wurmkrankheiten«, »Blutegel«, »Fadenwürmer«, »Plattwürmer«, »Rädertiere«, »Regenwürmer«, »Ringelwürmer« und »Saugwürmer«)

Wurmfortsatz oder Appendix nennt man ein Anhängsel des Blinddarms (siehe Stichwort »Blinddarm«).

Wurmkrankheiten werden bei Menschen und Tieren durch Würmer hervorgerufen, die vor allem im Darm schmarotzen. Sie können aber auch andere Organe und Muskeln befallen. Durch Entzug wichtiger Nährstoffe und Ausscheidung von Giften rufen sie bei den von ihnen Befallenen Mattigkeit, Abmagerung, Kopfweh, Leibschmerzen, Hunger, Durchfall, Übelkeit, Hautleiden und nervöse Störungen hervor. Als Hausmittel haben sich rohe Zwiebeln und Mohrrüben bewährt. Unter den Medikamenten gibt es spezielle Wurmmittel. (Siehe auch Stichwörter »Bandwurm«, »Hakenwürmer«, »Leberegel«, »Madenwürmer«, »Spulwürmer« und »Trichine«)

Wurzel ist ein Wort mit mehreren Bedeutungen. Man versteht darunter einen Pflanzenteil, der beim Stichwort »Wurzeln« beschrieben ist. Die Zahnwurzel ist beim Stichwort »Zähne« und der mathematische Begriff Wurzel beim Stichwort »Wurzelziehen« zu finden. Ferner wird eine Ursprungsstelle so bezeichnet; man spricht z. B. von der Wurzel eines Übels.

Wurzeln wachsen meistens in der Erde, seltener in der Luft. Sie sind die blattlosen Sprosse höherer Pflanzen. Ihre Aufgabe ist es, die Pflanzen im Boden zu befestigen und mit Wasser sowie den darin gelösten

Nährsalzen zu versorgen. Die Wurzelspitze, die von der Pflanze im Erdreich vorwärts getrieben wird, hat als Schutz eine Wurzelhaube. An Haupt-, Neben- und Seitenwurzeln entstehen Wurzelhaare, die durch Osmose flüssige Nährstoffe aufnehmen. Tief wurzelnde Pflanzen, wie Tannen, Eichen oder Klee, haben Pfahlwurzeln, flach wurzelnde, wie Fichten, Getreide und Kartoffeln, reichverzweigte, sich hauptsächlich waagerecht ausbreitende Wurzeln. Einige Pflanzen besitzen oberirdische Luftwurzeln, die als Haftwurzeln, wie beim Efeu, oder als Stützwurzeln, wie bei Mangroven, ausgebildet sind. Manchmal werden Wurzeln zu Nährstoffspeichern. Aus Hauptwurzeln bilden sich dann Rüben, wie bei Zucker- oder Mohrrüben, an Seitenwurzeln entstehen Knollen, wie bei Kartoffeln oder Dahlien. Ein keimendes Samenkorn schickt als erstes ein Würzelchen senkrecht nach unten, und an dieser Hauptwurzel bilden sich später Neben- und Seitenwurzeln. Alte Wurzeln verholzen.

Mangrove

Die Mangroven produzieren keine Samen, denn diese würden von dem Sumpfwasser, in dem die Bäume verankert sind, weggeschwemmt werden. Die Mangroven bringen sozusagen »lebendige Junge« zur Welt, nämlich bis zu einem Meter große Keimpflanzen, die wie Rammpflöcke aussehen. Die Jungpflanzen haben von Anfang an die Möglichkeit, sich wie Zeltheringe im Sumpf festzuhalten.

Wurzelziehen (Radizieren) wird die Umkehrung des Potenzierens genannt. Beim Potenzieren, das unter dem Stichwort »Multiplikation« beschrieben ist, kommt es darauf an, eine Zahl, z. B. 4, mit sich selbst zu multiplizieren, und zwar einmal oder mehrmals (Beispiel: $4 \times 4 \times 4 = 4^3 = 64$). Beim Radizieren ist dagegen die Zahl 64 angegeben, und es kommt darauf an, sie in so viele gleiche Faktoren zu zerlegen, wie es der Exponent, die Hochzahl, verlangt. Man schreibt das: $\sqrt[3]{64} = 4$ und sagt: Die dritte Wurzel aus 64 ist gleich 4. Das Wurzelzeichen $\sqrt{}$ kann man als ein stilisiertes r, den Anfangsbuchstaben des lateinischen Wortes radix (Wurzel), auffassen. Die Zahl 64, aus der die Wurzel gezogen werden soll, heißt Radikand. Die hochgestellte Zahl 3, die angibt, wie viele gleiche Faktoren der Radikand enthalten soll, heißt Exponent. Die Zahl 4, das Ergebnis, heißt Wert der Wurzel. Die zweite Wurzel aus einer Zahl nennt man Quadratwurzel. Bei den Quadratwurzeln darf der Exponent weggelassen werden (Ein Beispiel: $\sqrt{16} = 4$, denn 4×4 ist 16). Die dritte Wurzel aus einer Zahl nennt man auch Kubikwurzel. Quadratwurzeln lassen sich nach einer bestimmten Methode leicht ausrechnen, bei der Berechnung von

Wurz

Wurzeln mit höheren Exponenten hilft man sich mit einer Logarithmentafel.

Wurzenpaß heißt ein Paß in den östlichen Alpen. Er führt von Villach in Kärnten über die Karawanken nach Laibach (Ljubljana) in Jugoslawien. Der Paß liegt 1073 m hoch, seine maximale Steigung beträgt 18 %.

Wyoming [uai-óhming] ist ein nordwestlicher Bundesstaat der USA, durch den sich das Felsengebirge (Rocky Mountains) zieht. Der 253 597 qkm große Staat hat rund 350 000 Einwohner, die Hauptstadt heißt Cheyenne. Im trockenen Kontinentalklima des Gebiets ist Landwirtschaft nur mit Hilfe künstlicher Bewässerung möglich. Bedeutend sind die Vorkommen von Erdöl, Erdgas, Kohle, Eisenerz, Zink, Molybdän und Uran. In Wyoming liegt der Yellowstone-Nationalpark, von dem bei diesem Stichwort erzählt ist.

X

Xanthippe war die Ehefrau des Sokrates, des berühmten griechischen Philosophen. Sie gilt, wahrscheinlich zu Unrecht, als Inbegriff der zänkischen Ehefrau.

Xenon hat man ein chemisches Element mit dem Zeichen Xe genannt. Das farb- und geruchlose Edelgas kommt in geringen Mengen in unserer Atmosphäre vor. Es wird zur Füllung von Glühbirnen und Leuchtröhren verwendet, deren Licht dem Tageslicht sehr ähnlich sein soll.

Xenophon hieß ein griechischer Schriftsteller, der etwa von 430 bis 355 v. Chr. lebte. Er schrieb neben vielen anderen Werken eine Geschichte Griechenlands und zeichnete seine Erinnerungen an Sokrates auf. Berühmt wurde seine Rede ›Verteidigung des Sokrates‹.

Xerophyten nennt man Pflanzen, die in Trockengebieten, also in Wüsten und Steppen, leben können, weil bei ihnen die durch Verdunstung hervorgerufene Wasserabgabe gehemmt ist. Zu diesen Trockenpflanzen gehören z. B. Agaven, Kakteen, Erikagewächse, Myrten und Ölbäume.

Xerxes I. war ein persischer König, der von 486 bis 465 v. Chr. regierte. Er unterwarf Ägypten. Bei seinem Versuch, Griechenland zu erobern, wurde er 480 in der Seeschlacht bei Salamis geschlagen.

X-Strahlen nannte der Physiker Wilhelm Conrad Röntgen die von ihm entdeckten kurzwelligen, elektromagnetischen Strahlen. (Siehe dazu die Stichwörter »Röntgen«, »Röntgenbehandlung«, »Röntgendiagnostik« und »Röntgenstrahlen«)

Xylophon, ein Musikinstrument, ist unter dem Stichwort »Vibraphon« beschrieben.

Y

Yak oder Grunzochse wird das tibetische Wildrind genannt, von dem beim Stichwort »Jak« erzählt ist.

Yankee [jånkih] lautet der europäische Spitzname für den Nordamerikaner. In den USA selbst werden die Bewohner von Neuengland so genannt.

Yellowstone-Nationalpark [jålloßtohn-] heißt ein 1872 geschaffenes, 8904 qkm großes Naturschutzgebiet im nordamerikanischen Bundesstaat Wyoming. Der Nationalpark liegt in den Rocky Mountains, in einer von schneebedeckten Gipfeln umgebenen und von tiefen Tälern (Cañons) durchzogenen Hochebene. In der Mitte befindet sich in 2350 m Höhe der 363 qkm große Yellowstone-See. Außerdem gibt es dort mehr als 400 heiße Quellen, 84 Geysire, ferner Schlammvulkane und Ausbrüche von heißen Gasen. Die dort lebenden Tiere, vor allem Büffel, dürfen nicht gejagt werden. Der Nationalpark hat seinen Namen vom Yellowstone River erhalten. Dieser Fluß entspringt in den Rocky Mountains, durchfließt den Yellowstone-See und mündet nach 1600 km als ein rechter Nebenfluß in den Missouri.

Yemen (Jemen) nennen sich zwei Republiken im Süden der Halbinsel Arabien. Die Republik Jemen findet man beim Stichwort »Jemen«. Die Demokratische Volksrepublik Jemen ist beim Stichwort »Südjemen« beschrieben.

Yen heißt die japanische Währungseinheit. 1 Yen hat 100 Sen.

Yokohama ist die postamtliche Schreibweise der japanischen Hafenstadt Jokohama, die unter diesem Stichwort beschrieben ist.

Yosemite-Tal [joßémiti-] heißt ein am Westabfall der Sierra Nevada in Kalifornien liegendes, 24 km langes Tal, das seit 1864 als Nationalpark unter Naturschutz steht. Das Trogtal mit seinen vom Gletschereis geschliffenen, bis 1500 m hohen Felswänden und den vielen Wasserfällen hat nicht nur eine reiche Tierwelt, sondern auch einen einzigartigen Baumbestand. Die unter diesem Stichwort beschriebenen Mammutbäume sind weltberühmt.

Ysselmeer [eißel-] ist beim Stichwort »Zuidersee« beschrieben.

Yucatán [ju-], die größte Halbinsel Mittelamerikas, liegt zwischen dem Golf von Campeche und dem Karibischen Meer. Durch die 200 km breite Yucatánstraße ist sie von der Insel Cuba getrennt. Die etwa 175 000 qkm umfassende Halbinsel hat ein heißes, ungesundes Klima. Sie ist im Innern mit tropischen Urwäldern bedeckt, die Küsten sind mit Mangrovesümpfen gesäumt. Auf Rodungen werden Mais und Sisalhanf angebaut. Politisch gehört Yucatán zu Mexiko, Guatemala und Britisch-Honduras (Belize). In den Urwäldern versunken liegen die Ruinenstädte der Maya, von denen bei diesem Stichwort berichtet ist.

Yucatán heißt auch ein auf dieser Halbinsel liegender, 43 379 qkm großer mexikanischer Staat mit Mérida als Hauptstadt.

Yucca nennt man eine mittelamerikanische Palmlilie. Die als Sträucher oder niedrige Bäume wachsenden Pflanzen haben schopfartig am Stengel sitzende, harte, spitze Blätter und lange Rispen mit weißen oder gelblichen Blütenglocken. Aus den Blattfasern werden Seile und Matten hergestellt.

Yukon [juhkn] heißt ein etwa 3700 km langer nordamerikanischer Strom, der in den Rocky Mountains des nordwestlichen Kanada entspringt und in Alaska ins Beringmeer mündet. Obwohl der Yukon sieben Monate im Jahr vereist ist, bildet er für Alaska einen wichtigen Schiffahrtsweg. Yukon hat man auch ein kanadisches Territorium genannt, das im Westen an Alaska und im Norden ans Nördliche Eismeer grenzt. Das Territorium ist 536 300 qkm groß und hat rund 18 000 Einwohner. Die Hauptstadt heißt Whitehorse. Das größtenteils mit Tundra bedeckte Bergland ist reich an Uran-, Kupfer-, Blei-, Zink-, Gold- und Silbererzen.

Z

Zähler (Dividend) nennt man beim Dividieren (Teilen) die Zahl, die über dem Bruchstrich, und Nenner (Divisor) die Zahl, die unter dem Bruchstrich steht. Bei dem Bruch 3/8 ist die Zahl 3 der Zähler und die Zahl 8 der Nenner.
Geräte, die den Verbrauch, z. B. von Wasser, Gas und Elektrizität oder Entfernungen messen, werden ebenfalls als Zähler bezeichnet.
Zähne besitzen nur der Mensch und die Wirbeltiere. Als Kind hat der Mensch 20 Zähne, die sogenannten Milchzähne. Zwischen seinem 6. und 12. Lebensjahr werden sie durch 32 bleibende Zähne ersetzt, von denen je 16 im Ober- und Unterkiefer stecken. Das natürliche Gebiß hat 8 Schneidezähne, 4 Eckzähne, 8 Backenzähne und 12 Mahlzähne. Die vier letzten Mahlzähne nennt man auch Weisheitszähne und die Eckzähne des Oberkiefers auch Augenzähne. Der einzelne Zahn besteht aus Zahnbein, einer besonders festen Knochenmasse. Man teilt ihn in Krone, Hals und Wurzel ein. Die Krone, der sichtbare Teil des Zahns, trägt die Kaufläche bzw. die Schneide. Sie ist daher mit glashartem Schmelz überzogen, der weißlich oder gelblich schimmert. Der Zahnhals ist vom Zahnfleisch bedeckt. Er geht in die Wurzel über, die im Zahnfach des Kieferknochens steckt und vom Zement umhüllt ist. Bei Schneide- und Eckzähnen ist sie einfach, bei Backenzähnen einfach und doppelt und bei Mahlzähnen doppelt und dreifach ausgebildet. An der Wurzelspitze treten durch einen feinen Kanal Nerven und Blutgefäße in die Zahnhöhle ein, die das darin befindliche Zahnmark und das Zahnbein ernähren.
Zäsur, ein Wort aus dem Lateinischen, bedeutet Einschnitt. Ein wichtiges Erlebnis, beispielsweise eine Reise oder die Lektüre eines bedeutenden Buchs, kann im Leben eines Menschen zu einer Zäsur werden. Das Wort Zäsur wird auch in der Verslehre und in der Musik angewendet.
Zagreb (Agram) ist die Hauptstadt der jugoslawischen Sozialistischen Republik Kroatien und die zweitgrößte Stadt Jugoslawiens. Die in einer fruchtbaren Landschaft an der Save gelegene Stadt hat rund 567 000 Einwohner, eine Universität, Hochschulen, Museen und einen Rundfunksender. Wirtschaftlich bedeutend sind der Handel mit Getreide, Wein und Obst sowie die Zigaretten-, Leder- und Papierwarenindustrie.
Zahlen sind Grundbegriffe der Mathematik. Sie werden mit Hilfe der Zahlzeichen (Ziffern) und Zahlwörter schriftlich dargestellt. Unser Zahlensystem ist ein Zehnersystem (Dezimalsystem), das sich auf den Grundzahlen aufbaut, die in Ziffern (0, 1, 2, 3 usw. bis 9) und in Zahlwörtern (null, eins, zwei, drei usw. bis neun) geschrieben werden. Aus

Zahl

den Grundzahlen kann jede Zahl durch ihren Stellenwert unmißverständlich dargestellt werden. Bei der Zahl 102 375 stehen von rechts nach links: 5 Einer, 7 Zehner, 3 Hunderter, 2 Tausender, 0 Zehntausender und 1 Hunderttausender. Der besseren Übersicht wegen schreibt man Zahlen, die mehr als drei Stellen haben, in Dreiergruppen (nur Jahreszahlen nicht). Die Zahlen rechts vom Einer, durch ein Komma von diesem getrennt, geben Zehntel, Hundertstel, Tausendstel usw. an. Die Zahl 4,598 hat 4 Einer, 5 Zehntel, 9 Hundertstel und 8 Tausendstel. Gerade Zahlen sind durch zwei teilbar (2, 4, 6 usw.), ungerade Zahlen sind nicht durch zwei teilbar (1, 3, 5 usw.). Primzahlen sind nur durch 1 und durch sich selbst teilbar (2, 3, 5, 7 usw.). Es gibt Quadratzahlen (1, 4, 9, 16 usw.) und Kubikzahlen (1, 8, 27, 64 usw.). Ganze Zahlen umfassen sowohl die positiven ganzen (+ 5) als auch die negativen ganzen (− 3) Zahlen sowie die Null. Bei den positiven Zahlen darf das Vorzeichen + fehlen, bei den negativen muß das Vorzeichen − angegeben werden. Zu den gebrochenen Zahlen gehören echte Brüche, bei denen der Zähler kleiner ist als der Nenner ($^2/_3$), Stammbrüche, die den Zähler 1 haben ($^1/_3$, $^1/_4$), unechte Brüche, bei denen die Zähler gleich den Nennern oder größer sind ($^2/_2$, $^6/_4$), gemischte Brüche, die aus einer ganzen Zahl und einem echten Bruch bestehen ($5^3/_4$), und Dezimalbrüche, die auf die Nenner 10, 100, 1000 usw. bezogen sind (0,2; 0,34; 7,658). Alle bisher angeführten Zahlenarten nennt man rationale Zahlen. Bei den irrationalen Zahlen unterscheidet man unendliche, nichtperiodische Dezimalbrüche ($\sqrt{7} = 2{,}6457\ldots$) und transzendente Zahlen (z. B. π, die meisten Logarithmen). Rationale und irrationale Zahlen faßt man zum Begriff der reellen Zahlen zusammen. Ferner gibt es imaginäre (unwirkliche Zahlen). Komplexe Zahlen setzen sich aus einem reellen und einem imaginären Teil zusammen.

Im Altertum wurden bei vielen Völkern die Zahlen durch Buchstaben dargestellt. Die römischen Zahlzeichen, die man heute noch auf Uhren, Denkmälern usw. findet, sahen folgendermaßen aus:

I = 1	VI = 6	L = 50
II = 2	VII = 7	C = 100
III = 3	VIII = 8	D = 500
IV = 4	IX = 9	M = 1000
V = 5	X = 10	

Infolgedessen ist MCMLXXVI = 1976. Unsere Zahlzeichen haben die Araber von den Indern übernommen und an uns weitergegeben. Man nennt sie daher heute noch arabische Ziffern. Auch die wirklich geniale Erfindung der Null wird den Indern zugeschrieben. Weder die Griechen noch die Römer kannten die Null.

Zahlkarte ist ein vorgedruckter Einzahlungsschein für Bareinzahlungen auf Postscheckkonten.

Zahlungsunfähigkeit bedeutet, daß ein Schuldner wegen Geldmangels seine fälligen finanziellen Verpflichtungen nicht erfüllen kann. Im Fall der Zahlungsunfähigkeit wird mei-

Zahl

stens der Konkurs eröffnet, der bei diesem Stichwort erläutert ist.

Zahlwörter lassen sich in bestimmte und unbestimmte Zahlwörter oder in die beiden Hauptgruppen Grundzahlwörter und Ordnungszahlwörter einteilen. Von den Grundzahlwörtern (eins, zwei, drei usw.) leiten sich ab: die Vervielfältigungszahlwörter (bestimmte: einfach, zweifach, hundertfältig; unbestimmte: mehrfach, mannigfaltig), die Wiederholungszahlwörter (bestimmte: einmal, zweimal; unbestimmte: manchmal, mehrmals), die Artzahlwörter (bestimmte: einerlei, zweierlei; unbestimmte: mehrerlei) und die Verteilungszahlwörter (je einer, je zwei). Von den Ordnungszahlwörtern (erster, zweiter, dritter usw.) stammen die Bruchzahlwörter (drittel, viertel usw.) ab. In diese Gruppen lassen sich viele unbestimmte Zahlwörter nicht einordnen, z. B. viel, wenig, etwas, ein bißchen, ein paar, mehrere, mancher.

Zahnarme hat man eine Ordnung recht verschiedener, in Südamerika lebender Säugetiere genannt, deren Gebiß verkümmert ist oder die sogar zahnlos sind. Zu den Zahnarmen gehören der Ameisenbär, die Faultiere und die Gürteltiere. Unter diesen Stichwörtern ist mehr von ihnen erzählt.

Zahnersatz bildet den künstlichen Ersatz für fehlende Einzelzähne oder für das ganze Gebiß. Einzelzähne werden durch festsitzende Kronen, Stiftzähne und Brücken aus Gold, Porzellan oder Kunststoff ersetzt. Ein herausnehmbares künstliches Gebiß nennt man auch Prothese. Der Hai ist besser daran als wir Menschen, denn bei ihm werden verbrauchte Zähne ständig durch neue ersetzt.

Zahnkarpfen (Zahnkärpflinge) leben im Süß- und Brackwasser der Tropen und Subtropen. Die bis zu 30 cm langen, besonders hübsch gezeichneten Knochenfische werden gern in Aquarien gehalten. Die Gambusien, eine Art der Zahnkarpfen, vertilgen die Larven von Fiebermücken und werden daher zur Bekämpfung der Malaria eingesetzt. (Siehe auch Stichwort »Vieraugen«)

Zahnradbahnen bewältigen Steigungen, die von einfachen Räderbahnen nicht überwunden werden können. Bei ihnen befindet sich im Fahrgestell der Lokomotive ein gezahntes Antriebsrad, das in eine zwischen den beiden Schienen liegende,

Die Zahnradbahn bewältigt steilste Steigungen.

gezahnte Schiene eingreift. Die Wagen sind sehr oft gestuft, damit die Reisenden trotz Steigung oder Gefälle geradesitzen können. Aus Sicherheitsgründen fährt die Lokomotive immer auf der Talseite. Die Pilatusbahn am Vierwaldstätter See in der Schweiz überwindet eine Steigung von 48 %, das ist sehr viel. Auch die deutsche Zugspitzbahn von Garmisch zum Schneefernerhaus ist eine Zahnradbahn. Heutzutage werden Bergbahnen als Seilbahnen gebaut, die in der Anlage billiger und im Betrieb sicherer sind als Zahnradbahnen.

Zahnräder sind kreisförmige Scheiben, die am Rand mit einem Zahnkranz versehen sind. Seine Vorsprünge (Zähne) greifen in die Aussparungen (Zahnlücken) der entsprechenden Verzahnung eines andern Zahnrads, einer Zahnstange oder Zahnschiene ein. Die Verzahnungen können gerade, schräg, bogen-, pfeil- oder schraubenförmig sein. Als Maschinenelement dienen an Wellen sitzende Zahnräder der Übertragung von Kraft und Bewegung. Im allgemeinen sind zwei ineinandergreifende Zahnräder außen verzahnt. Dann ist ihre Drehrichtung gegenläufig. Stirnräder stellen die Verbindung zwischen parallelen Wellen her. Bei ihnen sind die Verzahnungen in den senkrecht abgekanteten Rand geschnitten. Kegelräder stellen die Verbindung zwischen Wellen her, die senkrecht oder unter einem andern Winkel zueinander stehen. Bei ihnen sind die Verzahnungen in einen Kegelmantel geschnitten. Durch gleichgezahnte, aber verschieden große Zahnräder können die Drehzahl sowie das Verhältnis von Kraft und Geschwindigkeit zwischen dem antreibenden und dem angetriebenen Zahnrad geändert werden. Die langsame Bewegung des großen Zahnrads kann also in die schnelle des kleinen umgewandelt werden und natürlich auch umgekehrt. Für große Übersetzungen werden bei sich kreuzenden Wellen Schneckengetriebe mit einem schraubenförmigen Zahnrad verwendet. Die Innenverzahnung eines großen Zahnrads ruft bei dem innen liegenden, kleineren Zahnrad eine gleichlaufende Drehbewegung hervor. Zahnräder können auch in Ketten, wie beim Fahrrad, eingreifen.

Zahnstein besteht aus Ablagerungen von Kalksalzen am Zahnhals. Er bildet sich vor allem an den Innenseiten der unteren Schneidezähne und muß vom Zahnarzt regelmäßig entfernt werden. Gute Zahnpasten enthalten zahnsteinlösende Mittel. Zahnstein kann zu Parodontose, einer mit Lockerung der Zähne verbundenen Erkrankung des Zahnbetts, führen.

Zahnwale bilden eine Unterordnung der Wale. Sie haben in ihrem Maul – manchmal nur am Unterkiefer, häufig auch oben – eine lange Reihe von Zähnen. Zahnwale sind viel geschickter und wendiger als die trägen Bartenwale. (Siehe auch die Stichwörter »Delphine«, »Pottwale« und »Schweinswale«)

Zaire heißt eine Republik in Zentralafrika, die 2 345 409 qkm groß ist

Zamb

und von rund 22,9 Millionen Menschen (Bantustämme u. a.) bewohnt wird. Hauptstadt ist Kinshasa (früher Léopoldville). Weitere größere Städte sind Lubumbashi (früher Elisabethville), Kisangani (früher Stanleyville) und der Seehafen Matadi. Die Amtssprache ist Französisch. Bis 1971 führte der Staat den Namen Demokratische Republik Kongo. Im Westen grenzt Zaire mit einem nur 37 km langen Küstenstreifen an den Atlantischen Ozean, im Osten an den Zentralafrikanischen Graben mit dem Tanganjikasee und anderen Seen. Das Land wird vom Kongo und seinen nicht minder gewaltigen Nebenflüssen geprägt. Das beiderseits des Äquators liegende Kongobecken ist dünn besiedelt. In den tropischen Urwäldern leben noch Pygmäen. Im Hochland, das im Osten bis über 4000 m ansteigt, werden auf Plantagen vor allem Kaffee, Tee, Baumwolle und Kakao angebaut. Bodenschätze sind, besonders in der südlichen Provinz Katanga, reichlich vorhanden. Es gibt Uran, Kobalt, Kupfer, Zinn, Zink, Mangan, Eisenerz, Gold, Silber, Platin, Kohle und Diamanten. Die Industrie ist im Aufbau begriffen. Fast der gesamte Energiebedarf wird durch Wasserkraftwerke gedeckt. Zaire hat ein relativ gutes Straßennetz und Eisenbahnverbindungen nach Angola am Atlantik, über Sambia und Rhodesien nach Mosambik am Indischen Ozean sowie nach der Republik Südafrika.

Zambia ist beim Stichwort »Sambia« beschrieben.

Zander, die man auch Schille, Fogosche und Hechtbarsche nennt, gehören zur Familie der Barsche. Sie sind vorzügliche Speisefische. Die bis zu 1 m langen Zander leben als Raubfische im Süßwasser.

Zange nennt man ein Werkzeug, das man zum Anfassen, Festhalten, Abkneifen, Flachquetschen und Biegen braucht. Die gebräuchlichsten Zangen sind Kneif-, Rund-, Flach- und Rohrzangen.

Viele vom Menschen erfundene Werkzeuge haben natürliche Vorbilder. Das Tierskelett verrät, daß die Zange nach dem Prinzip der Kiefer zusammengeklappt wird.

Zapfenstreich heißt ein militärisches Trompetensignal, das abends geblasen wird. Beim Zapfenstreich müssen alle Soldaten in ihren Unterkünften sein. Bei feierlichen Anlässen, z. B. dem Besuch eines Staatsoberhaupts, wird der sogenannte Große Zapfenstreich von einem Musikkorps gespielt. Interessant ist die Entstehung dieses Ausdrucks. Ursprünglich wurde Zapfenstreich der Schlag auf den Zapfen genannt, durch den man ein Bier- oder Weinfaß verschließt. Um die Zechgelage seiner Soldaten zu beenden, ließ Wallenstein, der berühmte Feldherr im Dreißigjährigen Krieg, jeden Abend ein Signal blasen, das den Marketendern befahl, den Zapfen ins Faß zu schlagen. Marketender nannte man damals die mit der Truppe ziehenden Händler.

Zaponlack ist ein farbloser Lack, der nach dem Trocknen eine sehr dünne Lackschicht, ein feines Häutchen, zurückläßt. Man überzieht Metalle, z. B. ein Tablett, mit Zaponlack, um sie gegen Oxydation zu schützen. Auch Nagellack hat die gleiche chemische Zusammensetzung, nur sind ihm noch Farbstoffe beigemengt.

Zapoteken nennt sich ein Indianerstamm, der im Süden von Mexiko lebt und eine eigene Sprache spricht. Die heutigen Zapoteken sind die Nachkommen eines alten Kulturvolks, von dem der älteste aller uns bekannten Kalender stammt. Er ist in Bilderschrift aufgezeichnet.

Zar nannten die Russen, Serben und Bulgaren ihren Herrscher. Das Wort Zar ist ebenso wie unser Wort Kaiser von dem lateinischen Namen Cäsar, dem späteren Titel der römischen Kaiser, abgeleitet. Zarewitsch nannte man den Zarensohn, den Thronfolger.

Zarathustra (Zoroaster) hieß ein altiranischer Religionsstifter, der sich selbst nur für den Reformator einer alten Volksreligion hielt. Zarathustra lebte um 600 v. Chr. im heutigen Iran. Die von ihm verkündete Religion bekennt sich zu einem einzigen Gott und verspricht dem Menschen Erlösung durch gute Werke. Seine Anhänger sind die aus Persien ausgewanderten, heute vor allem in Bombay und Singapur lebenden Parsen.

Zaumzeug braucht man bei Reit- und Zugpferden, um sie zu lenken, zu führen und zu zügeln. Es besteht aus einem Kopfstück, das durch Riemenzeug die im Maul liegende Maulstange, das sogenannte Gebiß, festhält. An der Maulstange, die auf die Kinnladen einwirkt, sind die Zügel befestigt. Als Maulstange kann die weicher wirkende Trense oder die schärfere Kandare verwendet werden. Zum Führen und Anbinden eines Pferdes genügt das Halfter.

Zaunkönig heißt ein kleiner bräunlicher Singvogel, der bis 9,5 cm lang wird und höchstens 9 g wiegt. Man erkennt ihn an seinem kurzen, meist hochgestellten Schwanz und seinem lauten Gesang, den er auch mitten im Winter schmettert. Der Zaunkönig ist ein Strich- oder Standvogel. Er baut im Gebüsch mehrere Kugelnester mit seitlichem Flugloch. Eins von ihnen wählt das Weibchen zum Brüten aus.

Zebras beim Überqueren eines Zebrastreifens

Zebr

Zebra wird ein in den Steppen von Ost- und Südafrika lebender Einhufer genannt, der durch eine schwarz-weiße Streifenzeichnung auffällt. (Abb. Seite 159)

Zebrastreifen nennt man im Straßenverkehr einen Übergang für Fußgänger, der durch Streifen markiert ist und auf den durch Schilder hingewiesen wird. An diesen Stellen haben Fußgänger Vorrang, Fahrzeuge müssen ihnen das Überqueren der Fahrbahn ermöglichen.

Zebu oder Buckelrind heißt ein Rind, das auf dem Rücken in Schulterhöhe einen dicken Fetthöcker hat. In Indien und Ostafrika ist das Zebu als Fleisch-, Milch-, Arbeits- und Reittier sehr wichtig. Vor einiger Zeit wurde es auch in Südamerika eingeführt.

Zeche ist die Bezeichnung für ein Bergwerk, aber auch für den Betrag, den man in einem Wirtshaus für den Verzehr zu bezahlen hat. Wer das Wirtshaus mit der Absicht, seine Zeche nicht zu bezahlen, heimlich verläßt, macht sich der Zechprellerei, also des Betrugs, schuldig.

Zecken gehören als Milben zu den Spinnentieren. Sie sind Blutsauger, die Vögel, Säugetiere und Menschen befallen. Ihr flacher Körper schwillt durch die Blutaufnahme erbsengroß an. Zecken darf man nicht gewaltsam ausreißen, da der zurückbleibende Kopf mit den durch Widerhaken verankerten Stechsaugrüsseln eitrige Entzündungen hervorruft. Betupft man sie dagegen mit Petroleum, Benzin oder Öl, fallen sie nach einiger Zeit von selbst ab.

Zedern sind lärchenähnliche, aber immergrüne Nadelbäume. Die Libanonzeder, bei uns ein Parkbaum, wächst in Gebirgen am Mittelmeer, z. B. im Libanon, Taurus und Atlas, auch auf der Insel Zypern kann man sie finden. Zedernholz ist wertvoll, das ätherische Zedernöl wird für Parfüme verwendet.

Zehengänger nennt man Säugetiere, die den Boden nur mit den Zehen berühren, wie Hund, Katze und Hase.

Zehn Gebote hat Moses auf dem Berg Sinai von Gott empfangen und an das Volk Israel weitergegeben. So berichtet das Alte Testament. Sie wurden zur Grundlage der jüdischen und christlichen Sittenlehre.

Zehnkampf ist die schwerste leichtathletische Prüfung für Männer. Sie wird innerhalb zwei Tagen ausgetragen und umfaßt folgende zehn Übungen: 100-m-, 400-m-, 1500-m-Lauf, 110-m-Hürdenlauf, Hochsprung, Weitsprung, Kugelstoßen, Stabhochsprung, Diskus- und Speerwerfen.

Zeichensetzung (Interpunktion) erleichtert das Lesen. Sie gliedert einen Satz durch Satzzeichen etwa so, wie man es beim Sprechen durch Atempausen tut. Die Zeichensetzung unterliegt bestimmten Regeln der Grammatik. (Siehe Stichwort »Satzzeichen«)

Zeisig heißt ein kleiner, lebhafter gelbgrüner Finkenvogel. Im Frühling und Sommer lebt er in Nadelwäldern, im Herbst und Winter zieht er Laubwälder und Gärten vor. Der zutrauliche Vogel ist ein fleißiger

Sänger. Gern klettert er hängend an dünnen Zweigen herum. Der Erlenzeisig ernährt sich vor allem von Erlensamen. Zeisige werden oft als Stubenvögel gehalten.

Zeit und Raum sind die beiden Ausdehnungen, in denen wir leben. Während der Raum die Ordnung des Nebeneinanders, des Bestehenden, ist, bildet die Zeit die Ordnung des Nacheinanders, des Vergänglichen. Man teilt die Zeit in Vergangenheit, Gegenwart und Zukunft ein. Geschichte beschäftigt sich mit der Vergangenheit, Futurologie ist die Lehre von der Zukunft. Objektiv gemessen, sind gleiche Zeitspannen auch gleich lang, subjektiv empfunden, dagegen verschieden lang. Angenehm verbrachte Stunden bezeichnen wir als kurzweilig, eintönig dahinschleichende als langweilig. Wie man die Zeit mißt, ist beim Stichwort »Zeitmessung« erklärt.

Zeitalter (Ära) nennt man größere Geschichtsabschnitte, die als Entwicklungsstufe zusammengehören. Im allgemeinen wird die Geschichte in folgende Zeitalter eingeteilt: Altertum, Mittelalter, Neuzeit und Neueste Zeit. Ein Zeitalter kann auch von bestimmten Ereignissen, Persönlichkeiten oder Ideen geprägt worden sein. Man spricht z. B. vom Zeitalter der Entdeckungen, vom Zeitalter Ludwigs XIV. oder vom Zeitalter der Aufklärung.

Zeitgeschichte beschäftigt sich mit der Geschichte der Gegenwart und der jüngsten Vergangenheit.

Zeitlupe (Zeitdehner) wird das Filmaufnahmeverfahren mit hoher

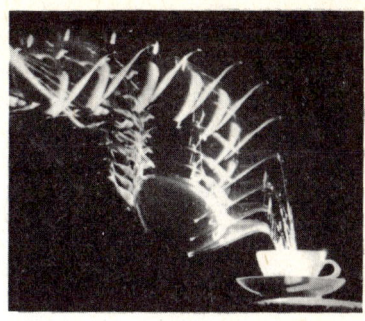

Die Zeitlupe macht's möglich: Der Vorgang, wie aus einer Kanne Tee in eine Tasse gegossen wird, ist so in allen Phasen deutlich.

Bildanzahl (mit normalen Kameras bis 90 pro Sekunde, mit Spezialgeräten bis zu 10 Millionen Bilder pro Sekunde) genannt. Damit kann man schnelle Vorgänge, z. B. einen Stabhochsprung, in allen seinen Phasen genau festhalten. Bei der Vorführung des Films mit der normalen Geschwindigkeit von 24 Bildern in der Sekunde wird die schnelle Bewegung stark verlangsamt sichtbar. Als Zeitraffer bezeichnet man das Verfahren, von einem sehr langsamen Vor-

Beim Sport sind Zeitlupenaufnahmen besonders wichtig. Ein Foto entscheidet mitunter Wettläufe.

Zeit

gang regelmäßig, aber immer nur in größeren Zeitabständen Aufnahmen zu machen. Bei einer aufblühenden Knospe wird beispielsweise alle 30 Minuten automatisch eine Aufnahme ausgelöst. Läuft der Film bei der Vorführung mit der normalen Bildgeschwindigkeit ab, so kann der Zuschauer an einer Bewegung teilnehmen, die ihm sonst vorenthalten bleibt. Zeitlupe und Zeitraffer werden für wissenschaftliche Zwecke sowie bei Sport- und Trickfilmen verwendet.

Zeitmessung nennen wir das Maßsystem, mit dem wir den Ablauf der Zeit messen. Es wird bestimmt vom Umlauf der Erde um die Sonne und von der Drehung der Erde um ihre eigene Achse. Auch die Umlaufzeit des Monds um die Erde spielt eine gewisse Rolle. Wir teilen die Zeit in Jahre, Monate, Wochen, Tage, Stunden, Minuten und Sekunden ein. Das Jahr mit seinen vier Jahreszeiten entspricht einem einmaligen Umlauf der Erde um die Sonne. Es dauert, genaugenommen, 365 Tage, 5 Stunden, 48 Minuten und 46 Sekunden. Man setzt es mit 365 Tagen an und schaltet zur Regelung des Überschusses alle vier Jahre im sogenannten Schaltjahr ein 366 Tage dauerndes Jahr ein. Das Jahr besteht aus 12 Monaten, die 30 oder 31 und im Februar 28 oder 29 Tage haben. Ursprünglich war der Monat die Dauer eines Mondumlaufs um die Erde, der 29 Tage, 12 Stunden, 44 Minuten und 3 Sekunden beträgt. Das Mondjahr hat nur 354 Tage, ist also, am Sonnenjahr gemessen, um 11 Tage zu kurz. Zum Ausgleich verlängerte man die einzelnen Monate. Die Einteilung des Monats in 4 Wochen leitet sich von den vier Phasen des Mondumlaufs (Vollmond, Halbmond, Neumond, Halbmond), die alle 7 bis 8 Tage eintreten, ab. Doch umfaßt eine Woche 7 Tage, so daß 4 Wochen nur im Februar einen vollen Monat ausmachen. Die Dauer eines Tags steht wieder in einer klaren Beziehung zur Sonne. An einem Tag dreht sich die Erde einmal um ihre Achse, bis sie wieder die gleiche Stellung zur Sonne hat. Den Tag teilt man in 24 Stunden ein, jede Stunde hat 60 Minuten zu 60 Sekunden.

Gleiche Ortszeit haben alle Orte der Erde, die auf dem gleichen Längengrad (Meridian) liegen. Bei 360 Längengraden (180° östlicher und 180° westlicher Länge von Greenwich) und der 24 Stunden bzw. 1440 Minuten dauernden Drehung der Erde um sich selbst ergibt sich zwischen zwei Längengraden der zeitliche Abstand von 4 Minuten. Man hat die Erde infolgedessen in 24 jeweils 15 Längengrade zu 60 Minuten umfassende Zeitzonen eingeteilt, in denen die gleiche Zeit gilt. In jeder östlichen Nachbarzone ist es eine Stunde später, in jeder westlichen eine Stunde früher. Auf der Weltzeituhr, die unter diesem Stichwort beschrieben ist, lassen sich die verschiedenen Uhrzeiten der wichtigsten Städte der Erde gleichzeitig ablesen.

In Europa unterscheidet man die westeuropäische (WEZ), die mitteleuropäische (MEZ) und die osteu-

Zeit

ropäische (OEZ) Zeit. Die WEZ des Nullmeridians von Greenwich gilt in Großbritannien, Portugal und Westafrika, die MEZ des 15. Längengrads in Frankreich und Deutschland, im übrigen Mitteleuropa, in Skandinavien, Algerien, Zaire usw., die OEZ des 30. Längengrads in der westlichen Sowjetunion, in Rumänien, Ägypten, Südafrika usw. Der sibirische Teil der Sowjetunion hat z. B. zehn Zeitzonen, die USA haben fünf. Als Weltzeit, nach der astronomische Ereignisse festgelegt werden, gilt die WEZ von Greenwich.

Chronologie nennt man die Wissenschaft von der Zeitmessung, Zeiteinteilung und Datierung geologischer Schichten sowie vorgeschichtlicher Funde. Chronometer sind Uhren. (Siehe auch die Stichwörter »Datumsgrenze« und »Kalender«)

Zeitraffer, siehe Stichwort »Zeitlupe«.

Zeitschriften sind regelmäßig, z. B. wöchentlich oder vierteljährlich, erscheinende Druckschriften. Meist sind sie auf ein bestimmtes Gebiet spezialisiert. Ein Merkmal der Zeitschriften sind häufige Bildreportagen. Es gibt u. a. Unterhaltungs-, Freizeit- und Programmzeitschriften, Fachzeitschriften und die Standes- und Berufszeitschriften.

Zeitungen sind regelmäßig, meist täglich erscheinende Nachrichtenblätter, die vor allem Tagesereignisse verschiedener Art berichten und besprechen. Sie wirken dadurch mit an der öffentlichen Meinungsbildung. Inhalt und Erscheinungsbild der Zeitungen werden von den Redaktionen gestaltet, die Druckereien vervielfältigen sie, die Verlage haben die wirtschaftliche Leitung.

Der Inhalt einer Zeitung setzt sich zusammen aus dem Textteil und aus dem Anzeigenteil, der aus bezahlten Anzeigen besteht. Zum Textteil (redaktionellen Teil) gehört der Nachrichtenteil. Nachrichten werden durch ein eigenes Nachrichtensystem (Reporter, Berichterstatter, Korrespondenten) oder durch Nachrichtendienste (z. B. Deutsche Presse-Agentur) beschafft. Bei der sogenannten Meinungsarbeit werden die Nachrichten ausgewählt und ihre Aufmachung wird bestimmt, indem man sie z. B. zum Leitartikel verarbeitet oder in Glossen, Kommentaren und Bildberichten bringt.

Neben Sondergebieten gibt es im Textteil die Gebiete Politik, Wirtschaft, Kultur und Unterhaltung (Feuilleton), Lokales und Sport.

Große Zeitungen der Welt-Tagespresse sind (alphabetisch nach den Ländern geordnet): ›La Prensa‹ (Buenos Aires, Argentinien), ›O Estado de São Paulo‹ (São Paulo, Brasilien), ›Jen-min Jih-pao‹ (Peking, China), ›Berlingske Tidende‹ (Kopenhagen, Dänemark), ›Frankfurter Allgemeine Zeitung‹ (Frankfurt am Main, Deutschland), ›Die Welt‹ (Hamburg, Deutschland), ›Le Figaro‹ (Paris, Frankreich), ›Le Monde‹ (Paris, Frankreich), ›The Guardian‹ (London-Manchester, Großbritannien), ›The Times‹ (London, Großbritannien), ›The Times of India‹ (Bombay, Indien), ›Corriere

Zeit

della Sera‹ (Mailand, Italien), ›Asahi Shimbun‹ (Tokio, Japan), ›The Globe and Mail‹ (Toronto, Kanada), ›Excélsior‹ (Mexiko City, Mexiko), ›Svenska Dagbladet‹ (Stockholm, Schweden), ›Neue Zürcher Zeitung‹ (Zürich, Schweiz), ›Iswestija‹ (Moskau, Sowjetunion), ›Prawda‹ (Moskau, Sowjetunion), ›The Christian Science Monitor‹ (Boston, USA), ›The New York Times‹ (New York, USA).

Zeitwort ist beim Stichwort »Verb« erläutert.

Zelle nennt man die kleinste Einheit, aus der die Lebewesen bestehen. Der Durchmesser einer Zelle beträgt im allgemeinen $1/100$ bis $1/10$ mm, daher ist sie mit bloßem Auge nicht zu erkennen. Es gibt aber auch Zellen, die, wie z. B. die Milchsaftzellen des Kautschuks, mehrere Meter lang sind. Eine Zelle besteht aus dem mit einer eiweißähnlichen farblosen Masse gefüllten Zelleib. Diese Masse nennt man Protoplasma oder kurz Plasma. An einer Stelle ist das Plasma stets zu einem kugelförmigen Zellkern verdichtet. Er enthält die Chromosomen mit den Erbeinheiten, den Genen. Der Zelleib ist bei pflanzlichen Zellen von einer aus Zellulose bestehenden Zellwand, bei menschlichen und tierischen Zellen von einer dünnen, elastischen Haut umgeben. Beide Umhüllungen sind als Membranen durchlässig für den Stoffwechsel. Beim Wachstum der Zellwand bzw. der Zellhaut entstehen im Zellinnern kleine Hohlräume (Vakuolen) und Bläschen, die eigene Aufgaben übernehmen. Die Vermehrung von Zellen erfolgt durch Zellteilung. Die im Zellkern enthaltenen Chromosomen zerfallen durch Längsspaltung in zwei ganz genau gleiche Teile. Auf die Teilung des Kerns folgt die Teilung des Plasmas. Abschließend bildet sich in der Zellmitte eine Scheidewand, die die beiden neuen Zellen voneinander trennt.

Einzeller sind Lebewesen, die nur aus einer einzigen Zelle bestehen. Zu ihnen gehören Algen, Bakterien und Urtiere (Protozoen). Sie vermehren sich durch Zellteilung oder durch Konjugation. Bei den Einzellern erfüllt eine einzige Zelle alle notwendigen Lebensfunktionen, die bei höheren Lebewesen eine Vielzahl von Zellen, die sich zu Gewebs- und Organeinheiten zusammengeschlossen haben, übernimmt. Der Mensch, das komplizierteste Lebewesen, besteht z. B. aus rund 1000 Billionen Zellen. Da sich die einzelligen Urtiere sowohl nach Art der Tiere, wie Amöben und Pantoffeltierchen, als auch nach Art der Pflanzen, wie die chlorophyllhaltigen Augentierchen, ernähren, sind sie Bindeglieder zwischen Tieren und Pflanzen.

Als Zelle bezeichnet man auch einen ganz kleinen Raum, wie eine Dusch-, Gefängnis- oder Klosterzelle. Bei politischen Organisationen wird die kleinste Einheit einer Mitgliedergruppe ebenfalls Zelle genannt.

Zellstoff ist ein Werkstoff, der aus reiner Zellulose besteht. Als Rohmaterial werden Holz, Stroh, Schilf usw. verwendet. Nach verschiedenen

Vorbereitungen, wie Schälen, Zerhacken und Schnitzeln, wird das zerkleinerte Material unter Druck und unter Zugabe von Laugen gekocht, wodurch sich Harze, Fette, Eiweiß und andere störende Bestandteile herauslösen. Aus Zellstoff wird Papier, Kunstseide, Zellwolle, Zellglas (Cellophan) und vieles andere hergestellt.

Zelluloid heißt einer der ältesten Kunststoffe. Früher wurden daraus Rollfilme, Spielzeug, Dosen, Knöpfe, Kämme, Tischtennisbälle usw. angefertigt. Heute hat man Zelluloid wegen seiner großen Feuergefährlichkeit – das Ausgangsmaterial ist Nitrozellulose – weitgehend durch andere Kunststoffe ersetzt.

Zellulose bildet den Hauptbestandteil der pflanzlichen Zellwände. Die Samenhaare der Baumwolle z. B. bestehen zu 100%, Holz nur zu 40–60 % aus Zellulose. Aus Zellulose stellt man Zellstoff her.

Zelt nennt man eine zusammenlegbare, leicht zu transportierende Unterkunft. Es ist die ideale Behausung der Nomaden, zu denen früher auch Indianerstämme gehörten. Heute sind es vor allem noch Beduinen und Mongolen, die als Wanderhirten in Zelten wohnen. Bei uns findet man Zelte hauptsächlich auf Campingplätzen, man braucht sie aber auch bei Expeditionen, Ausgrabungen, Straßenarbeiten und beim Militär. Hier und da sieht man noch das riesige Zelt eines Wanderzirkus. Ein Zelt wird aus Zeltbahnen (Segeltuch, Felle, Filz), Stangen, Pflöcken und Schnüren errichtet.

Zement wird ein wichtiger Baustoff genannt. Er ist ein aus Kalkstein und bestimmten Zusätzen, wie Ton, Quarz, Schlacke, Bauxit und Eisenoxyd, in verschiedenen Arbeitsgängen hergestelltes, feingemahlenes Pulver. Wird Zement mit Wasser und Sand vermischt, entsteht Mörtel, wird noch Kies dazugegeben, entsteht Beton. Beide Gemische werden an der Luft und unter Wasser sehr schnell steinhart. Aus Zement werden auch Kunststeine, Bodenplatten, Blumenkästen und anderes hergestellt.

Zenit heißt der höchste Punkt des Himmelsgewölbes, der sich senkrecht über dem Betrachter befindet. Er wird darum auch Scheitelpunkt genannt. Nadir oder Fußpunkt nennt man den dem Zenit genau gegenüberliegenden, nicht sichtbaren Punkt des Himmelsgewölbes.

Zensieren bedeutet bewerten, beurteilen, eine Note geben. Mit dem Wort Zensur bezeichnet man eine Schulnote, aber auch die staatliche Kontrolle des kulturellen und privaten Lebens, die auf Zeitungen, Bücher, Filme, Theaterstücke und Briefe ausgeübt wird.

Zentaur (Kentaur) nannten die alten Griechen ein Fabelwesen, das sie auf Reliefs und in Vasenmalereien darstellten. Der Zentaur besitzt einen menschlichen Oberkörper und einen Pferdeleib.

Zentner ist eine Gewichtseinheit. Ein Zentner sind 50 Kilogramm bzw. 100 Pfund.

Zentralafrikanische Republik (amtlich République Centrafricaine)

Zent
heißt ein Staat in Äquatorialafrika. Er ist 622 984 qkm groß und hat rund 1,7 Millionen Einwohner, meist Sudanstämme. Die Hauptstadt heißt Bangui. Amtssprache ist Französisch, Sangho gilt als Umgangssprache. Das Binnenland besteht größtenteils aus Savannen, die im Süden in tropischen Urwald übergehen. Angebaut werden Erdnüsse, Kaffee, Kakao, Zuckerrohr, Sisalagaven und Baumwolle. An Bodenschätzen gibt es Gold und Diamanten. Wirtschaft und Verkehr sind noch wenig entwickelt. Die ehemalige französische Kolonie wurde 1960 unabhängig.

Zentralamerika findet man beim Stichwort »Mittelamerika«.

Zentralasien (Innerasien) umfaßt die gewaltigsten Hochländer der Erde, die nach allen Seiten von ebenso gewaltigen Gebirgen abgeschirmt werden. Innerasien liegt zwischen dem Himalaja im Süden, dem Pamir und Tien-schan im Westen, dem Altai, dem Sajanischen und dem Jablonoi-Gebirge im Norden sowie dem Großen Chingan im Osten. Im Innern wird es von mächtigen Gebirgen, z. B. dem Kun-lun, durchzogen. Das Gebiet besteht vor allem aus Sand-, Stein-, Fels- und Salzwüsten, ferner aus Wüstensteppen, abflußlosen Salzseen und Salzsümpfen. Das Klima ist kontinental mit langen, rauhen Wintern und kurzen, trockenen Sommern. Politisch gehört Zentralasien, zu dem man das Hochland von Tibet, Ostturkestan, die Dsungarei und die Mongolei rechnet, größtenteils zur Chinesischen Volksrepublik. (Siehe dazu die Stichwörter »Gobi«, »Mongolei«, »Sinkiang«, »Tarimbecken«, »Tibet« und »Turkestan«)

Zentralismus nennt man die straffe Lenkung eines Staats durch eine Zentralregierung unter Ausschaltung der Selbstverwaltung von Ländern und Gemeinden. Frankreich mit Paris als Zentrum ist ein Beispiel dafür. Im Gegensatz zum Zentralismus steht der Föderalismus, der bei diesem Stichwort erläutert ist.

Zentralmassiv (Massif Central) heißt eine Mittelgebirgslandschaft im südöstlichen Frankreich. Nach Osten fällt das Zentralmassiv zur Saône und Rhône steiler, nach Westen mit den Flußtälern der Dordogne, des Lot und des Tarn allmählicher ab. In der Auvergne, im Gebiet erloschener Vulkane, erhebt sich der 1 886 m hohe Mont Doré. Die malerischen Cevennen am Südostrand des Massivs steigen bis zu 1 754 m an. Die Hochflächen sind nur dünn besiedelt. Das Zentralmassiv ist reich an Kohle.

Zentralnervensystem wird der aus Gehirn und Rückenmark bestehende Teil unseres Nervensystems genannt. Es ist die zentrale Schalt- und Verarbeitungsstelle für alle über die Nervenbahnen des peripheren und des vegetativen Nervensystems ankommenden Reize und abgehenden Impulse. Das periphere Nervensystem besteht aus den sensorischen (Empfindungs-)Nerven und den motorischen (Bewegungs-)Nerven. Die sensorischen Nerven leiten alle durch Sinnesempfindungen ausgelösten Reize zum Gehirn und Rückenmark hin, die motorischen Nerven führen die vom Gehirn und Rückenmark ausgelösten Impulse den Muskeln zu. Das vegetative Nervensystem arbeitet unabhängig vom Bewußtsein und Willen. Es versorgt von besonderen Zentren im Gehirn und Rückenmark aus über den Sympathikus und den Vagus die Eingeweide, Blutgefäße und Drüsen. (Siehe auch die Stichwörter »Gehirn«, »Rückenmark«, »Sympathikus«, »Vagus« und »Vegetatives Nervensystem«)

Zentrifugalkraft ist die Fliehkraft, mit der ein sich um eine Achse kreisförmig drehender Körper vom Mittelpunkt (Zentrum) der Drehbewegung fort nach außen strebt.

Zentrifuge (Trennschleuder) nennt man ein Gerät, das mit Hilfe der Zentrifugalkraft verschiedene Substanzen voneinander trennt. In der Milchzentrifuge wird der spezifisch leichtere Rahm von der spezifisch schwereren Magermilch durch Schleudern getrennt, er fließt gesondert ab. In der Honigschleuder löst sich der Honig aus den Waben, in der Wäscheschleuder flieht das Wasser durch die Löcher einer Siebtrommel.

Zentrum – ein Wort aus dem Lateinischen – heißt Mitte, Mittelpunkt.

Zeppelin, Ferdinand Graf von, der Erfinder und Erbauer des nach ihm benannten lenkbaren Luftschiffs, lebte von 1838 bis 1917. Über den Zeppelin ist beim Stichwort »Luftschiffe« berichtet.

Zeremonie [-moníh oder -móhni-e] bedeutet eine mit gewissen Förmlichkeiten verbundene, feierliche Handlung. Eine Königskrönung ist beispielsweise eine Zeremonie.

Zertifikat wird eine amtliche Bescheinigung, Bestätigung oder Beglaubigung genannt.

Zeugen sind Personen, die auf Grund eigener Beobachtungen über einen Sachverhalt Auskunft geben können. Bei gewissen Rechtshandlungen müssen Zeugen anwesend sein, beispielsweise bei einer standesamtlichen Trauung die beiden Trauzeugen. Wer vom Gericht aufgefordert wird, in einem Verfahren, das nicht ihn selbst betrifft, als Zeuge auszusagen, hat die Pflicht, zu erscheinen und eine der Wahrheit entsprechende Aussage zu machen. Diese Aussage muß er gegebenenfalls durch Eid bekräftigen. Auf Nichterscheinen oder Verweigerung der Aussage stehen Ordnungsstrafen. Ein bestimmter Personenkreis ist von der Pflicht, Zeugnis abzulegen, befreit. Es handelt sich dabei um Verlobte, Ehegatten, nahe Verwandte oder Verschwägerte des Angeklagten, ferner um Personen, die aus sachlichen Gründen das Recht oder sogar die Pflicht haben zu schweigen, wie Geistliche, Ärzte, Rechtsanwälte und andere. Zeugen dürfen nicht beeinflußt werden, eine bestimmte Aussage zu machen. Heutzutage spielen bei Verkehrsunfällen die Zeugen oft eine sehr wichtige Rolle.

Zeugen Jehovas nennt sich eine Religionsgemeinschaft, die sich früher als »Ernste Bibelforscher« bezeichnete. Die Zeugen Jehovas glauben an eine baldige Wiederkunft Christi.

Zeug

Die Zahl der Mitglieder beträgt etwa 1,6 Millionen. Als Kriegsdienstverweigerer wurden sie im Dritten Reich verfolgt.

Zeugnis abzulegen ist die Pflicht der Zeugen, über die bei diesem Stichwort berichtet wird. In deutschen Schulzeugnissen werden die Leistungen und unter Umständen auch das Betragen eines Schülers beurteilt, und zwar mit den Noten 1–6 oder mit den Begriffen »sehr gut, gut, befriedigend, ausreichend, mangelhaft, ungenügend«. Die Schüler erhalten ihre Zeugnisse in der Mitte und zum Abschluß eines jeden Schuljahrs, ferner beim Abgang von der Schule als Abgangszeugnis. Auch bei der Beendigung eines Lehr- oder Arbeitsverhältnisses werden vom Lehrherrn oder Arbeitgeber Zeugnisse ausgestellt. Sie müssen über Art und Dauer der Lehre oder der Beschäftigung, auf Wunsch auch über Leistung und Führung Auskunft geben. Zeugnisse gelten als Urkunden.

Zeugungsfähigkeit nennt man bei Männern und Frauen die Fähigkeit, Nachkommen zu erzeugen. Sie beginnt bei beiden Geschlechtern in der Pubertät, in der Zeit der eintretenden Geschlechtsreife. Beim Mann besteht sie bis ins hohe Alter, Frauen dagegen können nach dem Aufhören der Menstruation kein Kind mehr zur Welt bringen.

Zeus nannten die Griechen den höchsten ihrer Götter, der mit seiner Gemahlin Hera auf dem Olymp thronte. Er ist Vater vieler Götter, Göttinnen und Halbgötter. Zeus galt als Gott der Weisheit, als Hüter von Recht und Freiheit, als Beschützer von Haus, Familie, Freundschaft und Gastrecht, aber auch als Blitzeschleuderer, Donnerer und Regenbringer. Bei den Römern entsprach Jupiter dem Zeus.

Zichorie, siehe Stichwort »Wegwarte«.

Ziegelsteine (Backsteine oder Mauersteine) braucht man zum Hausbau. Sie bestehen aus Ton oder Lehm. Die feuchte Masse wird handgeformt oder maschinell gepreßt, danach getrocknet und schließlich gebrannt. Je höher die Brenntemperatur ist, desto dichter und fester werden die Ziegelsteine. Am festesten sind Klinker, die so heißen, weil sie beim Anschlagen wegen ihrer Härte wie Metall klingen. Die rötliche Färbung von Ziegelsteinen wird vom Eisengehalt des verwendeten Tons bestimmt. Leichter als Vollziegel, aber genauso haltbar sind Hohlziegel, die außerdem noch wärmedämmend wirken. Feuerfeste Schamotteziegel werden beim Kachelofen- und Kaminbau verwendet.

Ziegen gehören als paarzehige Wiederkäuer zur Familie der Hornträger oder Rinder. Ihre Gattung umfaßt als Arten den Steinbock, die Schrauben- und die Bezoarziege. Beide Geschlechter tragen sichelförmig nach hinten gebogene, gerippte Hörner, an denen man ihr Alter ablesen kann. Bei der Hausziege sind die Hörner der Geißen manchmal verschwunden, während die Böcke Hörner haben. Bei der modernen mitteleuropäischen Edelziege sind

Ziegen können auf Bäume klettern. Sie sind mit schuld an der heutigen Verkarstung der Mittelmeerländer durch Kahlfraß.

jetzt auch alle Böcke hornlos. Ziegen werden wegen der Milch, des Fleischs, besonders der Kitze, und der Häute gehalten, die man zu weichem Chevreau- und Saffianleder verarbeitet. Einzelne Rassen, wie Angora- und Kaschmirziegen, liefern eine besonders feine Wolle. Die Wild- oder Bezoarziege, die Stammform der Hausziege, lebt noch auf Kreta, Erimomilos, im Kaukasus, in Klein- und Vorderasien. Sie ist im Klettern ebenso geschickt wie die Gemse.

Ziegenmelker (Nachtschwalben) tragen ihren Namen zu unrecht. Niemals trinken diese Vögel an den Eutern von Milchtieren. Auch die Bezeichnung Nachtschwalbe ist nicht richtig. Mit den Schwalben haben sie nur gemeinsam, daß sie Luftinsektenjäger sind, ihre Beute also im Flug schnappen. Dafür ist ihr breiter, mit Borsten versehener Schnabel sehr günstig. Ziegenmelker leben tagsüber im Wald, am liebsten auf Kiefern. Wenn sie dort ruhig auf einem Ast sitzen, kann man sie kaum erkennen, so gut ist ihre Tarntracht der Baumrinde angepaßt. Erst in der Dämmerung werden sie lebhaft und fliegen auf Nahrungssuche. Seltsamerweise bauen diese Vögel kein Nest, sondern brüten ihre Eier auf dem nackten Boden aus.

Ziegenpeter ist ein anderer Name für Mumps und bei diesem Stichwort beschrieben.

Ziehharmonika, Akkordeon oder Schifferklavier nennt man ein volkstümliches Musikinstrument, das mit beiden Händen gespielt wird. Durch Auseinanderziehen und Zusammenpressen eines Blasebalgs erzeugt der Spieler einen Luftstrom, den er durch Druck auf die Knöpfe oder Tasten einer seitlichen Klaviatur in bestimmte Kanäle leiten kann. In den Kanälen befinden sich Metallzungen, die in Schwingungen versetzt werden, wenn der Luftstrom über sie hingleitet. Während bei der einfacheren Ziehharmonika die eingesogene und die ausgeblasene Luft verschiedene Töne erzeugt, bleiben die Töne eines Akkordeons bei Zug und Druck gleich. Bandoneon und Konzertina sind Großinstrumente mit umfangreichen Tastaturen und verschiedenen Akkordkombinationen.

Zierfische werden in Aquarien gehalten. Sie sind verhältnismäßig klein, haben schöne Farben oder eigenartige Formen und stammen meistens aus den Tropen. Zu den

Zier

bekanntesten Zierfischen gehören Stichlinge, Bitterlinge, Zahnkarpfen, Schwertträger, Kampf- und Korallenfische.

Zierpflanzen erfreuen uns durch die Schönheit ihrer Blüten, Blätter und Früchte oder durch ihren Duft und Wuchs. Sie haben keinen praktischen Wert und stehen im Gegensatz zu den Nutzpflanzen, die man anbaut, weil man sie als Nahrungsmittel braucht.

Ziffern sind Zahlzeichen und beim Stichwort »Zahlen« beschrieben.

Zigarette heißt, aus dem französischen Ursprungswort übersetzt, kleine Zigarre. Zigaretten enthalten feingeschnittenen Tabak, der stäbchenförmig zusammengerollt und danach mit feinem Seidenpapier umhüllt wird. Einige Sorten haben Kork- oder Filtermundstücke, um die schädliche Wirkung des Nikotins und Teers einzuschränken. Vor übermäßigem, ja selbst vor mäßigem Zigarrettenrauchen warnen die Ärzte in zunehmendem Maß, da der unheilbare Lungenkrebs wahrscheinlich in erster Linie dadurch hervorgerufen wird. Daß das Rauchen von Pfeifen und Zigarren weniger schädlich ist, ist nicht sicher.

Zigarren bestehen aus walzenförmig gewickelten Tabakblättern. Im Innern befindet sich die sogenannte Einlage, die vom Umblatt und vom Deckblatt eingehüllt wird. Als Deckblätter verwendet man nur die schönsten Blätter. Heute werden Zigarren fast nur noch maschinell hergestellt. Das Wort Zigarre stammt von dem Mayawort siqar, das »gerollte Tabakblätter rauchen« bedeutet. (Siehe auch Stichwort »Tabak«)

Zigeuner sind ein Wandervolk und stammen wahrscheinlich aus dem nordwestlichen Indien, wie ihre Sprache annehmen läßt. Sie sind dunkelhäutig und -äugig und haben schwarzes Haar. Von Indien aus wanderten sie über Vorderasien nach Rußland sowie nach Südost- und Mitteleuropa. Andere Stämme zogen von Vorderasien über Ägypten, Nordafrika und Spanien nach Westeuropa. Trotz aller Versuche, sie anzusiedeln, sind sie ein unstetes Wandervolk geblieben, das sich seine Eigenart und seine Sitten überall erhalten hat. Neben dem Stammeshäuptling wird die alte Zigeunermutter hoch geachtet. Immer noch ziehen die Zigeuner mit ihren von Pferden oder Automobilen gezogenen Wohnwagen als Bettler, Hausierer und Händler von Ort zu Ort. Viele von ihnen sind hervorragende Musiker. Die ungarische Volksmusik wurde von der Zigeunermusik stark beeinflußt. Die Frauen betätigen sich oft als Wahrsagerinnen und Tänzerinnen, früher verkauften sie auch selbstgeklöppelte Spitzen. Vor der Zeit des Dritten Reichs zogen die Zigeuner auch bei uns durchs Land, oft mit einem kleinen Wanderzirkus. Unter den Nationalsozialisten wurden sie verfolgt, viele von ihnen sogar umgebracht. Heute findet man die Zigeuner vor allem noch auf dem Balkan und in Südfrankreich. Dort, in der Camargue, liegt ihr Wallfahrtsort, das Fischerdorf Les-Saintes-Maries-de-la-Mer, wo sie sich im Mai jeden Jahres, von weit her kommend, treffen.

Zikaden gehören zur Ordnung der Pflanzensauger. Die geflügelten Insekten besitzen einen Stachel, mit dem sie sich von Pflanzensäften ernähren. Sie haben hervorstehende Augen, kurze Fühler und springfähige Hinterbeine. Von den Larven der Schaumzikade stammt der sogenannte Kuckucksspeichel, den man oft an Wiesenpflanzen findet. In den Mittelmeerländern leben die Singzikaden, bei denen die Männchen, um die Weibchen anzulocken, sehr laut zirpen. Sie haben an der Hinterbrust ein Trommelorgan, dessen Chitinplättchen sie zum Schwingen bringen können. Die Entwicklung der Larven dauert bei den Zikaden oft mehrere Jahre, bei einer amerikanischen Art sogar 17 Jahre.

Zikkurat nennt man einen auf einer künstlichen Terrasse errichteten Tempel, zu dem Freitreppen hinaufführen. Anlagen dieser Art gab es im Mesopotamien des 3. und 2. Jahrtausends v. Chr. Der Babylonische Turm soll so ausgesehen haben. Am besten erhalten ist die um 2000 v. Chr. erbaute Zikkurat von Ur.

Zillertal heißt ein rechtes Seitental des Inn, das in Nordtirol bei Jenbach abzweigt. Es wird vom Ziller durchflossen, der in den bis 3523 m ansteigenden Zillertaler Alpen entspringt. Die Hauptorte in dem von Fremden im Sommer und Winter vielbesuchten Tal sind Fügen, Zell am Ziller, Mayrhofen und Hintertux. Der Gerlospaß stellt die Verbindung zwischen dem Zillertal und dem Pinzgau her.

Zimt ist die von der Außenrinde befreite, getrocknete Innenrinde des Zimtbaums, der zur Familie der Lorbeergewächse gehört. Das Gewürz kommt bei uns als Stangenzimt oder gemahlen in den Handel und wird im Haushalt für Backwaren, Glühwein und Süßspeisen verwendet. Auch die Likör- und die Parfümindustrie verarbeiten Zimt sowie Zimtöl. Am feinsten ist Ceylonzimt, am häufigsten Chinazimt. Zimt gehört zu den ältesten Gewürzen der Erde; er wird schon in einem um 2800 v. Chr. geschriebenen chinesischen Kräuterbuch genannt.

Zink, ein chemisches Element mit dem Zeichen Zn, sieht bläulichweiß aus. Es ist ein glänzendes, etwas sprödes Schwermetall, das nur gebunden, hauptsächlich als Zinkblende und Zinkspat, vorkommt. An der Luft überzieht sich Zink mit einer Schutzschicht. Daher verzinkt man Eisenblech, um es vor dem Rosten zu bewahren. Aus der Legierung mit Kupfer entsteht Messing. Alle Zinkverbindungen, z. B. die Malerfarbe Zinkweiß, sind giftig.

Zinn hat als chemisches Element das Zeichen Sn (Stannum). Es ist ein geschmeidiges, sehr weiches silberglänzendes Schwermetall, das sich ganz dünn auswalzen läßt. Aus Zinn stellt man Folien, Tuben, Orgelpfeifen, Geschirr, Leuchter und Kunstgegenstände her, außerdem wird es zur Veredelung von Eisenblech verwendet. Die Legierung von Zinn und Blei ergibt Lötmetall, durch die Ver-

Zinn

mischung von Zinn und Kupfer erhält man Bronze. Die Herstellung von Bronze war den Menschen schon vor fast 5000 Jahren bekannt und hat einem vorgeschichtlichen Zeitalter, der Bronzezeit, den Namen gegeben.

Zinnen bilden einen gezahnten Mauerabschluß. Man findet sie an mittelalterlichen Burgen, vor allem auf Türmen und Wehrgängen. Die Zwischenräume wurden als Schießscharten benutzt.

Zinnober (Korallenerz) heißt ein leuchtendrotes Mineral, das 86,2 % Quecksilber enthält und zur Quecksilbergewinnung unentbehrlich ist. Man findet es in Spanien, Jugoslawien und Kalifornien. Die Zinnoberfarbe, die man zum Malen braucht, wird künstlich hergestellt.

Zinsen muß man zahlen, wenn man Geld leiht. Sie sind gewissermaßen die Leihgebühr für das zur Verfügung gestellte Kapital. Zinsen werden nach dem Zinsfuß berechnet, dessen Höhe für je 100,– DM pro Jahr festgelegt wird. Hat jemand z. B. 2 000,– DM zu 12 % geliehen, so muß er jährlich 240,– DM Zinsen zahlen.

Zionismus nennt sich eine politische Bewegung unter den Juden, die Palästina als Heimat für das über die ganze Erde verstreute jüdische Volk ansieht. Mit der Proklamation des Staats Israel wurde dieses Ziel 1948 erreicht. Der Begründer des Zionismus war der österreichische Journalist Theodor Herzl.

Zirka (circa), abgekürzt ca., heißt ungefähr. Das Wort kommt aus dem Lateinischen.

Zirkel ist ein Zeichengerät, mit dem man Kreise ziehen und Strecken abmessen kann.

Zirkulation bedeutet Umlauf, Kreislauf. Der Arzt spricht z. B. von einer guten Blutzirkulation oder von Zirkulationsstörungen im Blutkreislauf, die meist auf ungenügender Herztätigkeit oder auf einer Erkrankung bzw. Verengung der Blutgefäße beruhen. Das Wort wird auch für den Umlauf von Geld oder Luft gebraucht.

Zirkus nennt man ein großes Zelt oder Gebäude, in dem die Zuschauer auf ansteigenden Reihen rings um die Manege sitzen und sich von Akrobaten, Seiltänzern, Zauberern und Clowns unterhalten lassen. Raubtierdressuren und Reiterkunststücke – oft von hohem Können – vervollständigen das von Musik untermalte Programm.

Ziselieren ist eine kunstgewerbliche Arbeit. Der Ziseleur beherrscht eine Technik, die mit Stichel, Meißel, Feile und anderem Werkzeug aus Metall, besonders aus Gold, Silber und Messing, Ornamente und Figuren herausarbeitet. Mit Ziselierungen werden Schmuckstücke, Dosen, Spiegel und anderes verziert.

Zisterne heißt ein unterirdischer Behälter, in dem man in wasserarmen Gebieten filtriertes Regenwasser sammelt.

Zitat wird eine wörtlich wiedergegebene Stelle aus einem Buch, einer Zeitung oder einem Vortrag genannt. Auch bekannte Aussprüche, die »geflügelten Worte«, werden als Zitate bezeichnet. Von Wilhelm

Busch stammt z. B. der vielzitierte Reim: »Das Gute – dieser Satz steht fest – ist stets das Böse, das man läßt.«

Zither heißt ein volkstümliches Zupfinstrument. Über den flachen Resonanzkasten sind 5–7 Melodie- und 24–37 Begleitsaiten gespannt. Die Melodiesaiten werden mit dem Plektron, einem mit einem Dorn versehenen Zupfring, angerissen. Die Zither ist ein Instrument der alpenländischen Volksmusik.

Zitronen gehören zu den Zitrusfrüchten. Sie wachsen auf dornentragenden immergrünen Zitronenbäumen, die bis zu 7 m hoch werden. Ursprünglich stammt die Pflanze aus Indien, heute wird sie besonders im Mittelmeergebiet und in Kalifornien angebaut. Oft sieht man die reifen leuchtendgelben Früchte und die duftenden weißen Blüten am gleichen Baum. Die würzige Schale der Frucht enthält das ätherische Zitronenöl, das Fruchtfleisch sowie der Saft sind reich an Zitronensäure und Vitamin C. Aus Zitronen stellt man Limonade her, Zitronenscheiben verwendet man zum Würzen von Fisch, Schnitzeln und Aperitifs.

Zitronenfalter haben hellgelbe Flügel, in deren Mitte jeweils ein kleiner orangefarbener Punkt sitzt. Da sie als Falter überwintern, flattern sie im Frühling mit als erste Schmetterlinge herum. Sie sind Tagfalter und gehören zur Familie der Weißlinge. (Siehe auch die Stichwörter »Tagfalter« und »Weißlinge«)

Zitrusfrüchte bilden eine Gattung säuerlicher Früchte mit etwa 60 Arten. Zu den Zitrusfrüchten gehören u. a. Zitronen, Apfelsinen (süße Orangen), Pomeranzen (bittere Orangen), Mandarinen, Clementinen und Grapefruits (Pampelmusen).

Zitterfische besitzen ein elektrisches Organ, mit dem sie zum Zwecke des Beutefangs oder zur Verteidigung Stromstöße erzeugen können. Während der Zitterrochen Schläge von 24 Volt austeilt, bringt es der Zitterwels schon auf mehr als 200 Volt. Der Zitteraal aber übertrifft sie beide; er verfügt über eine Stromspannung von 550 Volt, mit der er einen Menschen oder ein Pferd bewußtlos machen kann. Dieser Fisch lebt in den Strömen des tropischen Südamerika, besonders im Amazonas. Weil er blind ist, benutzt er die Stromstöße, von denen er pro Sekunde bis zu 400 erzeugt, auch zur Orientierung. Mit einem an seinem Kopf befindlichen Empfangsgerät registriert er radarartig die Reflexion der von ihm ausgesandten elektrischen Impulse.

Zivilisation, ein Wort aus dem Lateinischen, nennt man die Verbesserung der Lebensbedingungen durch Fortschritte auf wissenschaftlichem und technischem Gebiet. Unter Kultur versteht man dagegen die Veredelung der Lebensführung, die im Zusammenhang mit geistigen und künstlerischen Leistungen steht.

Zivilisationskrankheiten sind Folgeerscheinungen unserer fortschreitenden Zivilisation. Durch eine unnatürliche und ungesunde Lebensweise treten Krankheiten auf, die

Zivi

man bei Naturvölkern selten oder gar nicht findet. Falsche Ernährung ruft Verstopfung und Fettsucht hervor, mangelnde Bewegung führt zu Kreislaufstörungen, eine überheizte Wohnung zu Erkältungen, starkes Rauchen zu Lungenkrebs, Alkoholmißbrauch zu Leberschäden und Streß zu Managerkrankheit.

Zivilprozeß heißt ein Gerichtsverfahren, in dem private Rechtsstreitigkeiten durch ein Gerichtsurteil entschieden werden. Der Gang des Verfahrens ist in der Zivilprozeßordnung geregelt. Behandelt werden z. B. Prozesse im Familien-, Erb-, Arbeits-, Schuld- und Handelsrecht. Im Gegensatz zum Strafprozeß, bei dem das Gericht den Sachverhalt ermitteln muß, urteilt es im Zivilprozeß nur über das, was Kläger und Beklagte vorbringen.

Zölibat bedeutet Ehelosigkeit aus religiösen Gründen. Priester der römisch-katholischen Kirche sind zur Ehelosigkeit verpflichtet.

Zoll wird eine Abgabe genannt, die an Staatsgrenzen auf die Ein-, Aus- oder Durchfuhr bestimmter Waren erhoben wird. Heute gibt es fast nur noch Einfuhrzölle für ausländische Produkte. Im Bereich von Wirtschaftsgemeinschaften (EG, EFTA, COMECON) bestehen besondere Zollbestimmungen.

Zone heißt Gebiet. Das Wort wird besonders in der Geographie verwendet. Man hat die Erde in drei

Die Kontrollen an den Grenzübergängen beschränken sich nicht auf die Überprüfung von Reisepässen. Hier wird einem Tankwagen eine Bierprobe entnommen. Durch eine zolltechnische Untersuchung ermittelt man, ob das eingeführte Bier den deutschen Bestimmungen entspricht.

Klimazonen eingeteilt. Innerhalb der Wendekreise liegt beiderseits des Äquators die heiße oder tropische Zone, zwischen den Wendekreisen und den Polarkreisen liegen die gemäßigten Zonen und jenseits der Polarkreise die kalten Zonen (Polarzonen), die man auch arktische bzw. antarktische Zone nennt. Zur feineren Unterscheidung hat man noch die subtropische Zone zwischen dem 25. und 35. Grad und die subpolare Zone zwischen dem 60. und 70. Grad jeweils nördlicher und südlicher Breite eingeschoben. Über die 24 Zeitzonen der Erde ist beim Stichwort »Zeitmessung« berichtet.

Zoologie ist beim Stichwort »Tierkunde« beschrieben.

Zoologische Gärten

1883. Ein Tag in Amsterdam, Anfang August. Fröhliche Menschen wandern durch den zoologischen Garten, bestaunen Löwen, Bären, Affen und allerlei buntes Vogelvolk in Volieren und auf Teichen. Ein vorn gestreiftes, hinten einfarbig braunes, pferdeartiges Geschöpf, das allein in einem Stall steht, findet kaum Beachtung. Als es wenige Wochen später stirbt, nimmt kaum jemand Notiz davon. Wer hätte auch ahnen sollen, daß dieses Quagga der allerletzte Vertreter einer Zebra-Unterart war, deren Bestand die europäischen Siedler in Südafrika bereits ausgerottet hatten? Ein auffälliges Großtier war ganz plötzlich verschwunden, ohne daß man sich dessen bewußt gewesen wäre.

1973. An einem Maitag wird im Berliner Zoo der erste Davidshirsch geboren. An sich kein ungewöhnliches Ereignis, denn in anderen Tiergärten hatten schon viele dieser merkwürdigen chinesischen Hirsche das Licht der Welt erblickt. Trotzdem zücken Pressefotografen und Kameraleute vom Fernsehen ihre Apparate, um das Neugeborene im Bild festzuhalten. Das große Interesse, welches das gefleckte Jungtier hervorruft, wird erklärlich, wenn man die großen Schilder vor dem Freigehege liest. Sie weisen darauf hin, daß es sich um eine Tierart handelt, deren kümmerlicher Restbestand zu Beginn unseres Jahrhunderts ausgerottet wurde. Zum Glück waren einige Jahre zuvor mehrere Hirsche aus China in europäische Tiergärten gelangt. Man baute mit ihnen eine Zuchtherde auf, die sich so gut vermehrte, daß der Davidshirsch bis heute in Menschenobhut erhalten blieb.

Diese beiden »Momentaufnahmen« machen deutlich, wie sehr sich unsere zoologischen Gärten in knapp

In den Gehegen der Zoos soll den Tieren ein möglichst natürlicher Lebensraum geboten werden.

Zool

An Fürstenhöfen war es üblich, zur Belustigung wilde Tiere in Menagerien zu halten.

hundert Jahren veränderten. Hervorgegangen aus königlichen oder fürstlichen Menagerien, waren die ersten zoologischen Gärten zunächst Stätten der Unterhaltung und des Vergnügens. In malerischen, oft exotisch anmutenden Tierhäusern zeigte man merkwürdige Geschöpfe aus aller Welt einem Publikum, das Giraffen oder Kamele ebenso in Erstaunen versetzten wie uns heute etwa Gestein vom Mond. Wie in den Schauräumen eines Museums waren Vertreter der Tierwelt Asiens, Afrikas und Amerikas in zumeist engen Käfigen säuberlich nebeneinander aufgereiht, so daß man mit wenigen Schritten an ihnen vorbeigehen und sie miteinander vergleichen konnte. Auf Zucht legte man oft keinen Wert; die Ausstellungsstücke ließen sich aus den überseeischen Kolonien ja jederzeit und ohne große Mühe schnell ersetzen. Diese Zeiten sind vorbei.

Heute sieht ein verantwortungsvoll geleiteter zoologischer Garten anders aus. An die Stelle von Prunkbauten sind schlichte, aber zweckmäßige Tierbehausungen getreten, Gräben haben vielfach die Mensch und Tier störenden Gitter abgelöst, und man vermeidet es, Tiere einzeln zu halten.

Ein moderner Zoo hat eine Vielzahl von Aufgaben, von denen nur die wichtigsten genannt seien: Er dient der Erholung des naturentfremdeten Großstädters, er bemüht sich, biologisches Wissen zu vermitteln, und versucht außerdem, als Wegbereiter für den Naturschutz zu wirken. Die beiden letzten Punkte sind untrennbar miteinander verbunden. Schützen kann man bekanntlich nur das, was man kennt. In einer Zeit, in der Naturkundeunterricht an den Schulen nicht gerade stark gefördert wird, kann ein Zoo zumindest in gewissem Maße Wissenslücken schließen. Erst dadurch, daß in mehreren großen zoologischen Gärten auf Probleme des Naturschutzes hingewiesen wurde, ist vielen Menschen bewußt geworden, daß es um den Bestand zahlreicher Tierarten im Freiland schlecht bestellt ist. So erfuhr der Naturschutzgedanke Förderung in einem Maße, wie man es vor wenigen Jahren noch für undenkbar gehalten hätte.

Aber auch auf andere Weise tragen zoologische Gärten zur Erhaltung bestimmter Tierarten bei, vor allem durch die planmäßige Zucht. Während es 1921 nur noch 56 reinblütige Flachlandwisente auf der Erde gab, beläuft sich ihre Zahl heute auf weit mehr als 1000. Von den Urwildpferden, die in der Mongolei fast ausgerottet sind, leben heute mehr als 200 in unseren Tiergarten. Die Zahl der in Gefangenschaft geborenen Sibirischen Tiger übertrifft den Restbestand im Freiland bei weitem. Gerade Huftiere, Großkatzen, Enten- und Hühnervögel vermehren sich heute bereits so regelmäßig, daß man den Nachwuchs unter gesicherten Verhältnissen in der freien Wildbahn wieder einbürgern könnte. Das ist z. B. bei der Hawaiigans bereits erfolgreich geschehen.

Doch auch die Zucht weniger seltener Arten ist von Bedeutung. Steppen und Urwälder beherbergen längst nicht mehr die Tierfülle von einst, und jedes Exemplar, das der Freiheit entnommen wird, verringert den Gesamtbestand. Die zoologischen Gärten bemühen sich daher, den Bedarf aus eigener Züchtung zu decken. Löwen, Bären, Flußpferde und viele andere »typische« Zootiere vermehren sich bereits seit mehreren Generationen in Menschenobhut, so daß es sich erübrigt, Wildfänge einführen zu müssen. Manche Flußpferde z. B., die man in afrikanischen Zoos sieht, stammen nicht aus ihrem Heimatland, sondern kamen in europäischen Tiergärten zur Welt. Für die Zoodirektoren war es leichter und bequemer, Tiere aus Deutschland oder der Schweiz kommen zu lassen, als sie vor ihrer eigenen Haustür zu fangen.

Bei anderen Arten ist jedoch Nachwuchs aus dem Freiland noch immer unerläßlich. Manche Menschenaffen, Antilopen und Vögel vermehren sich zwar in zoologischen Gärten, doch ist die Nachwuchsquote so gering, daß sich die Bestände nicht aus sich selbst heraus erhalten können. Zwar haben neue Erkenntnisse in der Tiermedizin, der Verhaltensforschung, Fütterungslehre und Zoo-Architektur dazu beigetragen, daß sich heute selbst empfindliche Pfleglinge, wie die Menschenaffen, halten und züchten lassen, doch ist es fraglich, ob man sie auf die Dauer durch Zucht erhalten wird. Trotz aller Erfolge können zoologische Gärten nur bis zu einem gewissen Grad Zufluchtstätten für bedrohte Tiere sein. Der Großteil aller Säugetiere und Vögel benötigt zum Überleben den ungestörten natürlichen Lebensraum. Ihn zu erhalten ist eine der wichtigsten Aufgaben, vor die Regierungen und Naturschutzorganisationen heute gestellt sind.

• • •

Zote nennt man einen unanständigen Witz oder eine zweideutige Redensart.

Zuchthaus war früher die Bezeichnung für eine Justizanstalt, in der für besonders schwere Straftaten (Verbrechen) verhängte Strafen verbüßt werden mußten. Seit 1969 gibt es nur noch den Begriff der Freiheitsstrafe, die lebenslang oder für 1 bis 15 Jahre verhängt wird. Für die Verurteilten besteht Arbeitszwang. Im modernen Strafvollzug bemüht man sich darum, die Häftlinge besser auf das

Zuch

Leben in der Gemeinschaft nach ihrer Entlassung vorzubereiten. Die berufliche Fortbildung während der Strafverbüßung wird ermöglicht.

Zuchtwahl (Selektion), ein biologischer Begriff, bedeutet eine natürliche oder künstliche Auslese bei der Fortpflanzung. Die natürliche Zuchtwahl ist eine Auslese unter den Lebewesen, die dem Kampf ums Dasein am besten angepaßt sind (siehe auch die Stichwörter »Abstammungslehre« und »Darwin«). Über die künstliche Zuchtwahl ist beim Stichwort »Züchtung« berichtet.

Zucker ist wasserlöslich und gehört als chemische Verbindung von Kohlenstoff, Wasserstoff und Sauerstoff zu den Kohlehydraten. Zucker schmeckt süß. Man unterscheidet einfache Zucker (Monosaccharide), wie Trauben- und Fruchtzucker, zweifache Zucker (Disaccharide), wie Rohr-, Rüben-, Malz- und Milchzucker, sowie mehrfache Zukker (Polysaccharide), wie Dextrin, Stärke und Zellulose. Honig ist Invertzucker, d. h. ein Gemisch aus Frucht- und Traubenzucker, das die Bienen aus Nektar unter Zusatz von Enzymen herstellen. Unser Zucker, wie er in den Handel kommt, wird entweder aus Zuckerrüben, die 16–27 % Zucker enthalten, oder aus Zuckerrohr, das bis zu 18 % aus Zucker besteht, fabriziert. Zur Zuckerfabrikation werden Zuckerrüben gewaschen und zerschnitzelt bzw. Zuckerrohr durch Walzen zermahlen. Die so entstandene Masse läßt man in heißem Wasser gründlich auslaugen. Danach wird der filtrierte Saft eingedickt, wodurch sich der Zucker auskristallisiert. Der siruphaltige braun-gelbe Rohzucker muß nun noch raffiniert, d. h. gereinigt und gebleicht werden, bevor man ihn zu Kristall-, Würfel-, Puder-, Hut- oder Kandiszucker verarbeitet. Den Rückstand aus der Zuckerfabrikation nennt man Melasse. Die Melasse von Zuckerrüben bildet ein wertvolles Viehfutter; sie wird auch zur Spritgewinnung verwendet. Aus der Melasse von Zuckerrohr stellt man Rum her.

Zuckerrüben werden in West-, Mittel- und Osteuropa sowie in den USA angebaut. Rohrzucker stammt aus tropischen und subtropischen Zonen, vor allem aus Cuba, Brasilien, Indien, Mexiko und Australien. Seit dem 17. Jahrhundert wurde Rohrzucker in größeren Mengen nach Europa eingeführt, doch war er ziemlich teuer. Vorher hatte man alle Speisen, Backwaren und Getränke nur mit Honig gesüßt. Als es um 1800 gelang, Zucker aus Zuckerrüben herzustellen, wurde er billiger und zu einem Volksnahrungsmittel.

Zuckerkrankheit (Diabetes) gehört zu den Stoffwechselkrankheiten. Beim gesunden Menschen erzeugt die Bauchspeicheldrüse (Pankreas) das Hormon Insulin, das den Zuckergehalt im Blut reguliert. Wenn die Bauchspeicheldrüse erkrankt, stellt sie zuwenig Insulin her. Infolgedessen steigt der Blutzuckergehalt. Der Körper kann dann Zucker und andere Kohlehydrate nicht mehr verdauen und scheidet sie ungenutzt aus. Auch der Abbau von Fett ist gestört. Die Krankheitserscheinungen sind übergroßer Durst, Heißhunger, Gewichtsabnahme und Mattigkeit. Beim Zuckerkranken (Diabetiker) heilen Wunden schlecht oder gar nicht. Die Behandlung besteht in strenger Diät, die Zucker durch Süßstoff ersetzt. Außerdem wird Insulin, das man früher aus tierischen Bauchspeicheldrüsen entnahm und heute synthetisch herstellt, gespritzt oder neuerdings auch in Tablettenform eingenommen. Die Behandlung der Zuckerkrankheit ist verhältnismäßig erfolgreich. Man stellt jetzt sogar für Diabetiker verträgliche Süßigkeiten (wie Gebäck und Schokolade) und sogar Wein her.

Zuckerrohr heißt ein schilfartiges Gras, das in den Tropen und Subtropen angebaut wird. Aus Stecklingen entwickeln sich bis zu 6 m hohe und 5–6 cm dicke Stengel, deren Mark sehr zuckerhaltig ist. Einmal im Jahr werden die Stengel direkt über dem Boden abgeschlagen, von Blättern und den noch nicht entfalteten Blütenrispen befreit und zur Zuckergewinnung weiterverarbeitet. Auf den abgeernteten Feldern treiben die Wurzelstöcke mehrere Jahre hindurch immer wieder aus. (Siehe auch Stichwort »Zucker«)

Zuckerrüben wurden aus Runkelrüben, deren Zuckergehalt 7–8 % betrug, durch planmäßige Züchtung bis auf einen Zuckergehalt von 27 % gebracht. Die zweijährigen Pflanzen haben im ersten Jahr nur einen großen Blätterschopf, speichern aber in der dicken, fleischigen Wurzel für die im zweiten Jahr kommende Blüten- und Fruchtbildung viele wertvolle Nährstoffe, vor allem Zucker. Daher erntet man sie zur Zuckergewinnung und als Viehfutter gleich im ersten Herbst. Zur Gewinnung von Samen läßt man einzelne Pflanzen im zweiten Jahr zur Blüte kommen. Die Zuckerrübe ist eine unserer wichtigsten und ertragreichsten Feldfrüchte. Außer Zucker liefert sie noch einen guten Brotaufstrich, den Sirup, ferner als Viehfutter sowohl die frischen als auch die getrockneten oder silierten Blätter, die rohen Rübenschnitzel und die Melasse, das Abfallprodukt bei der Zuckerfabrikation. (Siehe auch Stichwort »Zucker«)

Züchtung (Zucht) ist eine durch den Menschen planmäßig betriebene Auslese von Nutzpflanzen und Haustieren, die zur Fortpflanzung besonders geeignet sind, weil sie wertvolle Eigenschaften besitzen und weitergeben können. Diese Eigenschaften werden durch Kreuzung mit entsprechenden Partnern mindestens erhalten, möglichst noch gesteigert. Ungünstige Eigenschaften dagegen kann man vermindern. Züchtungen beruhen vor allem auf den Erkenntnissen der Vererbungslehre. Durch Züchtung konnte beispielsweise der Zuckergehalt der Runkelrübe von 8 % auf 27 % gesteigert werden. Aus bitteren Lupinen, die hohen Nährwert besitzen, aber vom Vieh nicht gefressen werden, konnte man eine »süße« Lupine als hochwertige Futterpflanze ent-

Zünd

wickeln. Bei den Rindern ließ sich die natürliche Milchleistung einer Kuh, die etwa 600 Liter im Jahr betrug, auf mehr als das Zehnfache bringen. Züchtung hat immer das Ziel, den Nutzwert von Pflanzen und Tieren zu erhöhen.

Zündhölzer (Streichhölzer) sind kleine Holzstäbchen, die an einem Ende mit einer Zündmasse überzogen sind. Durch Streichen an der Reibfläche der Streichholzschachteln entzünden sie sich. Früher verwendete man zum Zünden eine Phosphormasse, die giftig war. Unsere heutigen »Sicherheitszündhölzer« sind ungiftig. In der Bundesrepublik Deutschland ist die Herstellung von Zündhölzern ein Staatsmonopol. Im holzarmen Italien werden anstelle von Zündhölzern sehr dünne, kurze Wachsstäbchen hergestellt, die man »cerini« nennt.

Zündkerzen schraubt man bei Ottomotoren mit einem Gewinde im Zylinderkopf fest. Sie bestehen aus einer Porzellanhülse, die zwei voneinander getrennte Elektroden enthält. Zum Zeitpunkt der Zündung springt von der Mittelelektrode zur Masseelektrode ein Entladungsfunke über, der das verdichtete Luft-Treibstoff-Gemisch im Zylinder entzündet. (Siehe auch Stichwort »Verbrennungsmotoren«)

Zündschnur nennt man eine aus Jute oder einem ähnlichen Material bestehende, mit Salpeterlösung getränkte oder mit Schwarzpulver gefüllte Schnur, die einen in einer bestimmten Entfernung angebrachten Sprengstoff zur Explosion bringt. Bei Zeitzündschnüren läßt sich die Brenndauer bis zur Auslösung der Explosion genau nach der Länge der Schnur berechnen. Die Zündgeschwindigkeit beträgt normalerweise 1 cm pro Sekunde. Zündschnüre dienen der Sicherheit von Personen, die z. B. an Sprengungen für den Straßen- oder Tunnelbau arbeiten.

Zürich heißt die größte und modernste Stadt der Schweiz, in der 720 000 Menschen wohnen. Sie liegt beiderseits der Limmat am Nordende des Zürichsees. Von den Anhöhen hat man einen herrlichen Blick auf die Alpen. Zürich ist nicht nur der Mittelpunkt der deutschsprachigen Schweiz, sondern auch das Kultur-, Wirtschafts-, Verkehrs-, Banken- und Handelszentrum der gesamten Schweiz. Zu den Sehenswürdigkeiten der schönen Altstadt gehören das Großmünster, das Fraumünster, das Rathaus sowie verschiedene Zunft- und Patrizierhäuser. Im Jahre 829 wird Zürich zum erstenmal als Stadt erwähnt.

Zürich heißt auch ein im Nordosten der Schweiz gelegener Kanton mit Zürich als Hauptstadt. Der Kanton ist 1729 qkm groß und hat rund 1,2 Millionen Einwohner.

Zug ist mit 239 qkm und 68 000 Einwohnern der kleinste Kanton der Schweiz. Er liegt zwischen dem Zürichsee und dem Vierwaldstätter See in einem fruchtbaren Hügelland. Die deutschsprachige Bevölkerung lebt hauptsächlich von der Landwirtschaft, besonders vom Obstbau. Das Zuger Kirschwasser, ein Obstbranntwein, hat Spitzenqualität. Die

Kantonshauptstadt heißt ebenfalls Zug, sie liegt am Zuger See und hat noch weitgehend mittelalterlichen Charakter.

Zugspitze heißt der höchste deutsche Gipfel. Der 2963 m hohe Berg gehört zum Wettersteingebirge; er erhebt sich an der Grenze der Bundesrepublik Deutschland zu Österreich. Von Garmisch fährt eine Zahnradbahn zum Schneefernerhaus hinauf, vom Eibsee, der am 2000 m hohen Steilabfall der Zugspitze liegt, gelangt man mit einer Seilschwebebahn zum Gipfel. Auf der Tiroler Seite stellt eine Seilschwebebahn die Verbindung zwischen Ehrwald und dem Zugspitzsattel her. Auf dem Westgipfel der Zugspitze hat man das Münchner Haus und ein meteorologisches Observatorium errichtet.

Zugvögel verlassen im Spätsommer oder Herbst ihre Heimat und suchen wärmere Gegenden als Winterquartier auf. Beim Stichwort »Vogelzug« ist mehr von ihnen erzählt.

Zuidersee [seuder-] hieß früher eine große Nordseebucht, die tief in das holländische Festland hineinragte. In den Jahren 1927 bis 1932 wurde ein 32 km langer und 90 m breiter Damm erbaut, der die Bucht vom offenen Meer abtrennt. Von dem auf diese Weise entstandenen flachen Binnensee, dem Ysselmeer, legte man inzwischen große Teile trocken. Dadurch konnten die Niederländer ihre landwirtschaftliche Nutzfläche um 2240 qkm vergrößern.

Zunft nannte man im Mittelalter die Vereinigung von Handwerkern und Gewerbetreibenden des gleichen Berufsstandes (z. B. die Zunft der Schuster). Der Zunftzwang verlangte von jedem Meister und Gesellen, einer Zunft beizutreten. Die Zünfte regelten die Lehrlingsausbildung, ferner Preise, Löhne, Arbeitszeit, Zahl der Gesellen usw. Jede Zunft hatte ihr eigenes Wappen; das der Bäcker enthielt eine Brezel, das der Schneider eine Schere, und im Wappen der Schuhmacher war ein Schuh. Heute sind die Zünfte durch Innungen ersetzt.

Zunge findet man beim Stichwort »Mund« erläutert.

Zupfinstrumente sind Musikinstrumente, deren Saiten entweder mit den Fingern gezupft oder mit einem Zupfring angerissen werden. Die bekanntesten Zupfinstrumente sind bei den Stichwörtern »Balalaika«, »Banjo«, »Gitarre«, »Harfe«, »Mandoline«, »Ukulele« und »Zither« beschrieben.

Zwanzigster Juli 1944 ist das Datum, an dem Graf Stauffenberg im Führerhauptquartier ein Attentat auf Adolf Hitler verübte. Der Anschlag mißlang, Hitler wurde durch die Bombe nur leicht verletzt. Auch der mit diesem Attentat im Zusammenhang stehende Staatsstreich in Berlin, der Hitlers Gewaltherrschaft beenden und Deutschland vor der vollständigen Zerstörung retten sollte, scheiterte. Die Nationalsozialisten rächten sich mit Terrormaßnahmen. Über 7000 Menschen wurden verhaftet, fast 5000 erhängt, zu Tode gefoltert oder erschossen. Der 20. Juli ist ein Gedenktag, der uns an Männer erinnert, die unter Einsatz

Zwei

ihres Lebens gegen Tyrannei und Unrecht kämpften. (Siehe Stichwort »Widerstandsbewegung«)

Zweiflügler bilden eine Ordnung der Insekten. (Siehe die Stichwörter »Fliegen« und »Mücken«)

Zweirad nennt man ein Fahrzeug mit zwei Rädern. Unter den Stichwörtern »Fahrräder«, »Moped« und »Motorrad« steht mehr über diese Fahrzeuge.

Zweitaktmotoren sind beim Stichwort »Verbrennungsmotoren« erklärt.

Zwerchfell heißt beim Menschen die Trennwand zwischen Brustraum und Bauchhöhle. Das Zwerchfell ist der wichtigste Atemmuskel.

Zwerge werden auch Wichtel- oder Heinzelmännchen genannt. In Sagen und Märchen kommen sie als kleine Wesen vor, die unter der Erde oder in Höhlen wohnen. Sie gelten als geschickte Handwerker und fleißige Helfer in Haus und Stall, treiben aber manchmal auch allerhand Schabernack. Oft sind sie im Besitz einer Tarnkappe, können zaubern, bewachen Schätze, bestrafen die Bösen und belohnen die Guten. Menschen von besonders kleinem Wuchs, die nicht größer als 1,15 m werden, bezeichnet man ebenfalls als Zwerge oder Liliputaner. Zwergwuchs beruht auf Wachstumsstörungen, wenn er nicht, wie bei den Pygmäen, ein Rassenmerkmal ist.

Zwergvölker sind beim Stichwort »Pygmäen« beschrieben.

Zwetschge, Zwetsche und Zwetschke sind Dialektwörter für eine längliche Pflaume im süddeutschen, schweizerischen und österreichischen Sprachgebiet.

Zwiebel ist die Bezeichnung für den gedrungenen, meist unterirdischen und mit vielen Würzelchen versehenen Sproß bestimmter Pflanzen, die man Zwiebelgewächse nennt. Tulpen, Lilien, Hyazinthen und viele andere schöne Blumen zählen zu ihnen.

Zwiebeln (Küchen- oder Speisezwiebeln) gehören als Lauchart zu den Liliengewächsen. Die zweijährigen Pflanzen speichern im ersten Jahr in der unterirdischen, saftigen Zwiebel viele wertvolle Nährstoffe. Sie werden darum gleich im ersten Herbst geerntet. Im zweiten Jahr treiben sie einen langen Blütenstiel mit grünweißen Blüten. Zwiebeln sind als Würz- und Gemüsepflanzen fast unentbehrlich und, vor allem roh genossen, sehr gesund.

Zwillinge nennt man zwei Menschen, die sich gleichzeitig im Mutterleib entwickelt haben und kurz

Menschen, die infolge einer Wachstumsstörung klein bleiben, gehören leider zu den Außenseitern unserer Gesellschaft. Die meisten von ihnen treten als Zwerge im Zirkus auf, da sich ihnen kaum andere berufliche Möglichkeiten bieten.

Eineiige Zwillinge haben die gleichen Erbanlagen und sind äußerlich sehr ähnlich. Sie sind immer gleichen Geschlechts.

Zweieiige Zwillinge haben verschiedene Erbanlagen und sind sich nur so ähnlich wie Geschwister. Sie können auch verschiedenen Geschlechts sein.

nacheinander geboren worden sind. Man unterscheidet eineiige und zweieiige Zwillinge. Eineiige Zwillinge entwickeln sich aus einer Eizelle, die von einem Samenfaden befruchtet wurde, durch Teilung des Keims auf einer sehr frühen Entwicklungsstufe. Sie sind erbgleich und infolgedessen immer gleichgeschlechtlich. Die körperliche, geistige und seelische Ähnlichkeit ist so verblüffend, daß oft nicht einmal die eigenen Eltern sie unterscheiden können. Sehr viel häufiger sind zweieiige Zwillinge, die sich aus zwei verschiedenen, gleichzeitig von je einem Samenfaden befruchteten Eizellen entwickeln. Sie sind erbverschieden, können verschieden- oder gleichgeschlechtlich sein und sind einander so ähnlich, wie sich Geschwister ähneln. Die Zwillingsforschung ist ein wichtiger Teil der Erbbiologie. Bei eineiigen Zwillingen läßt sich das Verhältnis von Erbanlagen und Umwelteinflüssen gut beobachten.

Zwillinge wird auch ein Sternbild genannt, über das beim Stichwort »Tierkreis« berichtet ist.

Zwinger wurde im Mittelalter bei den Befestigungsanlagen von Burgen und Städten der Raum zwischen der äußeren Ringmauer bzw. dem Graben und der inneren Ringmauer genannt. In diesem Bereich wollte man eingedrungene Feinde niederhalten, niederzwingen. Später führte man in diesem Raum Ritterspiele durch, oder man hielt dort wilde Tiere, z. B. Bären. Heute nennt man einen eingezäunten Auslauf für Hunde oder Raubtiere ebenfalls Zwinger.

Auch der Zwinger in Dresden verdankt seinen Namen einer ehemaligen Befestigungsanlage. Es ist eine auf altem Festungsgelände von dem Baumeister Daniel Pöppelmann errichtete Gruppe von Bauten, die König August der Starke für Hoffestlichkeiten in Auftrag gab. Die einzigartige, im Barockstil erbaute Anlage wurde nach der Zerstörung im Zweiten Weltkrieg historisch getreu wieder aufgebaut.

Zwingli, Ulrich, hieß ein Schweizer Reformator, der von 1484 bis 1531 lebte. Er wurde zunächst von Eras-

Zwitmus von Rotterdam, später stark von Martin Luther beeinflußt. Doch war er radikaler als beide und ging in seinen Reformen noch weit über Luther hinaus. Vor allem reformierte er den Gottesdienst und schaffte alles ab, was nicht in der Bibel begründet war, z. B. die Messe, den Gemeindegesang, das Orgelspiel, die Kirchenbilder, den Altar, die Firmung, das Fastengebot und die Letzte Ölung. Statt dessen betonte er die politisch-soziale Seite des Christentums. Zwingli fiel im Kampf zwischen reformierten und katholisch gebliebenen Kantonen. Seine Lehre verschmolz später mit der von Calvin zur reformierten Kirche. Beim Stichwort »Reformation« steht mehr zu diesem Thema.

Zwitter sind zweigeschlechtliche Lebewesen, d. h. im gleichen Individuum sind männliche und weibliche Keimdrüsen entwickelt. Pflanzen haben in der Regel zweigeschlechtliche Blüten, Zwitterblüten mit Staub- und Fruchtblättern. Bei Zwitterpflanzen, wie z. B. Haselnuß, Buche, Eiche und Gurke, sind die Blüten zwar nach dem Geschlecht getrennt, stehen aber auf derselben Pflanze. Unter den niederen Tieren gibt es ebenfalls Zwitter: Saug-, Band- und Regenwürmer sowie Schnecken besitzen männliche und weibliche Keimdrüsen, sie sind also Männchen und Weibchen in einer Person. Beim Menschen unterscheidet man echte Zwitter und Scheinzwitter. Echte Zwitter mit männlichen und weiblichen Keimdrüsen sowie männlichen und weiblichen Geschlechtsorganen sind äußerst selten. Scheinzwitter haben die Keimdrüsen des einen Geschlechts, während ihre Genitalien und sekundären Geschlechtsmerkmale denen des andern Geschlechts gleichen oder ähneln. Manchmal vereinen sie auch nur die äußeren Merkmale der beiden Geschlechter, z. B. Bartwuchs und Busen. Die Geschlechtsumwandlung von Zwittern durch chirurgische Eingriffe und hormonelle Behandlung ist noch sehr umstritten.

Zwölffingerdarm hat man den obersten Abschnitt des Dünndarms genannt. Er ist beim Stichwort »Darm« beschrieben.

Zwölftonmusik (Zwölftontechnik) will das bisherige Tonsystem, das sich auf sieben ganzen und fünf halben Tönen, ferner auf bestimmten Akkorden und der Zweiteilung in Dur- und Molltonarten aufbaut, durch eine neue Ordnung ersetzen. Sie geht von den insgesamt zwölf Tönen der chromatischen Tonleiter aus, die sie als gleichwertig betrachtet und verwendet. Die Kompositionsmethode verlangt als erstes die Aufstellung einer Reihe, in der alle Töne, aber jeder Ton nur einmal, vorkommen. Diese themaartige Reihe wird dann in vielfältigen Abwandlungen gebracht, die bestimmten Gesetzen unterliegen und sich nie an Tonalität oder Harmonie binden. Als Begründer der Zwölftonmusik gilt Arnold Schönberg. Später wurde diese Technik weiterentwickelt, indem man einer Komposition auch andere Reihen als die zwölftönige zugrunde legte. Das Prinzip der

Reihung wurde besonders in der elektronischen Musik angewendet. Musik, die auf Reihungen beruht, nennt man serielle Musik.

Zyan (Cyan) ist ein farbloses, stechendes Gas, zu dem sich Kohlenstoff und Stickstoff verbunden haben. Kommt noch Wasserstoff hinzu, so entsteht Blausäure, eins der stärksten Gifte, das schon in geringen Dosen tödlich wirkt. Auch die Salze der Blausäure, die Zyanide, sind meistens giftig. Sie werden bei der Herstellung von Kunststoff und zur Ausschmelzung von Erzen gebraucht. Das bekannteste Zyanid ist das hochgiftige Zyankali, das in Würfeln kristallisiert, sich in Wasser und Alkohol löst und an der Luft zerfließt.

Zykladen heißt eine Inselgruppe im Ägäischen Meer, die beim Stichwort »Kykladen« beschrieben ist.

Zyklamen ist ein anderer Name für das Alpenveilchen, das wild in den Wäldern der nördlichen und südlichen Voralpengebiete wächst. Man findet es leicht, weil es sich durch seinen starken, süßen Duft verrät. Die zu den Schlüsselblumengewächsen gehörende kleine Pflanze hat rundlich-herzförmige, am Rand eingekerbte, weißgefleckte und unterseits rotgefärbte Blätter, die an langen Stielen sitzen. Die Kronblätter der intensiv rosaroten Blüte sind zurückgeschlagen. Das in Gärtnereien als Topfblume gezogene, viel größere Alpenveilchen stammt von einer persischen Art und duftet nicht.

Zyklon wird ein tropischer Wirbelsturm genannt.

Zyklone nennt man ein Tiefdruckgebiet, also ein Gebiet mit niedrigem Luftdruck. Den Gegensatz zur Zyklone bildet die Antizyklone, ein Hochdruckgebiet, in dem hoher Luftdruck herrscht.

Zyklopen (Kyklopen, Rundäugige) tauchen in griechischen Sagen und Dichtungen auf. Es sind Riesen, die nur ein Auge haben, das in der Mitte der Stirn sitzt. Sie werden als die Söhne von Himmel (Uranos) und Erde (Gäa) dargestellt, die für Zeus Blitze und Donnerkeile schmieden. Homer schildert sie als ein Geschlecht wilder Unholde, die auf einer Insel (wahrscheinlich meinte er Sizilien) lebten. Odysseus, der dorthin verschlagen wurde, überlistete einen von ihnen, der Polyphem hieß.

Zyklotron (Teilchenbeschleuniger) heißt ein 1930 erfundenes Gerät zur Beschleunigung elektrisch geladener Elementarteilchen. Sie werden durch ein starkes Magnetfeld gezwungen, sich auf kreisförmigen Bahnen immer schneller zu bewegen. Ihre Geschwindigkeit ist schließlich so groß, daß sie vorbeiziehende Atomkerne zertrümmern können. Das Zyklotron wird für kernphysikalische Versuche gebraucht.

Zylinder sind geometrische Körper, die von zwei Grundflächen und einer Mantelfläche umschlossen werden. Die beiden Grundflächen sind eben, parallel, kongruent (deckungsgleich) und meistens kreisförmig. Im Maschinenbau nennt man einen röhrenförmigen Hohlkörper, in dem sich ein Kolben bewegt, ebenfalls

Der Zylinder wird nur noch zu besonders feierlichen Anlässen getragen.

Zylinder. Beim Stichwort »Verbrennungsmotoren« steht mehr hierzu.

Auch ein hoher, steifer Herrenhut aus Seidenplüsch oder Filz mit seitlich hochgeschlagener, kleiner Krempe wird Zylinder genannt. Er wird heute kaum noch getragen. Der letzte Zylinderhersteller schloß 1974 seinen Betrieb.

Zynisch bedeutet spöttisch, verächtlich, bissig. Ein Zyniker verspottet seine Mitmenschen und verhöhnt ihre Ideale.

Zypern (Cypern, Kypros), ein Inselstaat im östlichen Mittelmeer, ist 9251 qkm groß und wird von 650 000 Menschen (Zyprioten) bewohnt, von denen etwa 80% griechischer, die übrigen türkischer Herkunft sind. Die Hauptstadt heißt Nikosia. Zwischen den beiden Bevölkerungsteilen bestehen schwere Konflikte, die, zuletzt 1974, immer wieder zu Kämpfen führten. Nach einem Regierungsumsturz durch griechische Zyprioten 1974 wurde der nordöstliche Teil Zyperns von der Türkei besetzt.

Die Insel wird von zwei schwachbewaldeten, mit dichtem, stachligem Gebüsch bedeckten Gebirgsketten durchzogen, zwischen denen eine fruchtbare Tiefebene liegt. Man baut Getreide, Wein, Oliven, Tabak, Kartoffeln und Zitrusfrüchte an und hält Schafe sowie Ziegen. Fischfang, Schwammfischerei und Seidenraupenzucht sind weitere Erwerbsquellen der Inselbewohner. Im Bergbau werden Pyrit und Asbest gewonnen.

Zypressen

Zypresse heißt ein immergrüner Nadelholzbaum, der Schuppenblättchen und kleine, kugelige Zapfen hat. Die schmalen, kegelförmigen, 20 bis 50 m hohen Bäume können angeblich bis zu 2000 Jahre alt werden. Sie sind über das ganze Mittelmeergebiet verbreitet.

z. Z. ist die Abkürzung für »zur Zeit«.

Bildnachweis für alle zehn Bände:

Zeichnungen:
Helmut Ball, Karlheinz Brinkmann, Deutsches Museum, Bettina Kemp, Keystone, Brian Lounsbach, Zeitbild Maiwald, Wolfgang Mayerhofer, Franz Meckl, Otti Mitgutsch, Feuerwehr München, Andreas Röttig, Manfred Schmidt, Gudrun Speiser, Renate Zander, Rudolf Zschocke

Fotos:
Toni Angermayer, Battenberg Verlag, Bavaria-Verlag, Bayerische Staatsgemäldesammlung, Joachim Blauel, BMW-Pressestelle, Ilse Collignon, Filmstelle der Deutschen Bundesbahn, Deutsches Museum, Domino-Archiv, dpa, DVA, Hermann Eisenbeiss, Bjarne Geiges, Hans Gostic, Gerhard Gronefeld, Gisela Hertel, Hirmer Verlag, Farbwerke Hoechst, Gerhard Hotop, Hanns Hubmann, Interfoto, Horst von Irmer, Juvena, Keystone, Kriminalpolizei München, Lufthansa, Lutetia, Foto Marburg, Okapia, Rudi Otto, Pandia, Hans Patzelt, Klaus Paysan, J. A. Piechatzek, Firma Rieger-Pelze, Dr. F. Schmidt, Mannheim, Marion Schweitzer, Schweitzer-Hecht, Foto Sessner, Staatsbibliothek Berlin, Stern, Süddeutscher Verlag, Ullstein Verlag, Uni-Dia, USIS, Firma Wamsler, Firma Wella, Dr. Wellnhofer, Walter Wissenbach, World Wildlife Fund, Wunderwelt

Beschäftigungsbücher bei dtv junior

Hans Baumann:
Nucki darf alles /
Mülltonnen-Ali
Zwei Stücke für das
Kindertheater. – Ab 8 J.
7109 / DM 3,80

Paul Maar:
Kikerikiste
Ein Theaterstück für
Kinder zum Lesen und
Selberspielen
Illustriert von
Janosch. – Ab 8 J.
7126 / DM 3,80

Erich Hölles
lustige Zeichenspiele
Zeichenzaubereien
mit Versen. – Ab 8 J.
7102 / DM 2,80

Helmuth M. Backhaus:
Jim Colts Abenteuer
Drei Westernhörspiele
zum Selbermachen
Ein Buch für Tonbandfans
Illustriert. – Ab 10 J.
7054 / DM 2,80

Kurt Karl Doberer:
Kleine Briefmarkenkunde
Anleitung für junge
Sammler. Mit vielen
Abbildungen und Farb-
tafeln. – Ab 9 J.
7153 / DM 4,80

Römpp / Raaf:
Chemische Experimente
mit einfachen Mitteln
Mit vielen Zeichnungen
7008 / DM 4,80

Beschäftigungsbücher bei dtv junior

Helmut M. Backhaus:
Jim Colts Abenteuer
Drei Westernhörspiele
zum Selbermachen. – Ab 10 J.
7054 / DM 2,80

Hans Baumann:
Nucki darf alles /
Mülltonnen-Ali
2 Stücke für das Kindertheater. – Ab 8 J.
7109 / DM 3,80

Erich Hölles
lustige Zeichenspiele
Ein Bilderbuch mit
lustigen Versen. – Ab 8 J.
7102 / DM 2,80

Ist die schwarze Köchin da...
Fünfzig alte und neue
Kinderlieder. – Ab 6 J.
7040 / DM 2,80

Kunterbunter Schabernack
Ein Bilderbuch zum
Durcheinanderblättern
von W. Blecher und
W. Schröder. – Ab 4 J.
7105 / DM 4,80

Paul Maar:
Kikerikiste
Ein Stück zum Lesen
und Selberspielen. – Ab 8 J.
7126 / DM 3,80

Geschichten von Tieren bei dtv junior

Natalie Carlson:
Boskos weite Wanderung
Illustriert. – Ab 10 J.
7019 / DM 2,80

Marguerite Henry:
König des Windes
Illustriert. – Ab 10 J.
7026 / DM 2,80

Wäscha-kwonnesin:
Sajo und ihre Biber
Illustriert. – Ab 10 J.
7080 / DM 3,80

Keith Robertson:
Das Tal der wilden Hunde
Ab 12 J.
7075 / DM 3,80

Alec John Dawson:
Finn der Wolfshund
Ab 12 J.
7116 / DM 3,80

Mary Patchett:
Mein wilder Bruder
Illustriert. – Ab 10 J.
7141 / DM 3,80

Robert F. Leslie:
Meine Bären und ich
Ab 13 J.
7059 / DM 3,80

Willis Lindquist:
Im Land der weißen Füchse
Illustriert. – Ab 10 J.
7158 / DM 3,80

Klassische Jugendbücher

O. Julius Bierbaum:
Zäpfel Kerns Abenteuer
und lustige Streiche
Die Übersetzung des
Pinocchio-Märchens
Von G. Oberländer ill.
Ab 8 J.
7120 / DM 3,80

Lewis Carroll:
Alice im Wunderland
Farbig illustriert
von Frans Haacken
Ab 8 J. u. z. Vorlesen
7100 / DM 5,80

Daniel Defoe:
Robinson Crusoe
Von G. Oberländer ill.
Ab 10 J.
7064 / DM 4,80

Brüder Grimm:
König Drosselbart und
andere schöne Märchen
Von A. Zacharias ill.
Ab 7 J. u. z. Vorlesen
7067 / DM 3,80
Der Berggeist
Hundert und eine Sage
Von Riesen und Zwergen,
Geistern und guten Feen
Von A. Zacharias ill.
Ab 10 J.
7068 / DM 3,80

Robert Louis Stevenson:
Die Entführung
Ein spannender
Abenteuerroman
Von G. Oberländer ill.
Ab 12 J.
7081 / DM 3,80